农业转移人口市民化下
西部城镇承载力评价研究

蒋 瑛 罗明志 陈 娜 邵旭阳／著

责任编辑：吕　楠
责任校对：孙　蕊
责任印制：丁淮宾

图书在版编目（CIP）数据

农业转移人口市民化下西部城镇承载力评价研究／蒋瑛等著 .—北京：中国金融出版社，2020.10
ISBN 978 – 7 – 5220 – 0854 – 7

Ⅰ.①农… Ⅱ.①蒋… Ⅲ.①农业人口—城市化—关系—城镇—承载力—研究—西南地区 ②农业人口—城市化—关系—城镇—承载力—研究—西北地区 Ⅳ.①C924.24 ②F290

中国版本图书馆 CIP 数据核字（2020）第 203257 号

农业转移人口市民化下西部城镇承载力评价研究
NONGYE ZHUANYI RENKOU SHIMINHUA XIA XIBU CHENGZHEN CHENGZAILI PINGJIA YANJIU

出版发行　中国金融出版社
社址　北京市丰台区益泽路 2 号
市场开发部　（010）66024766，63805472，63439533（传真）
网 上 书 店　http：//www.chinafph.com
　　　　　　（010）66024766，63372837（传真）
读者服务部　（010）66070833，62568380
邮编　100071
经销　新华书店
印刷　北京七彩京通数码快印有限公司
尺寸　169 毫米 ×239 毫米
印张　15.25
字数　245 千
版次　2020 年 10 月第 1 版
印次　2020 年 10 月第 1 次印刷
定价　69.00 元
ISBN 978 – 7 – 5220 – 0854 – 7
如出现印装错误本社负责调换　联系电话(010)63263947

前 言

顺利实现农业转移人口市民化是新时代践行高质量发展的应有之义，更是推进我国新型城镇化的重要组成部分，而西部地区原本从事农业生产的人口规模较大，因而是全国农业转移人口市民化发展进程中的关键环节。2019年，我国城镇常住人口总数为84843万人，这一数据比上年末增加了1706万人，全国城镇化率提升至60.60%。而作为汇聚了大量农业人口的地区，我国西部在2018年的常住人口城镇化率为52.23%，这一数字与同期全国平均59.58%的城镇化水平相比，在规模和质量上都显现出偏低的特征，短板制约明显。此外，世界主要发达经济体已基本实现80%以上的城镇化水平，其中日本在2017年城镇化水平已达91.54%，这说明我国西部城镇化事业虽在纵向发展上历经数十年的革新，并取得了斐然成果，但仍在横向上与国内外先进成熟区域有一定差距，进一步夯实提高农业转移人口市民化的工作任务依旧是任重而道远。

在理论研究和实务实践中，农业转移人口市民化都不仅局限于户籍身份的变更，更涵盖了公共服务均等化、心理疏导与基本生活方式转变等重要领域。当前，作为新型城镇化的重要内容，我国农业转移人口市民化对缓解我国普遍存在的城乡"二元对立"结构具有重要意义，该进程也随着国民经济的快速发展而步入加速期。然而，实务实践目前仍严重滞后于理论研究，实践中存在"政策性较强、规范性较弱、实践差异大、缺乏一定科学性"等问题，工作重点主要集中在从"户籍市民化"到"公共服务均等化"的发展阶段，在解决农业转移人口市民化导向性问题方面缺乏有效的工具支撑，转移质量和成本也亟待进一步优化。

实际上，城镇区域承载力水平能够对农业转移人口市民化进程产生深远影响，承载力的缺失将抑制市民化人口的自然流动趋势。因而，我们在构建促进农业转移人口市民化体系的设计伊始，就应当对城镇区域承载力这一重要因素做充分考量。承载力指标是考察地域资源现状、经济产业发展阶段、社会民生与文化构成及生态环境等多要素共同作用的结果，是一个完整的指标体系。此外，根据农业转移人口市民化的经典学说"推拉理论"，城镇承载力也是农业转移人口在城镇落地生根，并最终完成市民化的重要基础性条件，决定着转移进程能否顺利且高质量地完成。城镇承载力是农业转移人口完成身份变更、生产方式转换，并最终实现市民化的物质及政策承载基础，能够为农业转移人口顺利实现市民化提供正确导向及政策指南，以及为成本分摊提供新的视角；与此同时，农业转移人口所完成的市民化程度也对城镇承载力存在着两种截然相反的作用力影响。因此，测量和评价城镇承载力，并根据测量结果选择能够有效促进农业转移人口实现市民化的方向、途径和具体措施，是当前推进我国农业转移人口市民化的应有之义，能够有效助力我国新型城镇化建设，为人口要素的高效高质量的流动提供更为有力的保障支撑，最终成为实现我国经济社会高质量发展的不竭动力之一。

从对西部城镇承载力的分析和对国内外优秀经验的借鉴来看，推进农业转移人口市民化，首先要提升西部城镇承载力，可以通过转变经济增长方式，加快城镇经济结构调整、增强城市规划布局的合理性、加快基础设施建设和强化城镇群的功能作用等方法不断弥补城镇承载力短板，提升城镇承载力；此外，还应该转变思路，积极为农业转移人口市民化创造制度条件，夯实物质基础，增强医疗、教育等公共服务的供给力度，提高农业转移人口对城市管理的参与程度，培育"主人翁"意识，提高农业转移人口在城市中生产所必须依赖的劳动技能，建立更加公正透明的人力资源市场。通过上述的一系列方式，才能形成全社会共同参与、不遗漏一个的社会发展氛围，协调各方力量共同促进农业转移人口的市民化进程。

农业转移人口市民化应当以精确测量人口承载力基础为一切政策措施的决定性参考，将该指标的评估与测算置于政策实施的前提要件之中。而西部地区由于其发展阶段、产业现状、人口规模等客观因素，必然会成为下一个阶段我国城镇化发展的潜力沃土，更应当遵循科学有序的实施方针，使农业转移人口市民化事业的总量、规模、速度与目标人口吸纳地域的总体承载能力相匹配，实现对这一自然人口流动的精细化管理，及时预判、发现并解决发展中带来的一系列问题，这也是从社会管理及城镇化领域践行高质量发展的具体体现。在系统性地评估西部人口承载力水平的基础上，适度有序地推进西部各省市的农业人口市民化进程，能够使来自不同聚类的农业转移人口群体充分享受对等且公平的医疗、教育等必要的社会公共服务，提升该群体在城市中生产生活所应当享受到的幸福感，将国家发展的切实红利惠及最广大的国民。这一理念和追求也是深植于我们璀璨的五千年文明史中人本思想的具体体现,是我们构建更为和谐美好的社会所应当依赖的坚实基础,同时也是学术研究经世致用所应当秉承的初心!碍于作者水平、学识及视野有所囿限,也得益于研究新技术、新方法的推陈出新,书中内容或观点难免会存在偏颇遗漏之处,敬请广大读者和学界同仁批评指正,不吝赐教!

笔者
2020 年 7 月

目 录

第一章 绪论 … 1
第一节 研究背景和意义 … 1
一、研究背景 … 1
二、研究意义 … 5
第二节 基本范畴及相关概念界定 … 6
一、农业转移人口及其市民化 … 6
二、城镇人口承载力 … 11
三、基本公共服务与均等化 … 16
第三节 研究思路与主要研究方法 … 18
一、研究思路 … 18
二、主要研究方法 … 19

第二章 理论基础及文献研究 … 21
第一节 农业转移人口市民化相关研究 … 21
一、研究移民问题的起源 … 21
二、移民与市民化的动力与影响因素 … 23
三、移民与社会适应 … 33
第二节 城镇承载力相关研究 … 40
一、城市承载力理论基础及其评价 … 40
二、相对承载力与绝对承载力研究范式 … 52
三、中外城镇承载力研究溯源与展望 … 59
四、承载力研究面临的挑战 … 67
第三节 现有理论及文献研究评述 … 70
一、国外研究评述 … 70
二、国内研究评述 … 72

第三章 农业转移人口市民化与城镇承载力的理论、现实与问题 …………… 74
第一节 农业转移人口市民化与城镇承载力的理论最优状态 ………… 74
一、农业转移人口市民化与城镇承载力之间的作用机制分析 ……… 74
二、农业转移人口市民化对城镇承载力的影响 ………………………… 78
三、城镇承载力在农业转移人口市民化过程中的作用 ………………… 79
第二节 农业转移人口市民化现状与理论最优之间的差异 …………… 81
一、我国农业转移人口市民化现状 ……………………………………… 81
二、理论最优状态与现实情形之间的矛盾差异 ………………………… 92
第三节 西部地区农业转移人口市民化的特征与问题 ………………… 94
一、西部地区农业转移人口市民化特征 ………………………………… 94
二、西部地区农业转移人口市民化亟待解决的关键性问题 …………… 95

第四章 基于指标体系法的西部城镇承载力评价 …………………………… 97
第一节 西部七省市农业转移人口现状 ………………………………… 97
一、西部七省市人口城镇化情况 ………………………………………… 97
二、西部七省市农业转移人口情况 ……………………………………… 102
第二节 指标体系构建、数据处理与指标权重 ………………………… 104
一、指标体系构建 ………………………………………………………… 104
二、数据来源、数据处理及指标权重 …………………………………… 108
第三节 基于户籍人口的西部城镇承载力评价结果 …………………… 112
一、西部七省市整体城镇承载力情况 …………………………………… 112
二、各省市城镇承载力情况 ……………………………………………… 114
三、各城市城镇承载力情况 ……………………………………………… 119
第四节 基于常住人口的西部城镇承载力评价结果 …………………… 122
一、西部七省市整体城镇承载力情况 …………………………………… 123
二、各省市城镇承载力情况 ……………………………………………… 125
三、各城市城镇承载力情况 ……………………………………………… 130

第五章 西部城镇承载力的影响因素分析 …………………………………… 134
第一节 城镇承载力的影响因素分析 …………………………………… 134
第二节 变量、数据及模型设定 ………………………………………… 135
一、变量选取及数据说明 ………………………………………………… 135

二、模型设定……………………………………………………… 137
　第三节　回归结果分析……………………………………………… 138
　　一、基准回归结果分析…………………………………………… 138
　　二、稳健性检验…………………………………………………… 139
　　三、小结…………………………………………………………… 141

第六章　农业转移人口市民化下西部城镇承载力发展趋势预测…… 142
　第一节　西部七省市常住人口及农业转移人口发展情况分析…… 142
　　一、市辖区常住人口发展情况分析……………………………… 142
　　二、农业转移人口发展情况分析………………………………… 146
　第二节　西部七省市城镇承载力发展情况及趋势预测…………… 148
　　一、城镇承载力发展情况分析…………………………………… 148
　　二、城镇承载力发展趋势分析与评价…………………………… 163

第七章　以城镇承载力提升推动农业转移人口市民化的对策建议…… 169
　第一节　着力提升西部城镇承载力………………………………… 169
　　一、转变经济增长方式，加快城镇经济结构调整……………… 169
　　二、增强城市规划布局的合理性………………………………… 170
　　三、加快完善基础设施建设布局………………………………… 171
　　四、强化城镇群的功能作用……………………………………… 171
　　五、提高土地利用和管理水平…………………………………… 172
　　六、集约化利用水资源…………………………………………… 173
　第二节　有序推进农业转移人口市民化…………………………… 173
　　一、为农业转移人口市民化创造制度条件……………………… 173
　　二、强化公共服务供给…………………………………………… 174
　　三、提高农业转移人口对城市管理的参与程度………………… 174
　　四、提高农业转移人口劳动技能………………………………… 175
　　五、建立更加公正透明的劳动力市场…………………………… 175

主要参考文献……………………………………………………………… 176

其他参考文献……………………………………………………………… 178

附　录 ·· 189
　附表 1　2004—2017 年西部各省市基于户籍人口测算的城镇
　　　　　承载力 ··· 189
　附表 2　2004—2017 年西部各地级市基于户籍人口测算的城镇
　　　　　承载力 ··· 192
　附表 3　2013—2017 年西部各省市基于常住人口测算的城镇
　　　　　承载力 ··· 216
　附表 4　2013—2017 年西部各地级市基于常住人口测算的城镇
　　　　　承载力 ··· 217
　附表 5　2020 年西部各地级市四类子项承载力的预测值 ·················· 226
　附表 6　2025 年西部各地级市四类子项承载力的预测值 ·················· 228

表索引

表号	标题	页码
表3-1	近年来国家关于农业转移人口市民化重要文件摘录	82
表3-2	部分城市农业转移人口市民化推进现状	83
表3-3	农业转移人口市民化程度测度情况统计	91
表4-1	2018年西部七省市常住人口及城镇化率	97
表4-2	2010—2017年西部七省市常住人口城镇化率	98
表4-3	2010—2018年西部七省市各城市常住人口城镇化率	99
表4-4	2010—2018年西部外出农民工情况	103
表4-5	2010—2018年西部七省市农业转移人口	104
表4-6	西部城镇承载力评价指标体系	108
表4-7	样本省份与样本城市	109
表4-8	基于户籍人口的西部城镇承载力评价指标体系各指标权重	111
表4-9	2004—2017年西部七省市整体基于户籍人口的城镇承载力情况	113
表4-10	2004年、2013年与2017年各省市基于户籍人口的城镇承载力比较	115
表4-11	2004年、2013年与2017年各省市基于户籍人口的经济承载力比较	116
表4-12	2004年、2013年与2017年各省市基于户籍人口的社会承载力比较	117
表4-13	2004年、2013年与2017年各省市基于户籍人口的资源承载力比较	118
表4-14	2004年、2013年与2017年各省市基于户籍人口的环境承载力比较	119
表4-15	2004年、2013年与2017年各城市基于户籍人口的城镇承载力分组	120

表 4 – 16	2004 年至 2017 年各城市基于户籍人口的城镇承载力分组变化	121
表 4 – 17	基于常住人口的西部城镇承载力评价指标体系各指标权重	123
表 4 – 18	2013—2017 年西部七省市两类整体城镇承载力情况对比	125
表 4 – 19	2013 年与 2017 年各省市城镇承载力比较	126
表 4 – 20	2013 年与 2017 年各省市经济承载力比较	127
表 4 – 21	2013 年与 2017 年各省市社会承载力比较	128
表 4 – 22	2013 年与 2017 年各省市资源承载力比较	129
表 4 – 23	2013 年与 2017 年各省市环境承载力比较	130
表 4 – 24	2013 年与 2017 年各城市基于常住人口的城镇承载力分组	131
表 4 – 25	2013 年至 2017 年各城市基于常住人口的城镇承载力分组变化	132
表 5 – 1	主要变量描述性统计	136
表 5 – 2	解释变量的相关系数矩阵	137
表 5 – 3	基本回归结果	139
表 5 – 4	剔除异常值的回归结果	140
表 5 – 5	剔除直辖市的回归结果	140
表 6 – 1	2013—2018 年西部七省市市辖区常住人口	144
表 6 – 2	2013—2018 年西部七省市各地级市农业转移人口	146
表 6 – 3	2018 年西部七省市各地级市经济承载力情况	149
表 6 – 4	2018 年西部七省市各地级市建设用地承载力情况	152
表 6 – 5	2018 年西部七省市各地级市居住用地承载力情况	155
表 6 – 6	2018 年西部七省市各地级市城市居民生活用水承载力情况	158
表 6 – 7	2018 年西部七省市各地级市基于短板效应法的城镇承载力情况	160
表 6 – 8	2018 年西部七省市各地级市的短板承载力	162
表 6 – 9	西部七省市各地级市四类子项承载力的变动趋势	164
表 6 – 10	2018 年、2020 年、2025 年各地级市城镇承载力情况比较	166

图索引

图 1-1 西部城镇承载力的系统结构图 ············· 14
图 1-2 技术路线图 ············· 19
图 3-1 2005—2016 年我国城乡居民收入比 ············· 75
图 3-2 我国农业转移人口市民化的"推拉机制" ············· 76
图 3-3 2005—2015 年全国和西部地区城镇常住人口比重 ············· 88
图 3-4 2005—2015 年全国和西部地区城镇常住人口增长率 ············· 88
图 4-1 AHP 层次结构图 ············· 106
图 4-2 2004—2017 年西部七省市整体基于户籍人口的城镇承载力趋势 ············· 112
图 4-3 2017 年西部七省市整体与各省市基于户籍人口的城镇承载力比较 ············· 114
图 4-4 2013—2017 年西部七省市两类整体城镇承载力趋势对比 ············· 124
图 4-5 2017 年西部七省市整体与各省市基于常住人口的城镇承载力比较 ············· 126
图 6-1 2013—2018 年西部各省市市辖区常住人口 ············· 143

第一章 绪论

作为新型城镇化的首要任务,农业转移人口市民化应当突出体现其以人为本的关键内涵。农业转移人口市民化并非是数据层面的市民化,而是质量及人口管理层面的市民化,更是缓解城乡二元结构矛盾,兼顾城市化进程与农村发展的根本途径。当前,我国内需市场亟待进一步拓展,而农业转移人口市民化无疑能为构建我国消费市场提供有力支撑,是实现稳就业、稳增长、稳投资、调结构、惠民生的重要抓手。西部地区囿于社会经济发展水平、自然资源禀赋及地形地貌等客观因素,在全国农业转移人口市民化进程中处于后进地位,实践发展水平与东中部地区相比存在明显差距。为此,从国家整体发展布局层面,高层相关政策文件中明确提出——"加大对吸纳农业转移人口地区尤其是中西部地区中小城镇的支持力度"[①]。而农业转移人口的市民化进程,又需将城镇承载力水平置于合理的框架中,进行必要的预测与评估,两者存在相互影响与制约。对西部城镇承载力进行研究,能够剖析出农业转移人口市民化进程中的支撑与掣肘,以期优化现有政策着力点,提高西部地区农业转移人口市民化的质量与效率。这一研究范畴与目标,能够实现理论创新与实践指导的双重功能,从而发挥更为明显的社会价值。

第一节 研究背景和意义

一、研究背景

自党的十九大以来,我国在新型城镇化、城市化领域的建设步伐明显加快,而新型城镇化战略作为国民经济的重点任务,在外部环境日趋恶化的今天被赋予更为关键的作用,其重要性得以不断强化。世界上率先进入

---

① 《国务院关于实施支持农业转移人口市民化若干财政政策的通知》(国发〔2016〕44号)。

中等收入水平的各个经济体，都不约而同地走上了以国家治理现代化和经济体系工业化作为支撑的城镇化道路。而城镇化所带来的效率提升又成为各经济体进一步实现发展的最大内生动能，并将丰富的物质产品及现代化的生活方式惠及普遍国民，共享发展红利。自我国实施改革开放以来，我国在城镇化领域所取得的成绩举世瞩目——从1978年至2019年，中国的城镇常住人口由1.7亿增加至8.58亿，城市数量由193个增加至672个，城镇化率由17.9%提升到60.60%。这一速度和规模，迄今为止绝无仅有，堪称世界上有史以来速度最快、规模最大的城镇化进程。城镇化是现代化发展所必须具备的基础条件，同时也是在经济增长"三驾马车"中内需潜力最大的组成部分，是在国内经济实现内循环发展的重要动能所在。当前，中国经济已经步入高质量发展阶段，与之伴生的城镇化进程也将面临更高水准的要求。为此，应当遵循新发展理念，深化统筹城乡的发展要求，紧紧围绕稳增长、调结构、惠民生，强调人的主体意识，用改革的办法和富有创新精神的具体举措，推动新型城镇化的稳步实施，在经济下行压力日渐提高的当下，实现城镇化领域的高质量发展。

　　新冠肺炎疫情的发生，使国民经济和社会发展的方方面面都受到了深刻影响。世界格局的变化速度明显加快，外部环境不确定性陡增，而国内发展面临的风险与挑战也随之增加，稳定经济基本盘与实现有效社会管理的难度不断加大。在这样的客观现实之中，更要认识到城镇化的重要意义，充分调动其对经济、就业增长的潜在动力：城镇化能够以分工的专业性为依托，显著提高劳动生产率。处于农村的劳动力人口向城镇的自然流动，使得人力资源要素向高附加值的第二、第三产业转移，可以带动劳动生产率的显著提升，为我国国民经济的高质量发展打下坚实基础。改革开放以来的人口流动，是基于我国出口导向型经济的发展而来，是外循环经济发展的必然结果。而作为对未来世界形势的未雨绸缪，强调内循环的经济条件下，农业转移人口市民化和城镇化只会越发凸显其重要性。自1978年至2015年，来自农村的劳动力摆脱了第一产业的束缚，从土地中解放出来，逐步向工业及服务业产业部门快速转移，该过程对全国总体劳动生产率的贡献率达44%。人口要素的自然流动使得来自农业的劳动力富余可以实现由生产率低的第一产业部门向生产率高的第二、第三产业部门转移，我国着眼于人力资源的配置效率得以进一步提高；而从消费端而言，来自农村的转移人口在率先变更生产方式之后，亟待完成市民化过程，以便从生活方式层面融入城市生活的方方面面，这使得转移人口相应的市场需求与层次都产生了结构性变化,背后是其收入状况、所享受的公共服务水平的大幅度提高。这一批来自农村、新兴的城镇人口,其数量规模的有序增长,能够显著提振全社会的整体消费实力。而旺盛的内需市场,又将为城市边界扩张提供可靠的内生动力,促进商贸和服务业相关领域的迅猛发展。由此,生产力与生产效率的发展,使经济增长的红利惠及民众,而普通民众也因此实现了身份及生活方式的转变,在享受日益丰富的物质财富及精神产品的同时,为我国更高附加值相关产业国内需求市场的发展奠定了坚实基础。

我国提出在2020年全面建成小康社会的宏伟目标,而这一年又是国家级顶层设计之一——《国家新型城镇化规划(2014—2020年)》的收官之年。因此,2020年是具有重要指标性意义的一年。在此期间,中央城镇化工作会议、城市工作会议相继召开,国家中心城市目录得以确定,还创造性地提出了"三个一亿人"的发展目标,即"促进约1亿农业转移人口落户城镇、改造约1亿人居住的城镇棚户区和城中村、引导约1亿人在中西部地区就近城镇化"①。一系列顶层设计的出台与实施,使我国在新时代时期的新型城镇化建设工作得到了有效指导,规划任务得以迅速推进。新型城镇化是推进现代化建设、破除城乡二元结构的重要途径,但与此同时也应当兼顾理性评估与感性认知。毕竟,这一宏伟蓝图及客观数据的背后,是关于人的问题,是如何妥善处理来自农村的、曾从事农业生产的转移人口市民化的问题,是需要着眼于多方面、多重角度并进行合理解构的系统性复杂工程。

农业转移人口市民化是我国在新时代环境下新型城镇化发展进程中至关重要的基础性任务,党和国家的多项文件及会议决议都对这一领域有充分的阐释:党的十八大提出,"加快改革户籍制度,有序推进农业转移人口市民化,努力实现城镇基本公共服务常住人口全覆盖"②;而在《中华人民共和国国民经济和社会发展第十三个五年规划纲要》中,也有"统筹推进户籍制度改革和基本公共服务均等化,健全常住人口市民化激励机制,推动更多人口融入城镇"③等相关表述;2018年的《政府工作报告》也指出,"将提高新型城镇化质量,今年再进城落户1300万人,加快农业转移人口

---

① 《国务院政府工作报告2014》。
② 《中国共产党第十八次全国代表大会报告——坚定不移沿着中国特色社会主义道路前进为全面建成小康社会而奋斗》。
③ 《中华人民共和国国民经济和社会发展第十三个五年规划纲要》。

市民化"①。可见，不论是从国家推进新型城镇化的顶层设计层面，抑或解决当前经济发展所面临的诸多困境，积极推动来自农村地区的转移人口市民化都将作为党和政府长期着力的施政重点，该领域的作用和地位都将得到显著提高，更将成为当前及今后国家经济社会发展任务中的重要环节。

  2019年，我国城镇区域的常住人口达84843万人，该指标数据比上年末增加1706万人，由此计算的全国城镇化率为60.60%。而汇聚了大量农业人口的西部地区，在2018年常住人口城镇化率为52.23%，这一数字与同期全国59.58%的城镇化平均水平相比，都存在一定差距。此外，世界主要发达经济体已基本实现80%以上的城镇化水平，其中日本在2017年城镇化水平已达91.54%。甚至部分新兴经济体，在城镇化水平这一指标上都领先于我国西部地区，这说明我国西部城镇化事业任重而道远。究其原因不难发现，我国在农业转移人口市民化的推进过程中，政策导向的实施力度较为明显，但过于强调政府主导模式，缺乏经济发展的自然引导。农业转移人口落户的主要动力仍与政府引导及政策红利密切相关，但在利用城镇产业吸引力等经济因素方面存在较大短板；此外，东中西部发展差距依然是困扰我国农业转移人口市民化发展的现实性短板，西部地区虽然从纵向比较上看，在该领域进步是不容置疑的，但仍旧和国内外发达地区存在横向上的指标数据差异，而深究其质量上的差距则更为窘迫。因而，不论从规模上还是转移质量上，西部地区农业转移人口市民化任务与国内发达地区相比还存在着不小的差距；不仅如此，部分地方政府缺乏专业的技术指导，在制定农业转移人口市民化政策时，对当地城镇承载力等因素的基本认知存在短板，使得城市人口发展、布局及吸纳安置规划缺乏科学性，盲目进行操作指导，使得他们在应对来自农村的转移人口市民化过程中，极易伴生出严重城市治理难题，公共服务难以在短时间内实现均等化，部分农业转移人口生活质量甚至有所降低；数据层面的"市民化"是最为肤浅的市民化，仅仅是从户籍上实现了农业人口的身份变更。而实质上的"市民化"关乎公共服务的有效供给，更涉及农业转移人口的心理干预、现代生活方式的形成以及自身权利与责任意识的构建。在这一层面上，部分地区的城镇化或市民化只是形式上的"市民化"，尚未触及复杂的体系构建与心理重塑，是只在乎"赶人上楼"的"半市民化"。

---

① 《国务院政府工作报告2018》。

针对以上问题，中央在召开城镇化工作会议的过程中明确提出，"要优化布局，根据资源环境承载能力构建科学合理的城镇化宏观布局"①；而在中共中央国务院发布的《关于进一步加强城市规划建设管理工作的若干意见》中也明确指出，城市规划工作和城市公共服务供给应当强调特定地域城镇承载力这一基本前提。农业转移人口市民化是一个系统性工程，这一工程应当遵循基本的科学规范，满足基本前提。而规范与前提中，最为基础性的莫过于城镇承载力这一范畴。农业转移人口市民化是实现新型城镇化的首要任务，而城市承载力是推动新型城镇化进程的重要物质基础。因此，以城镇承载力为依据开展来自农村的转移人口市民化，是破解当前农业转移人口市民化过程中存在的诸多问题的最直接且最有效途径与措施。

做好新型城镇化工作，应当妥善解决来自农村的转移人口市民化这一关键问题，并将其置于首要位置；推进农业转移人口市民化，城镇承载力应当作为政策依据进行考量，并在实践过程中视为指南，进而有针对性地明确不同地域城镇化的发展方向。在当前新冠肺炎疫情日趋复杂、经济社会发展不确定性陡增的时代背景下，如何正确认识、科学测量和使用城镇承载力，是妥善处理来自农村地区转移人口市民化和加速推进新型城镇化工作的关键任务。

二、研究意义

本书着眼于西部城镇区域在新型城镇化过程中农业转移人口市民化与城镇承载力之间的现状关系，以理论研究为基础，重点分析西部城镇承载力的各项指标，评价结果对于指导西部地区推进新型城镇化进程具有重要的理论和现实意义。

承载力的相关理论研究历经了上百年的发展过程，已日臻成熟可行，这些研究对指导人类社会经济活动与人口管理具有重要意义。该理论使人类认识到了社会生产活动与资源环境之间的关系，对保护环境、可持续发展等都给予了重要的理论支持。但是，当前的相关理论存在一定的局限性，未能充分考虑我国所处的经济发展阶段，未能体现广袤国土空间之下所遍布的区域差异，无法对我国西部地区新型城镇化发展给予全面的理论支持。因此，需要根据西部新型城镇化进程推进的内在需求，从经济领域承载力、

---

① 数据来源：《中央城镇化工作会议公报2013》。

社会领域承载力、资源层面上的承载力和生态环境保护承载力等角度，开辟全新的研究视野，以系统性评估西部城镇的承载力现实，为新型城镇化提供更具前瞻性、科学性及实用性的理论指导。本书研究之目的，就是由这一角度出发，全面分析西部城镇承载力现实，进而丰富承载力理论体系，以期指导我国西部地区深入推进新型城镇化进程，造福最广大国民的根本利益，实现更具协调性的东中西部均衡发展。

广义上的西部地区以经济、地理等因素进行划分，包含西南、西北等十二个省、自治区、直辖市。该地域幅员辽阔，地形地貌分布多元，有大量民族聚居区域。作为我国下一个阶段新兴城镇化的重点推进区域，这十二个区域治理实体在发展基础、人口特点、资源环境条件等方面也有着自身的特点。为了便于总结西部主要地区的城镇承载力特点，并尽量遵循国土功能区划分，本书特选取具有一定代表性的西部省市作为研究对象，分别是重庆、四川、贵州、云南、陕西、甘肃、青海等。以上西部省市在推进新型城镇化过程中应该以自身城镇承载力实际为发展基础，综合考虑西部城镇农业转移人口市民化的特殊需求，这也随之产生了西部各省、自治区、直辖市对下辖区域内城镇承载力进行科学测算的具体需要。本书旨在构建城镇承载力评价体系，对西部地区城镇的经济承载力、社会承载力、资源承载力和环境承载力进行评价，能够对西部地区新型城镇化战略的制定提供借鉴，进而为促进西部地区新型城镇化的发展提供指导。

第二节　基本范畴及相关概念界定

基本范畴及相关概念的界定，有利于在研究伊始便明确具体的研究对象及研究范畴，使我们的工作能够保持清晰的目标导向。这一部分内容中，我们将具体阐述农业转移人口及其市民化的相关概念，并对城镇承载力这一领域进行系统性梳理，进而丰富了学术界涉及基本公共服务与均等化的理论内涵。

一、农业转移人口及其市民化

当前，农业转移人口的市民化作为高质量发展的应有之义，已被广泛认为是破解城乡二元结构的根本路径，也是扩大国内内需市场、调整产业结构的有效手段。该问题一直以来兼具理论研究与实践运用的双重功能，因而受到了政府和学界的长期关注。而"农业转移人口市民化"这一概念的形成及运用，经历了一个动态变化的过程，并非是一蹴而就的。其背后的驱动力量是学术和实务界对其不断丰富的系统性认知。

(一) 农业转移人口的概念界定

要讨论来自农村的"农业转移人口市民化"，首先要明确其研究对象"农业转移人口"这一概念的内涵。在2009年召开的中央经济工作会议中，"农业转移人口"被首次使用。此次会议议程中明确提出，"要把解决符合条件的农业转移人口逐步在城镇就业和落户作为推进城镇化的重要任务，放宽中小城市和城镇户籍限制"。随后，"农业转移人口"和"农业转移人口市民化"这两类表述被大范围引用，见诸各类政府文件及报刊杂志。它们在学术文献中也频繁亮相，成为阐述国家城镇化意志、分析城乡二元对立问题所必备的"热词"，一时间犹如万众拥护。但剥离开两类表述引起关注时所拥有的官方语境背书，它们的诞生便出现了更早的追溯。

"农业转移人口"这一概念的使用经历了较为长期的发展过程。20世纪80年代，在政府文件抑或学术探讨的语境中，便出现了"进城务工人员"，用于指代那些放弃在农村从事农业生产，转而进入城市地区参与其他产业工作的"农民"群体。他们改变了职业所属，从事第一产业以外的工作，从而摆脱了改革开放之前牢牢依附在土地上的原有生产、生活方式。但碍于当时体制机制缺乏灵活性，以及国民经济发展阶段之囿，他们的户籍上仍旧被迫保留着农业的烙印。在1984年，有学者在学术成果中，首次提出了"农民工"这一称谓，可视作对之前"进城务工人员"称呼的精简版表述。该称谓更具备直观认识，随后被广泛使用，并在2006年正式写入政府文件中。但这一称谓仍然保留了因户籍制度缺陷所带来的身份色彩，"农民"二字进一步强调了此类人群的出生。由于我国自新中国成立以来存在着明显的城乡二元对立关系，加之"农业反哺工业"的发展策略，当时的城市人口生存环境普遍优于农村人口：城市之于农村，便代表着更优渥的生活环境，更丰富的物质文明；而农村之于城市，则充满了条件艰苦、物资匮乏等刻板印象。因此，农村之于城市暗含一定程度的贬低感，使得在日常使用"农民工"这一称谓的过程中，有意无意地带有一定的感情色彩，具备一定的身份识别和歧视意味。进入21世纪，我国经济开始腾飞，部分早期扎根于城市的农民群体也随之受益，自身经济实力与社会贡献与日俱增。而农村经济的发展也取得了明显效果，农村人的物质条件与精神风貌大有改观，加之平等意识不断提高，和谐社会惠及全民的理念深入人心。因此，在此番现实背景下，2009年后开始逐渐慎用"农民工"的叫法，该语义逐渐被来自农村的"农业转移人口"所取代。

从以上叙述的称谓演进细节不难看出，尽管"进城务工人员""农民工"和"农业转移人口"在叫法上有所不同，内涵也有少许感情色彩差异，但其所表达的人员主体是大体一致的，即指由于各种原因，从原本从事的农业生产中脱离出来，从农村地区放弃原有的生产和生活方式，背井离乡转移到城镇从事生产和生活的这一部分人口。

尽管"农业转移人口"与之前的诸多称谓所代表的人口群体是大体一致的，但依然有着细微的区别，主要表现在：第一，"进城务工人员"和"农民工"等称谓均体现出一种主动状态，即由于各种原因导致的原来从事农业生产的人口，主动放弃从事农业相关生产这一职业，离开长期生活的农村，进入城镇地区生活并从事农业生产外的其他工作。而来自农村的"农业转移人口"，从广义的概念来看，它不仅涵盖了这一部分主动脱离原有农村生活和生产方式的人口，还包括一部分由于城市扩张、农地征收等原因被动"进城、上楼"的人群。这也是顺应时代发展的客观变化，充分认识到农村人口发生身份变化，最终转变为城镇人口这一变化中，所存在的途径的多元化变迁。第二，"进城务工人员"和"农民工"等旧有使用过的称谓主要体现的是已经褪去泥土属性，转变成为产业工人的原农村户籍人口，更加侧重于身份和职业的阐述，其本质上是一定时期内农村中普遍存在的剩余劳动力向城镇的转移；而"农业转移人口"从广义的概念上来看，不仅包括从农村到城镇务工的剩余劳动力，同时还包括不属于劳动力范畴中的一部分农村人口，如随迁子女、丧失劳动力的人员等。"农业转移人口"在使用上所包含范畴边界要大于前者有所局限的概念界定。

(二) 农业转移人口市民化的概念界定

在已经清楚辨析了来自农村的"农业转移人口"这一界定依据的基础上，进一步对"市民化"这一概念进行延伸探讨研究，有助于我们最终为来自农村的"农业转移人口市民化"定义锚定内容框架。"市民化"在理论研究及政策实践的应用过程中，也同上文所述的"农业转移人口市民化"境遇类似，存在着一个内容不断丰富的变迁趋势。"市民化"一词简单来理解可以表述为：将并不来自城市且从事工作非农业的非市民（这里指农业转移人口)逐步转变为在城市稳定居住且从事非农产业的城镇居民。"市民化"既表示这一转变的过程,也指代这一转变的结果。从国家政策上来分析,可以明显看出对"市民化"这一繁杂概念的不断丰富与完善。从最开始提出"放宽户籍限制",到所谓力争"实现城镇基本公共服务对城镇常住人口的全覆盖",再进一步拓展到"转移人口能够与城镇居民享有同等权利和义务",历经数十年内变迁的农业转移人口市民化在我国的政策层面经历了"户籍身份认同市民化"到"待遇公共服务市民化"的过程,其背后也蕴含着党和政府在城镇化进程中角色及责任意识日益凸显、国民经济实力大幅度提高的客观事实。

"户籍市民化"中强调的是户籍,即让农村户籍的农业转移人口获得城镇户籍,以帮助其转变为城镇居民,更好地在城镇生活、工作。在党的十八大召开之前,国家相关政策举措都将重点置身于户籍制度的改革之上,以期先行摒弃体制机制层面上的缺漏,以此扫平不适应时代进步及社会发展的落后规制,来推进现行社会经济发展水平条件下的农业转移人口市民化。这一阶段,来自农村地区的农业转移人口市民化在数据指标方面获得了明显提升,但过分关注户籍层面的市民化则忽略了农业转移人口群体在进行市民化转变过程中,其实际生活境遇、工作环境及心理状态的实际变化,使接受转移的人群"身在楼宇、心在田野",仅仅实现了社会身份上的城镇化,部分极端情况下生活保障甚至出现了倒退;"待遇市民化"在"户籍市民化"的基础上更进一步,即让农业转移人口享有城镇居民的待遇。待遇市民化的概念不仅关心农业转移人口户籍的改变,更加着眼于农业转移人口在城市中所享受到的城市待遇问题,这一内容在党的十八大报告中明确提出,并通过一系列文件的出台实现了深化。从"基本公共服务全覆盖"到"与城镇居民享有同等权利和义务",体现了"市民化"这一概念的进步。在实践中,"待遇市民化"体现了两个方面的积极变化:一是反映了当前市民化目标内涵的实质,即户籍只在统计上反映一定的城镇化进程数据,是最基本现状的简单描述,能够从一定程度上反映出当前市民化或城镇化的总体趋势,而城镇化的实际运行效果则必须由城镇常住居民的就业、生活及社会保障等福利及公共服务内容来衡量;二是反映的内容更加全面,按户籍核算的农业转移人口市民化数据和实际情况存在着较大的差距。如根据能够反映实际情况的城镇地区常住人口计算,截至2019年,我国城镇化率已经从数据指标上达到60.60%。但如果按照户籍人口计算,我国的城镇化率却只有44.38%,这16.22%的差距是不能被我们所忽略的。实际上,我们讨论农业转移人口市民化的主体，不应局限于户籍人口数据视角，而应着眼于常住人口的相应变化增减。

不论是过去"进城务工人员"和随后的所谓"农民工"，这群"农业转移人口"在我国经济建设中起到了举足轻重的作用。之前，他们背负着初期城乡二元结构的收入差异，只能够背井离乡，在缺乏劳动技能的情况下为市场供应低廉的人力，其间还会出现受到歧视的情况。然而正是这样一批人用自己的辛勤努力，才驱动着"中国制造"的航船驶向远洋。由"户籍市民化"到"待遇市民化"的转变，不是赠予，而是弥补，是时代大势之下应当践行的公平正义。但是，仅就公共服务等方面给予足够完善的保障还尚显薄弱，现代的生活方式寄希望于现代的城市生活观念，这使得"市民化"的研究更进一步。在学界的研究中，"市民化"不但讨论了"户籍市民化""待遇市民化"，还进一步讨论了"素质市民化"，使得我们所讨论的"农业转移人口市民化"这一概念的多层次内涵更趋于完善。但我们需要明确的是，所谓"素质市民化"并不能带入素质优劣的主观臆断，更应当视为转变生产方式、生活方式，积极拥抱现代物质财富及精神文明的观念引导方向。

农业转移人口市民化这一概念的演进有其内在的理论逻辑：市民化最初表现为农业转移人口在职业和生活上的转变，即进入城镇从事非农工作，且在城镇生活，逐步转变为城镇人口，即"户籍市民化"。但由于中国特殊的城乡户籍制度，尤其是这一制度背后所暗含的不同身份享受社会公共服务所存在的巨大鸿沟，因而"户籍市民化"并不能代表市民化的真正理念，由此便演进至"待遇市民化"。不论基于实践运行还是始于理论研究，我们都不难看出，唯有填平农业转移人口与原城镇人口在公共服务待遇等方面所存在的隔阂与鸿沟，弥补养老服务、子女教育、医疗卫生、文化享受等社会性福利差异，才能真正实现我们所期待的农业转移人口市民化工程；但即使此时的市民化，其内在内涵依然是存在一定的局限性，并非我们理想状态下农业转移人口市民化所应当达成的最终目标。即便享有同等待遇，但由于客观上的待遇差异已历经数十年甚至上百年，农业转移人口在受教育程度等各方面与城镇人口相比存在着客观差距。因此，单纯追求待遇的均等化，其实质是将系统性问题的解决尝试片面化，以过程公平指代结果公平。在起跑线存在明显差距的情况下，单纯强调过程公平会变相产生强势群体对弱势群体的隐性剥削，会使得长期积累的不平等转变为充满迷惑性的程序平等，进而使不平等正当化。这样，农业转移人口即使享受了均等的社会服务，实现了在城镇中生活的短期目标，但难以跨越长期积累的物质及精神层面上的客观差距，与原城镇居民的差异始终无法抹除，不能实现真正的一体化。而如果这一情形较为普遍且进一步恶化，会固化现有城市人员的阶层流动，人为聚合出在城镇中生活的"农业转移人口"群体，久而久之甚至能够演化出本不应该产生的社群对立。美国存在的种族矛盾仅是表象，背后暗藏黑人等少数族裔在教育、收入等领域积累了上百年的落后局面。美国过度强调过程公平，崇尚公平且自由的竞争，这种简单以过程公平指代结果公平的社会，最终会导致强势社群对弱势社群产生"合理的剥削"，而彼此的鸿沟并非简单能用肤色进行解释。因此，在"待遇市民化"领域的基础上还应该进一步发展到"素质市民化"，即实现农业转移人口在个人工作技能上的提升，价值观念上的转变，生活习惯和行为方式上的转变，进而促成农业转移人口这一群体社会地位和社会认同的实现，尽力消弭"农业转移人口"群体和原生城镇居民人群之间的总体差异。

综上所述，农业转移人口的内涵是农业人口由农村转移至城镇，其工作也由从事农业生产转移至非农业生产，在城镇中与城镇人口享受均等的社会保障和公共服务待遇，并在积极妥善的引导下不断夯实自身经济状况，提高个人素质，转变价值观念，适应城市现代的生活方式和行为习惯，最终融入城市生活，并被社会认同，接纳为不受区别认识的城市居民，这一过程和结果的统一体即可称为本书所指的农业转移人口市民化过程。

二、城镇人口承载力

城镇人口承载力可以从两个方面进行阐述——承载力的系统结构提供其主要组成因子，而承载力系统的特征则将组成因子聚合成整体框架，从更为宏观的角度去审视其运行时所体现出的系统特征。这样分和有序的处理方式，能够帮助我们厘清承载力的有机构成，但又不至于将各个要素彼此进行切割，淡化了城镇人口承载力这一有机整体在各因子完成聚合后所表现出的特质。

(一) 承载力的系统结构

1. 资源承载力

城镇资源承载力是指城镇中的资源所能供养的最大人口规模，这里的资源主要是指自然资源，包括土地、水以及各种矿产资源。若以城镇规模大小的地区举例，其资源量是相对固定的，这主要是由于矿产资源的年均供给量相对固定，土地资源在城镇不扩张的前提下也是相对固定的，水资源每年会发生一些小的变动，但除非出现明显的气候波动，每年降水及径流水平变化不大，在分析时一般予以固定考量。人们在城镇中的生活需要消耗自然资源，因此，城镇的资源承载力被视为有限的。当人口规模在城镇资源承载力容纳范围之内时，能够保证人们进行正常的生产生活；当人口数量超过城镇资源承载力的容纳范围时，资源就会变得十分稀缺，以致人们的正常生产、生活难以为继。资源承载力一方面是静态的、固定的，资源的绝对数量越大、承压因素越多，使用效率不断提高、压力因素不断缩小，资源领域所蕴含的承载能力便越强；反之，资源领域承载能力则较弱。另一方面，资源领域的承载力又是动态变迁的、不断变化的——随着科技水平的提高，能够被使用的新的资源品类会层出不穷，原有资源的开采难度也会受此影响而降低。此外，科技进步能够显著提高人类使用资源的效率，这同样改善了人类所能使用的资源规模，使资源承压因素得以大幅度增加；随着技术的进步，压力因素也会逐渐减少。不仅如此，使用资源的规模大小还与人们对资源的需求相关，这又与社会观念改变等因素密不可分。而对需要的资源在质量方面产生变化，资源的承载力也会随之变化，如对水质的要求不同，使得水资源的承载力产生改变。当然，这类改变是主观标准的改变，而非客观总量的变动。

2. 环境承载力

城镇环境领域的承载力，指在某一时间、空间以及某种环境状态下，一定城镇空间范围内所涉及地区中，环境所能承受、容纳的人口及其所带来的人类社会正常运行及进行合理的经济活动的承载能力。主要由众多环境要素的承载能力组成，包括水资源环境、大气环境、土壤环境等。它同资源领域的承载力一样，与人类社会正常发展及其背后运行的经济活动关系密切，既受自然环境各种要素的影响，又受一定空间范围内的人类社会环境所囊括的各种要素的影响，兼具自然属性和社会属性两种形式。自然属性是其内在的禀赋和性质，决定了环境的容量，即其对人口及人类经济活动的承载能力。社会属性，从定义而言是其外在的社会禀赋和性质，决定环境容量的动态变化。人类可以通过对经济增长方式及发展模式进行修正，抑或通过增加研发投入以提高技术水平、对生产工艺进行革新以降低污染物排放、完善社会治理体系以增强环境保护意识等手段来提高区域的环境承载力，使其符合人类社会的长远发展方向。

3. 经济承载力

经济承载力相对于资源承载力和环境承载力来说较为抽象。一般而言，城镇的科技发展水平、人均收入水平和经济发展水平成正比，若两个城镇的资源承载力和环境承载力相同的前提下，经济承载力高的城镇能够容纳更多的人口。这主要是由于城镇的经济发展水平越高，伴生的科技发展水平也就越高。而科技水平越高，则对于资源的利用效率越高，人类社会所能够进行的集约化发展和能源节约的潜力便越大，资源使用弹性更大，对环境改善能力也越强。因此，经济承载力并不是经济本身能够容纳的人口，而是经济发展水平对于其他子系统的改善能力。这一承载力能够改善其他子系统的使用局面，使得其他子系统所能承载的人口有所增加，而增加的那部分人口便得益于经济承载力的作用。

4. 社会承载力

城镇中的资源物质可大致分为自然资源和社会资源，在一定自然资源已趋于稳定的前提下，其所能承担的最大人口规模及生存水准，可笼统概括为资源承载力，而社会治理中能够形成的非初始资源，包括各类公共服务及社会关系运行机制，其所能容纳的最大人口规模则为社会承载力的主要内涵。社会资源主要来自社会治理体系对资源的有效分配与再利用、再转移，包括基础设施建设、教育服务与相应资源的分配、医疗资源的分配、社会保障体系的维护与建立等承载因素。社会承载力主要包括对人口数量的支撑和容纳能力，以及适应社会发展需要而对人口质量形成的远期提高能力两部分。人口数量的支撑能力是指城镇社会资源对该城镇现有人口和未来进入人口所能支撑的能力；在人口质量提高方面，提高能力是指城镇社会资源和管理体制一定的前提下，在支撑一定规模的人口数量基础上，能够在人口受教育及技能领域进行深化的能力，其能进一步促进人口质量提高，促进产业发展迈向深入。

(二) 承载力系统的组成与特征

1. 城镇承载力系统及其与四个子系统的相互关系

承载力是由城镇所能吸纳的人口数量及规模，涵盖了资源、环境、经济、社会等要素。城镇承载力系统是一个有机构成的主体，其内部包含资源领域的承载力、环境领域的承载力、经济领域的承载力、社会领域的承载力四个部分，各自依次配合，从而构成一个精密的复合系统。该系统和资源领域的承载力、环境领域的承载力、经济领域的承载力、社会领域的承载力四个单因素承载力遵循整体和要素的辩证关系。城镇承载力是系统、是整体，具有四个子系统不具有的功能，而非四个子系统承载力的简单加总。这一系统内的有机协同，不仅搭建起整体框架，统率着四个子系统，更能发挥整体与因子、因子与因子间的叠加效应。资源领域承载力、环境领域承载力、经济领域承载力、社会领域承载力这四个要素彼此限制又相互促进，在协同构成城镇承载力系统时又不妨碍自身的单独存在，并从某一方面反映系统的特征。总之，城镇综合承载力系统是一个复杂的系统，具有自己特殊的结构和功能，其结构如图1-1所示。

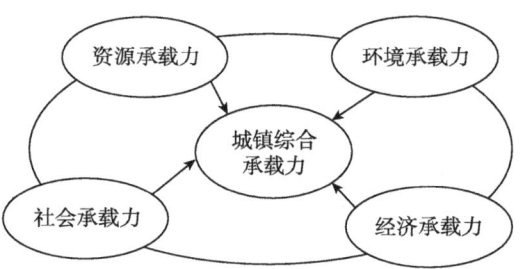

图 1-1　西部城镇承载力的系统结构图

2. 城镇承载力系统特征

承载力系统是一个相互作用的复杂系统，它具有如下特征：

一是整体性。城镇承载力系统是由资源领域承载力、环境领域承载力、经济领域承载力、社会领域承载力构成的一个复杂联系的有机整体，具有整体性，不是资源、环境、经济、社会承载力的简单杂乱堆积，而是有序的相互作用，最终释放出更大效能，形成更活跃的主体。四个子系统内部不但要进行信息的交换，还需通过人类与自然的经济活动彼此联系，相互影响。因此，研究单一子系统应当摒弃狭隘的独立视角，需将其置于整体研究中，以便全面反映子系统的真实承载能力。若单纯审视某一子系统的最佳承载能力，不仅会对系统内其他子系统产生负面影响，也难以准确评估该系统承载能力阈值。当某一子系统达到最大的承载力时，系统的整体功能可能受到损害，因而这是一种不可持续的承载能力提升。整体性要求我们从全局角度进行研究，摒弃片面思维，统筹各方面因素综合考量，最终实现类似于帕累托最优的改善局面。

二是层次性。城镇承载力系统在微观上可分解，宏观上可综合。从微观上看承载力系统可分解为四个子系统，四个子系统又可根据其组成要素，进一步分解为次一级的子系统。从宏观上看，次一级的子系统又可单独综合为上一级的子系统，并且可根据分离条件或界定标准的细化进一步实现细分。城镇承载力具有层次递进关系，使得该系统是一个多层次的有序统一体，这使得我们在研究和评估过程中，应当尽最大可能，在一级子系统框架下实现细分，注重系统的层次递进关系，这也为我们使用层次分析法等工具提供了理论依据。

三是动态性。城镇承载力不是静态恒定的存在，而是具备动态变化能力的系统。随着人类经济社会的动态发展，四个子系统都会随之发生变化。在当今时代背景下，科技日新月异，观念推陈出新，社会管理日臻高效，使得经济系统和社会系统发展十分迅速。这导致资源系统和环境系统变化速度明显加快，单纯依靠截面特征进行判断会使得城镇承载力的估计严重失真，因此不能将承载力的研究限定在一个既定的时间点上，应尽可能寻求研究时间范围的延长。实现承载能力的提升应当秉持可持续发展的原则，应当摒弃短视思维，着眼于当下城镇承载力的既有要素，辅之以中长期考量，充分发挥该系统的动态变化能力，积极引导这一变化朝着人们所期待的方向转变。

四是开放性。城镇承载力系统不是一个孤立、封闭的系统，而是一个开放的系统，能够实现体系内的动态平衡。承载力系统需要对外实现信息与资源的动态均衡补充，其同研究对象所在的空间区域之间是互为作用的体系，存在着人员及劳动力的交换流动、物资等生产要素的交换流动、资金资本等要素的交换流动以及信息和市场数据等的交换流动。例如通过货币媒介，都能对四个子系统产生影响，从而从总体上进一步延伸影响力，直至整个城市承载力系统产生变化。

三、基本公共服务与均等化

(一) 基本公共服务

基本公共服务一般以一国或经济体作为考察单位，指建立于一定社会共识基础上的，与该国或经济体经济社会发展阶段相匹配的，旨在维护体系内社会经济稳定与基本民生秩序、维系内部共同价值理念和群体凝聚力的各项公共事务服务，一般由国家或经济体统一财政进行支付，暗含一定的政治基础与合法性因素。当然，目前学界对这一概念仍处于百家争鸣阶段，基本公共服务所应当包含的因素也在近百年的人类发展史中几经完善，任何立足于当下社会形态和政治架构之下所做出的论断或定义，都带有一定的历史局限性，而这也并非本书所需重点着墨的内容范畴。重大历史事件的发生总会使得国际格局产生变化，进而使得世界秩序出现松动，旧有的权力格局此消彼长，伴随而生的还有国与国之间的实力对比。这类变化的出现可能在最初仅涉及几个有限区域，但全球化的加深使得世界上的任何角落都难以独善其身。蔓延的冲击将使得各国或经济体内的经济运行出现明显波动，经济秩序出现失序，基本公共服务的范围与力度也随之产生变化。在新冠肺炎疫情中，基本公共服务下辖的公共医疗资源供给与协调便受到了前所未有的关注，口罩和消毒液都瞬间成为国家战略层面的物质需求。这一发生在身边的、对世界格局产生深远影响的公共卫生事件，为我们理解动态变化的基本公共服务提供了生动的案例。

一般而言，基本公共服务应当包括提供就业服务和基本社会保障两个方面内容，它们都从属于基本民生性服务。进一步细分又可使之具体化——义务教育、公共卫生服务、基本医疗服务和公共性文化服务等公共事业性服务；公益性基础设施的建设与维护以及生态环境保护则属于公益基础性服务；而生产安全、物价及市场秩序、社会稳定、交通运输和国防安全则属于公共安全性服务。此外，有一部分学者还在此基础上进一步丰富了基本公共服务的精神内涵，在依旧肯定旨在维护经济社会稳定等举措属于基本公共服务的范畴外，还加入了维护社会公平正义、凝聚整体价值观的相关阐述：人类的社会属性在一定程度上倾向于有边界的区分，因此主观地为各类个体赋予了种族、意识形态、年龄、受教育程度乃至于性别认知等不同的区别，个体在此基础上进行对号入座，使自身兼顾自我实现的独立性与共情共通的群体性。在这一理念下，由国家提供的提升主体意识和凝聚力的各类活动也具备一定的基本公共服务性质，如阅兵式、特定节假日或纪念日，乃至于在美国校园里每周必备的爱国主义宣誓，都可从属于公共服务范畴。当然，此类公共服务已经超越了人最基本的生存权和发展权，更多体现的是思想和价值观层面上的共情归属感。总体而言，我们可以大致将基本公共服务的概念界定局限在以下几个方面：其一，基本民生性服务，包括养老年金及失业救助等，旨在维护个体最基本的生存权利；其二，公共事业性服务，包括公共卫生建设、普惠式公立教育、医疗保险以及在科研领域的政府投入等。这一类服务相较于前者不具备维系生存的紧迫性，更多着眼于生活质量的改善与长期的宏观社会改良；其三，公共安全性服务，如社会治安与市场秩序维护，知识产权保护与国防等传统安全领域。这一类基本公共服务能够间接提升其他公共服务水平；其四，是囊括了公共设施建设与维护、环境保护与生态修复等功能的公益性基础公共服务。

（二）服务均等化

微观经济学原理告诉我们，基本公共服务中的"公共"二字，体现出提供的该类型服务应当具备公共产品的特质，即能够在提供中，同时具备非竞争性与非排他性两重属性。这类产品一般是由政府提供，并以其具体的财力物力作为重要考量，以符合其能力和职权。但政府与政府之间存在权限管辖等区别：以联邦制的美国为例，联邦政府与各州政府之间存在权限管辖的区分，外交、国防等事务由联邦政府负责，各州政府独立性较强，在教育、公共卫生等领域享有一定的自主权。这使得采用联邦制的美国，联邦政府（中央政府）与州政府（地方政府）不存在从属关系，基本公共服务如果是在州政府的管理范围内，则州一级可根据自身情况出台单独适用于该州的法令，有针对性地提供基本公共服务。这样虽然能够使基本公共服务更能顾及当地实际，却使得各州与联邦之间在应对大面积爆发的公共事态时应对不足，权责划分存在真空或重叠，导致各级政府相互指摘、互相倾轧，应对效果极差；而我国政府存在中央与地方的上下级隶属关系，中央政府的各项政令，地方政府应根据自身区域特征，出台细则加以完善实施，但不允许出现明显的违背情况。这样上行下效的模式，虽然能够强化"全国一盘棋"的大局意识，做到统筹协调、权责明晰，能够迅速调动全国资源对应急事态做充分且及时的反应。但却也容易导致政策过于简单粗暴，单纯一刀切。一般而言，类似于我国这样的政府架构，中央政府着眼于全国考量，公共服务标准应当摒弃地域区别或城乡差异。

我国在艰难建设工业体系的过程中，为了尽可能地提高要素积累，制定了农村反哺城市、农业支持工业的方针，城乡二元对立也因此加剧。这一特殊历史阶段的抉择，使得本就捉襟见肘的基本公共服务不得不与户籍制度强行挂钩，使过去的城镇化进程中，农业转移人口即使在城市中生活、工作，也依旧无法享受城镇人群所拥有的基本公共服务，隐形的鸿沟横亘在农业转移人口与城镇居民之间，使前者在教育、医疗等方面感觉到直观的落差，严重打击了农业转移人口在城市中的归属感，也使他们难以在城市获得长期且稳定的生活服务。正如同某些社会割裂的国家一样，如果这种隐性歧视不及时解决，将人为激化社会矛盾，产生不必要的身份对立，严重影响我国经济的可持续性发展。因此，市民化应当赋予其促进农业转移人口与本地城镇居民实现基本公共服务均等化的重要内涵。而在官方发布的重要纲领性文件《国务院关于实施支持农业转移人口市民化若干财政政策的通知》中，中央也明确界定了市民化的成本分摊，在财政上实现了均等化——"强化地方政府尤其是人口流入地政府的主体责任，建立健全支持农业转移人口市民化的财政政策体系，将持有居住证人口纳入基本公共服务保障范围，创造条件加快实现基本公共服务常住人口全覆盖"。

第三节 研究思路与主要研究方法

研究思路与主要研究方法能够勾勒出本书的内容框架，我们将行文思路具象化，以便读者能够在宏观层面上更好把握全书的脉络走向。

一、研究思路

本书采用系统分析的思想，将农业转移人口市民化与城镇承载力相结合：首先，对理论基础进行梳理总结，阐述相关研究成果，以便读者能够尽快掌握本书研究领域所需具备的专业知识；其次，从西部地区理论最优与现实情形的矛盾对立现状出发，对二者矛盾进行剖析，明确农业转移人口市民化与城镇承载力的互动机制，并阐述其挑战；再次，我们在本书的第四章采用指标体系法，从地区、省市、城市三个维度对西部重点省市的城镇承载力及各子系统承载力情况进行了系统性评估;在本书的第五章,在理论分析的基础上我们采用了随机效应模型对西部重点省市承载力的影响因素进行分析,并对回归结果进行了一系列的稳健性检验;在本书的第六章,我们在前文数理分析的基础上,进一步对未来西部重点省市承载力发展趋势进行了预测,并对西部重点省市所辖地级市的承载力水平进行了估计,综合采用总体分析和短板效应法;最后,基于理论推导、数理模型的相关结论,以及所研究的西部七省市的客观现实,我们从提升承载力与推进市民化两个方面提出了相应的对策建议。本书的总体研究思路如图1-2所示。

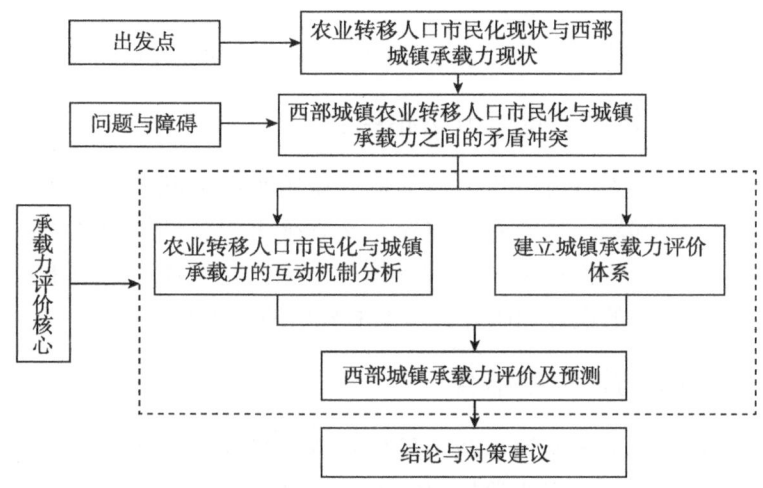

图1-2 技术路线图

二、主要研究方法

本书综合运用多学科的理论与研究方法,依据各部分内容的特点选取了不同的研究范式。

(一)规范研究与实证分析相结合

规范研究主要用到的是逻辑推理,而实证分析主要是运用一些数据、模型以及事实案例进行分析。在本书中,运用规范研究对农业转移人口市民化与城镇承载力的相互作用进行了分析,运用实证分析对西部城镇承载力的现状进行了研究。

(二) 定性归纳总结与定量分析研判相结合

运用对比、概括、推理等定性分析方法，由表及里、由此及彼，准确把握农业转移人口市民化和城镇承载力发展的内在规律；同时采用多种定量研究方法，更加精确地认识西部地区城镇承载力自身发展水平。

(三) 理论研究与调查研究相结合

通过对国内外已有相关文献的梳理，形成文献综述，作为研究农业转移人口市民化与西部地区城镇承载力关系问题的起点；同时采用座谈、访谈等实地调查研究方法，选取重点城镇获取第一手资料，深入剖析西部地区城镇承载力的现状和不足，作为政策措施探索的基础和依据。

(四) 整体研究与重点分析相结合

研究农业转移人口市民化与西部地区城镇承载力既要分析西部地区城镇整体承载力的问题，探索总体路径，又必须重视各城镇承载力的差异和城镇承载力内部结构性的差异化和具体化，因此，整体研究与重点分析相结合贯穿于整本书的设计和研究，是本书采用的主要方法之一。

(五) 归纳与演绎相结合

纵向分析西部地区城镇承载力发展过程，横向比较西部地区内部各城镇承载力变化过程，采用科学的归纳方法总结西部地区城镇承载力的问题和不足，东中部地区的模式和经验，结合西部地区城镇的实际情况，采用演绎法得出提高西部地区城镇承载力的实现措施。

整体来看，本书研究在综合运用多学科传统研究方法的基础上，借鉴、融合最新分析工具和方法，共同为理论分析、现状研究和路径探索提供技术平台，以实现预期研究目标。

第二章 理论基础及文献研究

正如前文所述，对理论基础进行梳理总结，阐述相关研究成果，这将有助于读者掌握本书研究领域所需具备的专业知识。本章我们将从相关理论基础入手，系统性论述农业转移人口市民化及城镇承载力两大领域的相关研究。

第一节 农业转移人口市民化相关研究

"农业转移人口"一词兴起于近几年，起初见诸政府相关涉及新型城镇化的政策文件。相较于"进城务工人员""农民工"等带有感情色彩的描述，"农业转移人口"更体现出一种潜在的人文关怀，颇有几分理论研究所应秉持的理性与克制。擅于东方文明博大精深的遣词造句，只要略做调整，便能从中感受到另外一种"不言自明"。而西方文明语境之下的直来直去，更着重于精确的阐述，使得在瀚如烟海的外文文献成果中，很难找到与"农业转移人口"概念和内涵完全匹配的说法。我们只能在此基础上对构成要素进行一定的取舍，选取国外关于"转移人口"及"市民化"的研究内容，并将内涵丰富的中文词汇集中于"移民"这个与"农业转移人口"相比相对局限的概念上。

一、研究移民问题的起源

1918—1920 年，托马斯（William I. Thomas）和弗洛里安·兹纳涅茨基（Florian Znaniecki）合著了《身处欧美的波兰农民》，该书是最早研究移民问题的代表性著作之一，也被称为社会学的奠基之作。在此之前，关于移民的研究形式大多只是通过社会调查堆砌一些冗长的数据，缺乏对数据进行合理有效且系统的分析，所谓"研究"显得不知所云。因此，托马斯和兹纳涅茨基创造性地将社会调查与移民群体相结合，兼顾考察其所处的社会环境，使得移民问题的研究进入崭新的历史阶段。在《身处欧美的波兰农民》一书中，两位学者分析了置身于波兰和美国两类迥然不同社会环境下的个体移民（波兰农民），由依附于土地的劳动人口向所谓具有理性的经济头脑转变的过程。这不仅仅是身份转变为工人和市民的过程，更是适应其相关联的社会群体的过程，而群体纽带是波兰人形成聚集过程中至关重要的影响因素。在我国，延绵至广的客家群体，也或多或少带有此类纽带关系。19世纪末至20世纪初，由于波兰所处的恶劣地缘环境，以及故土日益紧张的生存空间，使得大批波兰人移民美国，并在当地形成较为封闭且独立的移民社会。在《身处欧美的波兰农民》一书中，两位学者选取了一个较为新颖且生动的视角——书信，来阐释和分析波兰移民扎根新大陆过程中，生活和心理的变化趋势。这种变化趋势虽然受到波兰移民独特的文化和族群习俗的影响，但却在特性之外保持了一定的共性，一部分变化特征并非波兰移民的专属，而是在全球范围内都具备一定的普遍性。在全球化不断迈向深入的当下，来自近百年前的考问仍旧发人深省。而这一看似古老的描述，在运用到当下的问题分析时，仍不会过时。

在近百年前，波兰人或是只身前来，或是举家而来，都怀揣着憧憬，踏上了去往美国的行列。这意味着他们从地缘上脱离了强调传承的东欧环境，客观上脱离了自己的初级群体。和中国社会讲求宗族纽带类似，波兰身处东欧较为保守的天主教文明中，原生的初级群体也代表着家族的维系。在这一体系下，个人有必要被初级群体所接纳，以获得必要的保护。远渡重洋以后，初级群体的作用明显弱化，这对波兰移民而言无疑是一把双刃剑——积极的一面是，摆脱了家庭、宗教的束缚，个人的成长与发展将收获更大自由，使自身个性得以解放。在美国移民的黄金年代里，这样的"重获新生"无疑展现出更为旺盛的活力，个人可以单纯凭借经济实力的提升，获得在旧大陆需要血统才能获得的社会认同。在传统的东欧，个人经济实力的提高与地位、身份的提高并不对等，宗族内部需论资排辈，社会结构中所存在的贵族、平民的血统认知依旧严重。波兰当时尚处于较为落后的农业社会，农民的社会结构中自有约定俗成的地位考核标准，家族门第、历史功勋都需要着重考量，个人奋斗在这种"打分体系"下被无限稀释。因此，个人荣辱更多时候与家族名望息息相关，个人的荣誉更多充当着家族荣耀所必不可少的陪衬。因此，新大陆的这套单纯拜金的考核体系，使得个人发展的向上空间空前提高，过去对个人实现有所掣肘的旧关系、旧纽带都被一扫而空；相对消极的一面是，独立的个体，其适应风险的能力也随之下降，个人或小家庭在面对突如其来的困难之时，难以获得以往能够提供一定保障的社会关系支持体系。此外，小家庭中的矛盾也缺乏两大家族的及时背书作为稳定缓冲。迁移美国的原生家庭，更容易出现无人调停的矛盾。而美国在强调个人个性释放的同时，也更习惯于集中考虑个人感受与利益，将婚姻纽带置于法律的仲裁中，夫妻双方此刻不是有机的整体，而是对簿公堂时利益分割此消彼长的敌对关系。因为这样的社会环境，加剧了原生移民家庭在感情上的撕裂，从而引发了一系列社会问题。在美国的波兰人为了解决这一族裔内部的负面影响，衍生出波兰人社区内"共同保险机构"，以实现旧制度与新大陆的契合。在此基础上，波兰人社区建立起了系统庞杂的公会组织（非工会），对族裔内经济进行统筹安排，还负担起一部分社会职能，如建立独立于盎格鲁——撒克逊主体民族文化以外的天主教教区与教会学校，还通过教育强化后代最为重要的族裔认同因素——语言。通过公会的一系列努力，波兰移民希望能够在美国建立起类本土的族裔团结。

美国是世界上最大的移民国家，同时也是最具影响力的强权实体，其移民史就是自身的建国史，而其间的移民政策也几经波折，在不断完善的过程中进行自我更新。虽然客观上讲，美国的族裔问题仍然严峻，但总体上是被包裹在肤色、文化和宗教假想之外的阶级矛盾。美国当前无法承担起"民族大熔炉"的称号，其国内结构性问题的加剧，使得族群矛盾日益凸显。但即使如此，美国民族政策中的一些做法仍旧具备一定的可取性——联邦政府不对种族进行法律、政治等方面的认可与标识，不给予种族团体以法律上的承认，尤其不允许任何单个族群生活在特定的历史疆域内。他们尽可能地通过国籍法、移民法、教育、行政与传媒等手段，淡化族裔色彩，除为印第安人划拨保留地以外，都尽量不给予其他族裔过分的优待。美国这一套做法，无疑是以强调国民身份来淡化族群认同，这一策略值得我们认真思考。人为的身份识别，无疑是在某种程度上加剧国民的割裂。

二、移民与市民化的动力与影响因素

在《身处欧美的波兰农民》之后，国外关于移民与市民化的相关研究渐渐开枝散叶。在浩繁的研究成果中，多数学者更关注于移民与市民化的动力，并将主要的落脚点置于其影响因素的分析阐述之上。本章将试图为读者们勾勒出从社会与市场、群体网络两个视角出发的理论框架，从而对移民与市民化的影响因素进行归纳。

(一) 社会与市场视角

从社会与市场的视角去分析移民与市民化的影响因素，主要着眼于因社会经济发展、社会结构以及市场结构等发生变化而引起的移民与市民化。

1. 刘易斯二元经济结构理论及其相关延伸

刘易斯（A. Lewis, 1954）提出了著名的二元经济结构理论，该理论针对发展中国家劳动力迁移问题，在假设劳动力无限供给的基础上，以整个社会经济发展为出发点，解释了劳动力迁移的根本原因：首先，在该理论框架下，存在一个发展中国家，该国同时并存两种经济体系——以农业为主导的传统部门和以工业为主流的现代城市。作为传统优势部门并且沉淀了大量劳动力的农村农业存在着无限供应劳动力的既有假定，持续不断为城市工业部门提供低廉的劳动力供应。这种在发展中国家普遍存在的传统农业经济体系和现代城市工业体系的结合，其农业经济体系占主导的时期，劳动力相对于土地资源过剩便会形成一部分处于隐蔽失业状态的劳动力。而要实现整个社会经济发展，就必须达成充分就业。因此，处于隐蔽失业状态的传统农业经济体系中的过剩劳动力必须转移到现代工业部门中，以便实现充分就业，使发展中国家的经济实现腾飞。整个劳动力迁移的过程可以被人为分解为两个阶段：第一阶段被认为是劳动力无限供给的阶段，在此阶段中，工业部门可以保持工资不变，资本积累是劳动力转移的唯一影响因素；第二阶段则指的是农业部门内部所包含的剩余劳动力顺利完全地转移到从属于工业部门的相关领域之后。此时，影响劳动力迁移的因素就变成了工资。[①] 城市工业部门持续不断地从农村吸纳劳动力，在扩大自身经济发展的基础上，还会创造更多数量的劳动力需求，由此形成持续的闭环。在这一过程中，劳动力转移推动了城镇化和工业化的发展。而随着劳动力的外流，依旧保持农业生产的劳动力人口，其边际生产率不断提高，最终抹平两部门之间的效率差距，二元经济结构也随之趋于一元化。

费景汉（J. Fei）和拉尼斯（G. Ranis）对刘易斯的二元经济结构理论进行了有机补充。相较于刘易斯对迁移阶段二分的处理，他们将经济发展

---

① Lewis W A. Economic development with unlimited supplies of labour [J]. The manchester school, 1954, 22 (2): 139-191.

和劳动力迁移的过程划分为三个阶段。他们认为，传统农业部门对于现代工业部门的贡献，除了农业部门为工业部门提供劳动力之外，还有该部门在能力范围内所提供的农业剩余，即当农业剩余较为有限，难以满足工业部门增加产能及新接纳劳动力后，该部门及相关领域对于农产品存在的扩张性需求之时，劳动力在农业部门向工业部门的转移就会受到阻碍。受制于生活必需品的匮乏，农业人口进入城市、工厂变身为产业工人的进程将大大受限，人们为了保证绝对的粮食安全，会继续依附于土地，从事农业生产以维持自身及家人的生存。[1]

与刘易斯、费景汉和拉尼斯运用古典主义分析方法进行理论构建不同，乔根森（D. W. Jorgenson，1967）则运用新古典主义的分析方法，对二元经济结构理论进行了补充和修正。他提出，农村剩余劳动力转移到城市工业部门应当有一定的前提条件作为支撑，即农业剩余，这一观点是对前人费景汉和拉尼斯的继承。同时，对于农村剩余劳动力转移到城市工业部门的内在动因，乔根森认为有一个重要的影响因素导致——人们消费结构的变化。[2]但是，无论是运用古典主义分析方法的刘易斯、费景汉和拉尼斯，抑或运用新古典主义分析方法的乔根森，均忽视了城市工业部门的失业问题。而这一实际经济运行中所难以回避的现实情形，为后来的学者进一步丰富和深化二元经济结构理论提供了思考的角度。

托达罗（Michael P. Todaro，1969）和哈里斯（Harris，1970）发现，缺乏对失业问题的考量将使得二元经济结构理论存在明显的漏洞。而20世纪下半叶在西方世界主要国家内部长期存在的滞胀问题，使得对失业问题的探讨具有极高的现实意义。为此，两位学者将城市失业引入了二元经济结构理论中，认为影响劳动力迁移的动力在于潜在迁移者对于预期收入的估计，而预期收入又取决于当前城市工业部门的工资水平以及在城市工业部门的就业概率。而衡量城市部门的就业概率，最直接的指标莫过于城市工业部门的失业率。[3][4]

---

[1] Ranis G, Fei J C H. A theory of economic development [J]. The american economic review, 1961: 533 – 565.

[2] Jorgenson D W. Surplus agricultural labour and the development of a dual economy [J]. Oxford economic papers, 1967, 19 (3): 288 – 312.

[3] Todaro M P. A model of labor migration and urban unemployment in less developed countries [J]. The American economic review, 1969, 59 (1): 138 – 148.

[4] Harris J R, Todaro M P. Migration, unemployment and development: a two – sector analysis [J]. The American economic review, 1970, 60 (1): 126 – 142.

针对托达罗预期收入差距假说的不足，伊斯特林（R. Easterlin）运用相对经济地位变化假说来解释农村与城市之间的劳动力迁移。他认为劳动力的迁移除了取决于预期收入的差距，还取决于劳动力在农村和城市感受到的相对经济地位的变化。① 在一般人的认知中，城市往往能够聚集更多物质及精神财富，所享受的基本生存条件也更为优越。这样的基本认识将使同样的人在城市产生相对农村境遇改善的主观感受，相对经济地位也因此得以提高。理查德·伊斯特林率先将主观感受引入了经济理论的研究中，其在20世纪70年代发表了《经济增长可以在多大程度上提高人们的快乐》一书。中提出了著名的"伊斯特林悖论"，即收入的增加并不一定导致快乐的增加。首先，通过比较国与国之间的长期数据，他发现人均收入的高低与平均快乐水平之间没有明显的相关关系；其次，在收入达到某一个高点前，人均收入的高低可随收入的增长而增长。一旦超越该点后，这一正相关关系却变得不甚明显；最后，影响一国以内平均快乐的因素较为烦冗，包括文化特征等在内的非经济因素，往往对快乐的影响较大，例如地处喜马拉雅山麓的不丹，其国内国民却有较高的幸福感指数——当然，该国低识字率与严密的社会封锁，在一定程度上人为制造了这个弹丸小国信息孤岛的局面。这种半无知状态下形成的人群幸福感，可能仅单纯脱胎于淳朴和信息闭塞，而非经得起推敲的境遇对比。在不患寡而患不均的人性驱使下，对比所产生的心理落差才是快乐的大敌。现代经济学诞生之初，逾越快乐与财富分界点的人口规模十分有限，财富的增加使福利或幸福感上升被作为一个重要的基本假定。然而，随着更多的人跨过了这一生存境遇明显改善的阈值，所能更容易获得快乐的人群便会相对萎缩，整个社会也将陷入一种迷茫和挫败感之中。而正是得益于这一思路，伊斯特林才会认为，农村人口向城市的迁移，心理层面上的满足感或许比自身实际收入水平的提高来得更为有效。劳动力在农村和城市感受到的相对经济地位的变化，能够驱使人口向城市进行集中，虽然实际的生活压力并不会随之降低。

2. 新迁移经济学理论

刘易斯及其随后的学者都在二元经济结构理论的框架下，从宏观视角进行研究。在假定农业部门的劳动力供应趋于无限的基础上，只要工业部门或城市所提供的工资水平高于农村，则会出现自然且持续的劳动力自农

---

① Macunovich D J. A conversation with Richard Easterlin [J]. Journal of Population Economics, 1997, 10 (2): 119–136.

村向城市的转移趋势。这更多情况下是将人口的转移所涉及的影响因素过度片面化，对个体决策与转移之间的相关性有所忽略。托达罗模型则提出了个体受"预期收入"来做出迁移决策的因素，但现实中，许多家庭并非完整实现了迁移，剩余人口依旧生活在农村。在中国，这类情况更加突出，外流劳动力形成了类似候鸟的规律性迁移，并且与原有家庭保持较为密切的联系，他们也更倾向于将收入中的可观部分汇回故土。

斯塔克等学者（Stark，1991；Stark & Bloom，1985）提出了新迁移经济学理论，能够对以上争议进行合理解释。他们认为，分析人口迁移应当以农户家庭作为基本的分析单位，家庭中的多个个体，年龄、体力及受教育程度不甚相同，相对应的人力成本水平也因此不同。成员中也分布着不同的风险偏好及盈利能力，并会因社会环境的变化受到影响。家庭成员在对转移问题上需要综合权衡家庭整体情况和个人考量，最后由全体成员达成共识。而这样的转移，其目的在追求自我实现之外，还更多强调为整个家庭作出应有的贡献，旨在提高家庭收入水平，提高收入多样性以便提升整体风险承受能力，最终实现家庭福利水平的全面提升。一部分转移出去的家庭成员往往通过汇款为留守亲人提供生活方面的支持，以改善他们的日常生活状态，并适时投资农村的某些生产性活动，提高农业生产技术水准，提升农产品生产效率；留守的劳动者则为前往城市的家庭成员提供生活兜底，以应对城市就业与生活的不确定性。当迁移人员出现失业或其他导致生活困难的情况，留守的家庭成员能对他们进行必要的支持，虽然碍于客观二元经济结构理论不同生产部门生产效率的差距，这种支持往往只能维持一定的基本生活开支。根据新迁移经济学理论，人口迁移过程中的部分迁移，往往受制于不完善的市场及社会保障机制。为了尽可能地为突发情况预留准备，农户家庭会依据避险原则，建立起这样一种隐含的契约关系，然后在此基础上搭建起成本分摊、风险共担、利益共享的经济行为。新迁移经济学理论为移民流动提供了更为理性客观的视角，这样个体与集体的权衡考量，能够使人口流动的考虑因素更为完备多元，使理论与实践之间的距离大幅缩小。

斯塔克（Stark）提出的新迁移经济学理论，是对于二元经济结构理论中影响劳动力迁移因素的补充和完善。他们认为人们在进行迁移时要考虑诸多因素，而不仅仅是城乡之间的收入差距，进行迁移的决策也不仅仅是个人做出的，而是由相互关联的个人形成的一个群体，例如家庭，所共同决策产生。在发展中国家，家庭所做出的劳动力迁移的决策，除了为提升绝对收入水平之外，还有为改变其收入相对剥夺的地位。①②

3. 推拉理论

推拉理论起源于莱温斯坦（E. G. Ravenstein）在1885年所发表的《人口迁移之规律》（*The Laws of Migration*）。在该书中，莱温斯坦总结了人口迁移的七条规律：其一，人口迁移往往由短距离迁移开始，且将工商业发达的城市作为目的地；其二，人口的迁移是分阶段变动的，移民先迁移至城镇周边地区，进而向城镇内部移动；其三，从更为宏观的一国范围内看，各地人口迁移的基本原则均遵循农村向城市集中的既定规律；其四，每次较大规模的人口流动并非单方面发生，也伴生着城市向农村的一定规模的反流向迁移；其五，较长距离的流动大多表现为将大城市作为目的地的流动；其六，城市内部或不同城市之间也存在迁移流动，且城市居民的流动概率要远低于农村居民流动概率；其七，从性别表现来看，女性流动概率占比一般而言要显著高于男性。

在莱温斯坦相关研究成果的基础上，巴格内（D. J. Bagne）进而提出了人口学理论中的重点内容——推拉理论。在该理论中，巴格内认为流动人口产生迁移的根本目的在于改善现有的生活环境与条件，流入地与流出地之间存在着各种客观生活环境上的区别。流入地所具备的有利于改善生活境遇的积极因素成为驱动人口流入的拉力因素；与之类似，流出地囿于自然环境、教育医疗、提高收入机会等各类负面的生活条件因素，便成为人口迁移的推力因素。而来自故土的推力和来自目的地的拉力共同作用之下，便驱使着人们不断完成了迁移的行为。人口流动的方向、趋势与规模，皆由这两股同向作用力量前拉后推所共同决定。

在巴格内形成了推拉理论基本框架后，后来的众多学者，如迈德尔（G. Mydal）、贝斯（Base）、索瓦尼（Sovani）、特里瓦撒（Trewartha）等优秀经济学家都加入这条理论发展的路径中，继续遵循前人的思路，将该理论不断丰富，并依据时代变化特征，加深了深层次理解，驱使着推拉理论不断迈向深化。但总体而言，以上修正的力度与影响都较为有限，均未能形成迭代更新的理论发展。直至1966年，美国学者埃弗雷特·李（Ever-

---

① Stark O, Taylor J E. Migration incentives, migration types: The role of relative deprivation [J]. The economic journal, 1991, 101 (408): 1163 – 1178.

② Stark O. Migration in LDCs: risk, remittances, and the family [J]. Finance and Development, 1991, 28 (4): 39.

ett. S. Lee）撰写了《移民人口学之理论》（*A Theory of Migration*），使推拉理论得到了更为系统性的发展。埃弗雷特·李认为，移民是一种行为活动，是突破一个地域边界后到达另一个地域的做法。先搁置移民活动的长短距离等因素，每一次迁移都有三大因素——来源地（country of origin）因素、目的地（country of destination）因素以及一系列障碍（intervening obstacles）因素。在此分析框架下，学者省略了对个人因素的考量，因为这一领域难以进行系统性分类研究，故只对以上三类因素进行分析。对于单个潜在移民与具备移民倾向的群体而言，来自来源地和目的地的一系列作用力的表现形式会有所区别。推拉作用力能够被凝聚成为一股统一的力量而对整个潜在移民群体施加更加显著的影响。埃弗雷特·李认为，作为来源地的消极因素推力，能够促进原住居民离开故土。而目的地的推力则是积极因素，能够吸引移民怀揣梦想或改变自身处境的愿景而迁入新的家园。

在一些历史阶段，人口的流入与流出缺乏限制因素，流出地空间拥挤、资源条件有限，有向外输送人口的动因；流入地则往往亟待大量的移民人口进入，充实其国内劳动力，还会适时出台鼓励移民进入的政策。在这样的局面下，流入地与流出地实现了双赢，且期间发生的移民问题较为轻微；而当移民来源国或地区出现人口的过度流出，当地经济发展会存在空心化的趋势，类似于经常见诸报端的大面积劳动力流出所产生的农村空心化和老龄化问题。甚至于出现区域性人口过快流出，如改革开放之初的粤港边界，以及当下我国东北、美国铁锈州等地区。而人口外流又会加剧经济运行缺乏动力等问题。为此，来源地将可能出现一定的社会性问题，进而出台限制人口流出的一些政策。但即使如此，人为设置的制度藩篱依旧无法抵挡人口自由流动的趋势；而当人口流入过大，目的地现有承载力体系难以为继，人均福利及医疗资源不得不大幅度削减时，流入地也会施加各类限制性措施，对移民进入进行严格管控，采取在边境地区修建隔离墙、增派安保力量等措施。目前，美墨边境管控及欧洲难民问题，都是在这种情况下出现的人口危机。

移民进入和移民融入是两个层面的议题：移民的进入不需要解决语言、文化和心理等方面的障碍，在地中海纵一叶扁舟或是在美墨边境挥动铁锹，都能有较大概率成行；但移民融入需要几代人的努力，更需要主体民族的包容外加客体民族的主动顺应。但是，目前存在移民融入问题的热点地区，主客体之间的文化、语言、宗教隔阂十分严重。欧洲主流社会与中东难民之间的宗教隔阂最为突出，基督教文明与伊斯兰教文明之间的纷争纠葛已历数百年，用"世仇"概括亦不为过。联邦德国在"二战"结束后积极吸纳了一批土耳其技术移民，这类人群来自中东为数不多的世俗制国家土耳其，且具备一定的受教育程度，与德国主流社会相处较为融洽，但依旧以聚居形态分布于德国境内。而当前散布于欧洲的难民人口，从人口素质、受教育程度、经济实力等方面都远逊于过去引进的土耳其移民，且人口规模更加不可控。法国是传统的非洲殖民地大国，虽然"二战"后殖民地体系业已崩溃，且运河战争后英法在非洲及中东的传统影响力被美苏两极削弱，影响力大不如前。但法国依旧在殖民体系的废墟上，利用其他势力不愿染指的实力真空，充当起了"非洲宪兵"。法国外交部曾经有一句戏言，却可看出非洲之于法国的重要性："非洲啊，那是内政，归爱丽舍宫管辖"。在与前殖民地国家政府要员深耕私人关系的同时，法国还积极将他们诱导入债务陷阱，通过如道达尔、达飞等企业控制其势力范围内的非洲国家的能源与航运等关键业务。然而，在非洲攫取了丰厚利润的同时，法国也成为撒哈拉沙漠以南移民大量涌入的国家之一，其境内2019年黑人占比超越15%（美国2019年1月在其境内的非洲裔美国人占总人口比重为13.2%），且这一数据在巴黎等大城市更为突出，新生儿中54.1%为黑人后裔；美墨之间的人口迁移在国际舆论上有较高的曝光率。由于美国主体民族所具备的特征，即信仰清教的盎格鲁—撒克逊裔白人，他们伴随着美国的建国及发展，不断吸收来自旧大陆欧洲的移民，将爱尔兰裔、德意志裔乃至于犹太民族进行联合，形成了新教与犹太教的族群同盟。但拉丁裔由于在语言、宗教（天主教）、受教育水平方面与美国存在差异，与美国主流族裔的融合之路充满艰难。

4. 劳动力市场分割理论

劳动力市场分割理论，又称双重劳动力市场理论，许多学者从劳动力市场的视角研究人口迁移与市民化问题。该理论是基于社会与市场视角下研究人口流动的较新颖研究领域，产生于20世纪60—70年代。该理论流派内分众多，但大多基于三大核心假定：其一，整个劳动力市场可进行分类，且区别明显，最终将其限制于几个存在突出界限的子市场框架中；其二，存在阻碍劳动力自由流动的障碍性因素，使得劳动力在各个子市场之间难以自由流动。基于此，该劳动力市场长期处于非出清状态；其三，不同劳动力子市场的工资决定与劳动力配置机制有所区别，新古典人力资本理论在较为低端的子市场中缺乏有效性。

20世纪60年代开始，美国平权运动如火如荼。在此变革气氛的感召下，社会日益关注给予少数族裔或弱势群体以更多参与社会活动的机遇，其潜在的经济现实是，这类人群在社会就业及经济地位方面存在明显的被区分与不公平对待。遵循新古典经济学的边际生产力理论与人力资本理论难以解释这种经济歧视现象，也无法解决以族群族裔为划分标准的收入不平等。而依据该理论所持观点，新古典经济学者提出了一些定向扶持培训等反贫困措施，也未能获得预期效果。因此，部分学者摒弃了在该理论框架下进一步深化解释的途径，放弃了劳动力市场的竞争性假设，开始正视在现实经济运行中所存在的劳动力市场分割情形。这一类学者被统称为劳动力市场分割学派（Labor Market Segmentation），或双重劳动力市场理论学派。该学派在摒弃了新古典经济学中对劳动力市场的不当假设基础上，承认了劳动力市场的分割属性，转而寻求以研究制度和劳动力市场结构作为突破口，探寻其与就业水平、收入等的影响。

劳动力市场分割主义学派的起源存在两类说法——依据历史起源而言，相关思想早在穆勒和凯恩斯时期便有类似提法。穆勒和凯恩斯曾公开质疑劳动力市场具备竞争性的理论，将对古典经济学的炮口直接指向了亚当·斯密。虽然他们没有直接提出劳动力市场存在分割的观点，却开始倾向于认同具有非竞争性观点的其他学派；20世纪40—50年代，北美制度经济学家率先提出对劳动力市场进行细分和结构化处理。进而，60年代由于关注美国城市存在的劳工和贫困问题，其着眼点在于提高劳动力的收入水平以改善其生存状态，并加速其积累物质财富。在对劳动力市场进行分割的过程中，又产生了细分方法的不统一：部分学者用报酬水平与流动速率对市场进行分割，进而按照工作性质、产业门类及性别年龄等划分。而内部劳动力市场理论则认为，大型企业的用工需求形成了劳动力市场中的内部劳动力市场。该市场具备较高水准的组织性，是较高规格的劳动力市场。一般而言，此类市场内在形成了特有的工资决定机制，市场中的劳动力资源配置并非完全由市场竞争所决定，工资结构往往与内部市场需求相关，并由其决定。此类市场与外部总体劳动力供求状态没有过多关联性，外部劳动力市场的供求失衡可通过工资的涨跌来进行调节，而内部劳动力市场的劳动力供求失衡则需要通过一定的岗位培训、工作计划的调整、生产日程的调整等进行。在内外部劳动力市场形成的基础上，Linderbeek and Snower（1986）进一步提出了内部人—外部人模型（Insider - Outsider Model）。该模型认为，内部人在决定工资问题上存在议价权，对企业而言，将已上岗的内部人进行裁员以用外部人就业需要花费较高的培训等替代成本。

最终，成型的劳动力市场分割理论由皮奥里（Michael J. Piore，1970）提出。由于社会和制度等因素的差异，他将劳动力市场划分为一级市场和二级市场。一级市场是工资高、工作条件优越、管理规范、安全性高的劳动力市场，二级市场是工资低、工作条件差、管理水平低的劳动力市场。由于没有人愿意主动从事二级市场的工作，便出现了劳动力的迁移。在双重劳动力市场理论的基础上，巴赫（R. Bach，1982）等提出了三重市场需求理论，他们在一级市场和二级市场的基础上加入了"族群聚集区"，认为简单的劳动力迁移应当重视族群族裔的因素和特质，在移民族群内部通过口耳相传和习惯性发展起来的劳动力迁移，其形态上保持了实现自身发展基础上形成的经济圈，并由于经济圈对低廉劳动力的吸引以及其中成功移民企业家对原居住地人群的吸引而产生了移民的动力。①

（二）群体网络视角

群体网络又称为社会资本，是指在移民和市民化的过程中，以家庭为中心的各种社会关系。以群体网络的视角研究移民和市民化，其实质即研究各种社会关系在移民和市民化过程中所起的作用和所受到的影响。

1. 迁移网络说

梅西（Massey，1990）将迁移网络定义为分别居住在迁入地和迁出地的移民。先前的移民以及没有迁移的人员通过亲缘关系、朋友关系以及宗教信仰关系等联系在一起，进而形成了联系纽带的集合。这种纽带的集合在移民和市民化过程中具有重要作用。② 梅西等（1993）认为迁移网络形成后，该群体能够在内部共享一定的移民和市场用工情报，移民所获得的信息将更加准确，移民成本和风险将显著下降。更具针对性的迁移与职业规划，能够让群体内人群明确自身劳动力的市场定位价值，预期收入也将有所提升，从而推动更加频繁和更大规模的移民运动。③ 乔丁（Choldin，1973）将新迁移者从移民网络中所获得的帮助归纳为三个方面，分别为物质帮助、中间人帮助和构建新的社会关系帮助三种类型，几乎涵盖了移民

---

① Bach R L, Schraml L A. Migration, crisis and theoretical conflict [J]. International Migration Review, 1982: 320 – 341.
② Massey D S. The social and economic origins of immigration [J]. The Annals of the American Academy of Political and Social Science, 1990, 510 (1): 60 – 72.
③ Massey D S, Arango J, Hugo G, et al. Theories of international migration: A review and appraisal [J]. Population and development review, 1993: 431 – 466.

在新的生存环境中所需要的物质及社会关系基础,是新迁移者扎根当地的必备条件。同时,新迁移者向特定人群寻求帮助也存在一定的先后次序,一般倾向于先与存在血缘关系的亲族,原有的朋友关系,以及工作中的同事和邻居等,但往往回避与政府产生直接沟通,或依赖于向政府组织寻求帮助。①

2. 连锁因果说或惯习说

缪达尔和布迪厄提出了连锁因果说,或称之为惯习说,指出了移民行为有其自身内在的延续性,即曾经迁移的人员更具备再度迁移的倾向。他们往往从之前的迁移经历中获得了重要的经验,且形成了迁移前后的更具有科学性的理性预期。具备这些前期准备知识的他们,往往不止步于自身或家庭的迁移,更倾向于同时会带动自己群体网络中的人一起迁移,以便在新的生活环境中更快形成归属感的社群感受,以群体性迁移的进程为自身迁移提供更多保障;另外,汇款到家乡的移民会在当地产生一定的社会示范效应,没有移民汇款的家庭不仅仅会在经济实力上与前者存在一定的差距,也会由此在心理层面上造成"相对失落感"而引发移民的效仿行为。当移民的行为内化为超越意识控制,形成"惯习"并深入人心之后。即便最初影响移民的客观环境发生改变,后继移民群体所实现经济改善和地位跃升的难度加大,移民行为也将继续进行而不受外界影响,产生一种内生的惯性机制。② 这种内生机制具有一定的"乘数效应"特征,即会促进迁移网络不断壮大,个人迁移由家庭迁移再变为群体迁移或区域性迁移,从而加快移民行为,使新环境中本族裔人群数量快速上升。

三、移民与社会适应

相比于移民和市民化的动力及影响因素,如何让迁移人员更好地适应迁入地的社会环境,对这一问题的思考一直贯穿于学术研究之中。且由于这个议题所涉及的文化、经济、宗教等领域的因素较多,往往需要一定的跨学科思维。适应迁入地的社会环境,对移民树立归属感、缓解族群对立

---

① Choldin H M. Kinship networks in the migration process [J]. The International Migration Review, 1973, 7 (2): 163-175.

② 潘泽泉. 中国农业转移人口市民化:理论争辩、经验比较与跨学科范式建构 [J]. 中国农业大学学报(社会科学版), 2017, 34 (1): 46-58.

十分重要,在移民和市民化的实践中具有举足轻重的作用和地位。此外,我国解决农业转移人口市民化问题,也需要着手解决融入方面的阻碍,使来自不同且存在明显差别地域的国民能够混为一体,防止不必要的社会割裂。目前,国外关于移民和市民化的社会适应研究主要有两大流派,分别是"熔炉论"和"多元文化论"。

(一)熔炉论

作为当前最具影响力的移民国家,美国如何凝聚共识,让各民族移民在同一社会中和睦相处,长期以来都是困扰该国政府及诸多学者的一大现实性问题。而在这样的迫切需求下,熔炉论应运而生。其理论核心基于众多学者以美国国内现实为基础的研究成果中,并逐步由诞生到日趋成熟。克雷夫科尔(Crèvecoeur,1782)率先提出了"熔炉论"这一概念,[①]并不断受到后来学者的继承和发扬。倡导熔炉论的学者大多认为,移民在适应新的迁入地社会的过程中,大致需要经历三个阶段,分别是定居、适应和社会同化。而社会同化也将是移民适应新的社会的最终形态,能够消弭掉种族、文化及一切不必要的身份识别,最终形成"美国人"的内心归属感。关于社会同化,帕克(Robert E. Park,1921)曾给出明确的定义,即"社会同化是指生活在同一区域内的一些具有不同种族源流、不同文化传统的群体之间形成的一种共同文化的过程,这种文化的共性至少应当达到足以使国家得以延续的程度。"[②]在这样的定义中,我们不难发现,社会同化基于新的共同文化之形成,而这种新的共同文化能够起到凝聚国家向心力的作用。大多数移民在迁移至新的社会后,为了尽快适应新的社会生活,就会极力让自身融入主流社会的文化,从而真正成为新社会中的主流人群。其中的一些个体,甚至于会产生类似于"皈依者狂热"的非理智行为,当母国与新移民国存在矛盾冲突时,会近乎狂热地树立自身对新移民国的认可冲动,辅之以对母国过激的排斥思想,以证明自身对新移民国的忠诚度。而其他移民也将争先效仿率先融入主流社会文化的移民,以寻求内心区别安慰,自证自身行为和理念的认同。

探讨熔炉论不得不将其与美国的建国史相关联,而我们稍加审视即可

---

① St John de Crèvecoeur J H. What is an American? [J]. Letter III, Letters From an American Farmer, 1782.

② Park R E, Burgess E W. Introduction to the Science of Sociology [M]. Chicago: University of Chicago Press, 1921.

发现，将外来移民通过各种类似"熔炉"的方式使之美国化，这一进程伴随了美国历史推进的始终。美国自认的诞生起源于"五月花"号，当然这样的描述显然在刻意淡化弗吉尼亚率先设立贸易站的史实，以突出清教徒对美国诞生的重要性，强调美国与旧大陆欧洲所存在的先天区别。在北美殖民地时期，美国的移民主体为盎格鲁—撒克逊人，即英国殖民者。随后，伴随着殖民地发展逐步迈向正轨，至莱克星顿暴动之前，十三个殖民地已汇聚了爱尔兰裔、苏格兰裔、德裔、法裔和荷兰裔群体，几乎囊括了当时信仰新教的所有西欧地区。建国伊始，美国的国父们虽然同意继续接纳外来移民，但要求他们逐渐与盎格鲁—撒克逊民族进行融合，最终建立一个政体、信仰、语言和习俗相同的类盎格鲁—撒克逊社会。由于初期到达当地的人口基本与盎格鲁—撒克逊裔类似，因此美国在建国之初能够完成较高水平的民族融合。借由在1831年至1832年期间深入考察过美国运行状况的法国著名政治思想家托克维尔之言——"（美国人）彼此平等，同属于一个大家庭，出于同一来源，同样的文明、同样的语言、同样的宗教、同样的习惯、同样的民情、同样的思想方法和同样的皮肤"。[①] 可以说，在移民人口均来自受新教影响较大的西欧地区时，美国可以凭借"新世界"的优势，初步形成民族的大熔炉。然而，这一情况并未持续很长时间。20世纪以前，美国入境移民来源国主要有传统宗主国英国、刚刚实现统一的德国（德意志第二帝国）、饥荒中的爱尔兰以及法国等西欧国家。20世纪以后，东欧移民占比逐步攀升，逐渐超过70%，甚至在1907年一度上升至8成以上。与19世纪入境美国的西欧移民相比，20世纪迁入的东欧移民主要来自俄国、奥匈帝国及波罗的海沿岸，其民族文化、宗教信仰及文化习俗均与西欧差距较大。尤其在宗教领域，奥匈帝国主流为天主教，是哈布斯堡王朝控制下的神圣罗马帝国的一部分，与当时盛行于德意志地区的新教路德宗矛盾重重，甚至一度爆发三十年战争，并在战后形成了威斯特伐利亚体系，双方在宗教问题上的历史积怨较深。而俄国则信仰东正教，相较于天主教而言，其保守倾向更加明显，烦琐仪轨更甚。此外，由于在蒙古国西征过程中，俄罗斯受到的冲击较大，当地罗斯人一度被蒙古人统治近三百年，并建立了著名的金帐汗国。直到1480年，莫斯科大公国击败金帐汗国，至此宣告蒙古人对罗斯人的统治结束。因此，西欧各国对俄罗斯的感情定

---

① 〔法〕托克维尔（Tocqueville, O. de）著；董果良译. 论美国的民主 [M]. 北京：商务印书馆，1988：480。

位趋于复杂,大多数欧洲人并不认同俄罗斯的欧洲国家身份,而这一认知至今也影响深远。因此,在20世纪开端的此轮新移民潮,对美国而言是建国史上第一次民族融合挑战,其规模和难度都是甚于美国以往的尝试。而美国国内已形成的民族意识也开始出现反弹,开始出现指责欧洲移民是"旧大陆颓废种族"的极端言论,而后来的东欧移民则是"颓废种族中的颓废者"。已有的美国主流民族中的极端派认为,东欧移民丝毫没有盎格鲁—撒克逊人所具备的优秀品质(虽然盎格鲁—撒克逊裔本身就是一个杂糅产生的民族,英格兰的民族融合历史远比东欧复杂多元)。因此,这些人秉持着所谓保护盎格鲁—撒克逊人种血统的纯洁性言论,鼓吹限制或全面禁止接纳外国移民。

第一次世界大战爆发后,由于西方世界构建已完成民族国家的精神构建,因此在战争中充斥着强烈的民族主义气氛。英国一度将来自德国的汉诺威王室更名为温莎王室,以消除民间对于王室存在敌对血缘的不良观感。美国当时也出于政治安全考量,缓解国内各族裔所受到欧洲大陆民粹主义影响,开始有针对性地采取民族融合政策。时任总统威尔逊宣布对所有外来移民采取"百分之百美国化"政策,并授意移民委员会、移民与归化局以及联邦教育机构,在国庆日后的第十天,即7月14日设立"美国化运动日"。此外,美国联邦政府还组建了"美国化运动委员会",以专职推进民族融合事业,并主要在文化教育领域施加影响力。该委员会成员公开宣称,非英语类外语为"美国最大的威胁",并在国会层面积极游说,试图将非英语类报纸及各类出版物限制发行。此外,委员会还强迫华人、德国人、意大利人和斯拉夫民族进行改名,并关闭教授本民族语言的学校而纳入美国公立教育的英语学习环境中。对于战争中母国有敌对行为的族裔,美国政府强迫其体现对"美国的效忠",且采取更为极端的同化策略。如直接强迫德国人改变日常生活方式,不再庆祝本民族节日等。通过这些强硬手段,美国在20世纪初尽最大可能实现了外来移民与母国之间的情感、文化断层,使双方在政治与文化方面逐步脱节。新的移民进一步在精神上和行为方式上步入美国的主流文化与价值观中,即"盎格鲁—撒克逊"化,并通过美式爱国主义教育,强化了他们作为"美国人"的民族认同感。

由于美国经济出现萧条,其在1929年逐步实施移民限制措施。而美国当时国内人口规模也达到1.2亿,相比于十年前增长约13.7%,内生的人口流入需求也随之减弱。由于开始严格限制移民进入,移民规模大幅降低,美国政府实施了几十年的"美国化"政策也告一段落,标志着这场始于

1901年至1910年间移民涌入后的主动熔炉化阶段也随之结束。第二次世界大战中，美国与日本作战，顺势将国内所有日裔美国人全部关入集中营，并要求他们自证对美国的忠诚认可。为此，一部分日裔美国人被迫参军，并被投送至太平洋战场。这一历史阶段有其特定的历史背景，却也能洞见美国"熔炉论"在具体执行上颇为保守强势。到了20世纪80年代，移民浪潮卷土重来，其规模仅次于20世纪初，使得美国部分南部州开始制定政策应对。与之前移民主要来自欧洲不同，80年代的移民浪潮由拉丁裔发起，发源于中南美洲。而美国南部各州保守主义色彩浓厚，诸如佛罗里达、得克萨斯和印第安纳都颁布州立法，直接禁止在公共场合使用少数族裔语言。而这样的移民趋势持续至今，拉丁裔人口数迅速超越非洲裔，使其成为人口占比最高的少数族裔。

不难发现，所谓"熔炉论"更多情况下表现为"如何实现美国化"的过程，即通过较为强硬的手段消除新移民所具备的旧有文化遗痕，使之尽快成为"百分之百的美国人"。"熔炉论"的实质是同化论，即基于外来族裔必须完全认同主流族裔价值观和生活方式，完全认同主体民族，进而实现所谓的族群融合。但是，保持文化在一定程度上的独立性，这一理念植根于各族群存续的潜意识中，保持本民族的特质，从某种程度上说是一种惯性，更是简单的人性。此外，通过强行植入主流意识，却未能从经济基础角度对社会不公进行修正，使得主流意识如沙地建楼，社会和谐的基础十分脆弱。即使少数族裔接纳了美国主流的意识形态与价值观，在内心确立了"我是美国人"的观念，但由于族群之间经济地位的差距悬殊，一味地宣教能否得到很好的效果，在2020年已经给出了较为完整的答案。

（二）多元文化论

在之前关于"熔炉论"的表述中，文化有主流与末流之分，族裔有主体和少数之分。因此，在一些学者看来，"熔炉论"思想旨在驱使具有不同民族背景与文化的移民成为以美国观念为指导的新民族。而新民族并非凭空捏造，而是建构于美国的主流民族精神，即"盎格鲁—撒克逊"文化。这种趋同的发展模式，其实质就是单一类型的同化运动。此外，由于"熔炉论"的立意较为保守，容易被白人种族主义者利用，他们以此宣示"白人缔造了美国"，并将最明显的人种差异——肤色进行强化，搭建起迎合白人的刻板印象。在进行所谓"熔炉化"的过程中，也需遵循一定的"远近亲疏"，如非洲裔、亚裔和拉美裔与主体民族存在较为明显的原生差异，极端人士甚至认为他们不值得进行同化和融合，被主动排斥在美国运行近百年的所谓"民族大熔炉"之外。因此，对于所谓"熔炉论"所隐含的种族主义思想，部分学者提出了反驳，并随之演变为"多元文化论"。

最初，犹太裔学者霍勒斯·卡伦（Horace Kallen, 1915）认为，强制性的文化趋同是对美国《独立宣言》的精神背叛，这样的"美国化"运动潜藏着对人人生而平等观念的抵触。他认为，"美国精神应当确立所有民族的民主"，而非通过一系列手段形成某一民族全方位主导的状况。不同的民族与文化应该是与生俱来，而移民与其民族则是不可分割的，美国作为一个所谓"崇尚民主"的国家，应该充分保持各移民民族的独特性，而不是硬将他们粗暴同一化[①]。此后，卡伦将其对"熔炉论"的批判进一步整理，提出了"多元文化论"。他认为，在民主平等的宪法精神下，保持各移民民族自身的特点和文化，能够使得美国的社会文化更加丰富多彩，也能够促进美国更加多元化的进步和发展。"多元文化论"也被加拿大、瑞典、澳大利亚等很多国家运用在他们各自的移民政策中，并取得了一定的效果，成为当时很多国家处理内部移民问题的理论依据。但是，"多元文化论"也同"熔炉论"一样，受到了较多学者的批判，其中最大的问题就是移民适应社会的问题绝不仅仅只是移民民族的文化问题。

与"熔炉论"相似，"多元文化论"在平等对待各族裔文化的基础上无疑是进步的，但却依旧回避了社会割裂导致阶级固化，进而影响民族融合的客观现实。从文化、精神等领域对民族融合进行高调的探讨，却未能触及美国社会背后所隐含的各种贫富差距、阶层固化问题，而贫富差距、阶层固化又以族群对立作为表象。然而，美国大众对于此类问题的探讨却依旧执着于"熔炉论"和"多元文化论"表象层面的争论，并由于1991年历史学家小施莱辛格出版的《美国的分裂》上升到了新的热度。在该书中，作者认为多元文化主义理论正在日益损害美国得以建构的文化基础，美国文化正驶向缺乏共识、缺乏凝聚力的深渊，最终如圣经中的巴比伦塔一样，形成过度细分化的社会。在当代美国乃至全西方的教育语境中，西方传统文化正在变得零散化和碎片化，代替主流地位的文化符号往往更倾向于少数族裔，可视为为提高少数族裔话语权而产生的"矫枉过正"。在这样的"矫枉过正"中，历史虚无主义甚嚣尘上。为维护少数族裔自尊心，某些人甚至开始编造历史，刻意制造对历史人物的定论争议，完全不考虑当时所

---

① Kallen H M. Democracy versus the melting pot [J]. The Nation, 1915, 100 (2590): 190-194.

处的历史环境以及所有置身其中的个体所难以回避的历史局限性。因为这样一种思潮的泛滥，所以英国的丘吉尔雕像被装上了铁制栅栏以防范被人破坏。而在美国，诸如罗伯特·李、杰斐逊雕像等与奴隶制相关的历史遗迹，都受到了严重的破坏。多元文化主义者往往以妇女、LGBT群体及以非洲裔为代表的少数族裔群体诉求作为自身奋斗纲领，抗议现行体制对他们的处境漠不关心，并边缘化他们的利益诉求。多元文化主义者认为，美国是由全世界各地不同民族的个体所共同构成的家园，其文化领域应当保持多元性。而每个民族的发展历程各不相同，应当尊重他们所与生俱来的差异与区别。因此，美国的所谓传统不能简单以"盎格鲁—萨克逊"文化做笼统概括，更不应以某种文化或某一类生活方式为准绳。美国社会应当正视自己的建国史是各民族共同的建设史，正视少数族裔和其他受排斥的群体所应当享有的合理权利，并适当做出补偿以弥补过去历史中犯下的错误。在持多元文化论的学者们眼中，美国只有放下与生俱来的所谓"昭昭天命"的自我认知，以更加务实谦逊的态度去处理全球化进程中与其他族裔、文明之间的交流事务，才能够积极地拥抱未来。正如日裔美国人历史学者罗纳德·高木（Ronald Takaki）所言，美国需要承认文化多元的客观现实，摒弃自己潜藏于内心的"盎格鲁—撒克逊"高傲，才能够实现《独立宣言》中"合众为一的理念与梦想"。

（三）对于两种思潮的评述

不论是"熔炉论"抑或"多元文化论"，它们都主要着眼于美国建国、民族融合及形成新国家意识的具体方略。两者在很多领域存在着尖锐的矛盾与冲突，并将争议带入了21世纪。"熔炉论"有其丰富的历史土壤，且在历史中找得到相应的实践阶段；而"多元文化论"作为移民融合相关思想的后起之秀，所涉及的领域十分广泛，从历史传统到具体政策规制，都有学者秉持多元共包的理念加以创立、深化。但不可否认的是，"多元文化论"缺乏足够的实践历程，若将"熔炉论"比作直白表述了某些不可动摇的必然趋势，那"多元文化论"就更具理想主义色彩。秉承"多元文化论"的学者试图为人们构建起一幅美好的未来愿景，在愿景中没有偏见与歧视，美国的各个族裔不论肤色、财富、文化背景，都一视同仁。这种类似于对马丁·路德·金理念的继承，一方面十分美好，另一方面却也同时充斥着不确定性。"多元文化论"在当今西方知识界有着较大的影响力，尤其在一批受过教育的年轻人心目中有着类似于"乌托邦"一般的崇高地位。而在这样的文化价值观驱使下，他们往往试图通过揭露西方文明的丑恶，以达到拉抬多元文化地位的目的。因此，部分学者批评持"多元文化论"的激进人士，警告如果任由该理论发展蔓延，会使得美国的国家凝聚力构建失效，重新沦为四分五裂的状态。关于移民的社会适应问题，我们很难在同一融合和多元文化之间做一个明确的选择，这两种观点也始终针锋相对。但是我们不可否认的是两种观点均有自己值得借鉴之处——"熔炉论"会加速民族融合的推进，形成更为稳固的国家向心力；而"多元文化论"更注重关爱弱者，更加强调各个民族之间的彼此尊重与理解。因此，应该充分吸收两种观点的精华，将其具有解释力的部分用来解决农业转移人口市民化过程中，农业转移人口对于城市社会环境的适应问题。

第二节 城镇承载力相关研究

承载力英文为 Carrying Capacity，最早为生态学领域的一个范畴。这一概念主要用于衡量特定地区在某种外部环境条件下能维持某一种群的最大数量规模。而人类的分布也是属于一个种群繁衍的例子，因而也适用于承载力的分析方法，被频繁引入人文社科类的研究中。

一、城市承载力理论基础及其评价

（一）承载力的研究起源

承载力理论若穷究其起源，我们可大致将视野方向集中于人口统计学、种群生物学以及应用生态学等范畴中。在该理论体系处于起源奠基的阶段时，承载力的主要研究对象集中于自然界中的动物种群议题，以非人类的生物种群增长规律作为该理论的重要研究方向，并根据生物学、生态学的相关定义，给出了相应的概念界定、公式计算以及相应的模型。[①] 人口统计学方面主要以马尔萨斯为代表性人物，其代表著作为《人口学原理》。马尔萨斯认为，在有限的资源条件下，人口规模不能无限的增长，应采取相应的手段控制人口数量，以保证经济和社会的可持续发展。这一思想对人类

---

① 张林波，李文华，刘孝富，王维. 承载力理论的起源、发展与展望 [J]. 生态学报，2009，(2)：878-888.

发展持较为悲观的态度，受限于当时的科技条件，马尔萨斯并不能预见人类社会可用资源范围的扩张，片面认为当前的资源状况已经是恒定不变的，使得人类被迫选择更精细化的人口管理，以顺应自然界已有的承载力水平。但当时，马尔萨斯只在行文中体现出了类似的思想，却并没有具体提出人口承载力等概念，所谓研究仅停留在讨论层面，为后来人的研究创造了一些启迪。而在种群生物学方面，学界主要采取实验的方式来测算某一地区对于生物种群的承载数量，并率先在次门类的研究文献中使用承载力这一概念。而在应用生态学方面，主要是对当地的生态环境进行研究，以测算人类活动对生态系统的破坏，并以此确定生态系统所能承载的最大人口规模，以便实现生态环境与人的和谐存续。

随后，对于承载力的研究进入探索争论阶段。在这一时期，承载力研究开始转向，并确立了以研究资源环境制约下的人类经济社会发展问题为主的研究重点。罗马俱乐部、联合国教科文组织（UNESO）、联合国粮农组织（FAO）以及经济合作与发展组织（OECD）等国际性平台，在20世纪70年代到80年代的时间里，先后开展了多项承载力研究。其中，澳大利亚人口承载力研究是这一时期较有影响的承载力研究课题。

此后，在实践领域积累了一定经验以后，关于承载力的研究进入理论深化阶段。从20世纪80年代中后期至今，人类承载力研究不断深化，早已不再简单地套用生物种群承载力理论方法，分析途径日趋多元。学者们开始意识到，影响承载力的不单单是各种自然资源禀赋条件，还有在此基础上以外的社会资源。自此，承载力的研究就彻底从生物领域的种群研究脱离出来，变为了以人类繁衍和行为作为研究主体的承载力领域。不同于一般的物种，人既有自然属性又有社会属性，且社会属性及其浩繁，远非一些灵长类动物所能建构的社会网络可以类比，堪称世界上独一无二的承载力研究。此外，随着人类经济社会的全面发展，社会分工日益复杂，物质财富的集中积累使全人类中的可观数量开始追求精神世界的满足。因而，人类的需求也逐渐地由物质需求向精神需求上发生转变，这代表着承载力研究的范围也发生了扩展。学术界逐渐意识到，经济、文化、政治和科技等因素会对人类承载力具有巨大影响，并随之诞生了经济承载力、文化承载力、制度承载力等新兴概念和研究方向，这极大地促进了承载力理论的丰富和发展，也由此引发了一系列的学术争论。但是，人口增长极限是学术界业已形成的共识，人类承载力是客观存在的，就如同疫情期间许多自然环境反而因为人为活动的减少而得到了迅速的恢复。部分学者甚至认为，人类对于自然界的有意识的、带有明确方向性的干扰，反而是自然界内的"病毒"，导致了整个生态系统失序，这一系列言论使得承载力议题上升至人类哲学领域的范畴。因此，我们再进一步脚踏实地，科学地认识和把握承载力，将其和农业转移人口市民化相结合，是当前解决国内所存在的一些社会问题所必备的方法论指导，甚至能够衍生出对人与自然终极命题的思考。

"承载力"一词除了广泛应用于生物生态学以外，起初还见诸物理力学相关领域。在物理力学中，"承载力"被认为是在不受到破坏时物体的最大荷载①。而在生物生态学中，"承载力"则被认为是某一生态系统能够维持的某一特定物种的最大存在量。"承载力"在生态学领域的定义就已很接近我们在"城市承载力"中所谈到的"承载力"概念。如上文所述，马尔萨斯（Malthus，1798）提出了生物与自然环境及资源之间的关系，认为生物具有无限增长的特征，而自然环境和自然资源则是有限的，自然环境和自然资源的限制必然会影响生物的增长。② 这里的生物指的是人口，以契合马尔萨斯的人口学观点。而自然环境和自然资源被大范围的简化，考察重点集中于耕地和粮食，因此他的观点可用一个简单的传递关系进行概括，即体现了"耕地—粮食—人口"的逻辑。这一贡献也为我们在经济学范畴上所研究的承载力概念奠定了一定的基础，为后人提供了更为科学全面的研究视角。此后弗赫斯特（Verhulst，1838）用 Logistic 方程将马尔萨斯的理论进行了表述，用"容纳能力"指标反映了环境因素对人口增长的限制，这是马尔萨斯的理论第一次实现了数学形式的表达，逻辑推论更加严密，被认为是现代意义上量化承载力研究的先河。至此，承载力的测量从定性走向了定量，从担忧和模棱两可走向了清晰与明确。③ 奥德姆（Odum，1953）再次将承载力概念与 Logistic 曲线的常数 K 相联系，同样赋予了承载力理论较为精准的数学表达。这样的模型设计，其精度更高，所蕴含的理论意义也更符合实际，极大地扩展了承载力研究所应着眼的变量规模。④ 在这一阶段，虽然有了"承载力"与"人类承载力"的思考，"城市承载力"概念

---

① 吕光明，何强. 可持续发展观下的城市综合承载能力研究 [J]. 城市发展研究，2009，16 (4)：157 - 159.

② Malthus T R. An Essay on the Principle of Population. 6th edn. 2 vols [J]. London. [Eggs of fish]，1826.

③ Verhulst P F. Notice sur la loi que la population suit dans son accroissement. correspondance mathématique et physique publiée par a [J]. Quetelet，1838，10：113 - 121.

④ Odum E P，Barrett G W. Fundamentals of ecology [M]. Philadelphia：Saunders，1971.

还尚未提出,"承载力"更多地和"容纳能力"结合在一起,在一定程度上削弱了"承载力"所应当具备的理论高度。而"容纳能力"则指的是随着环境干扰的变化,特定区域的生态系统支持的种群数量或种群密度的变化范围,缺乏对一些深层次因素的考量。

20世纪六七十年代,随着人类活动与自然环境的关系越来越显著,人类面临的环境污染、自然资源短缺等问题,且形势日益严重。学者们逐渐意识到,研究社会系统与人类之间的关系具有更为突出的理论意义,且具备实际运用的需要。他们由此便将研究重点从非人类的生物,逐渐转移到对人类所面临的具体问题上的思考。此时,学者们研究的范围就已经突破了原有十分局限的"容纳能力"概念,进而提炼出了"城市承载力"的说法。[①] 而对于承载力的研究已经从单纯的粮食制约下的人口增长问题,扩展至在自然资源和自然环境制约下的人类社会系统发展的问题,可见"承载力"研究需要解决的问题更加趋于多元。相应的"土地资源承载力""矿产资源承载力""水资源承载力"等单一要素承载力概念不断被提出,而含义更广、更具综合性考量的"环境承载力"和"生态承载力"等综合承载力概念,也被视作系统性研究此类问题的重要突破口,吸引了大量学者对其进行研究。同时,对于单一要素制约的承载力研究领域也得以更加系统化,逐渐转向了着眼于多要素系统性制约的承载力研究范式。此后,哈德林(Hardin,1992)和得利(Daily,1996)又进一步提出了文化承载力以及社会承载力等新兴研究范畴,使得承载力的研究不仅仅局限于自然资源和自然环境的承载力,人类的社会制度、价值观念、道德伦理、生活方式以及知识水平等因素都开始顺利纳入承载力的研究范围之中。[②,③]

(二) 城市承载力的相关概念及研究

联合国教科文组织和粮农组织(UNESCO& FAO,1985)对承载力的概念进行了界定。这一界定积累了大量的学术成果和实践案例,由此得到了

[①] Sagoff M. Carrying capacity and ecological economics [J]. BioScience, 1995, 45 (9): 610 – 620.

[②] Hardin G. Cultural carrying capacity: a biological approach to human problems [J]. Focus, 1992, 2 (3): 16 – 24.

[③] Daily G C, Ehrlich P R. Socioeconomic equity, sustainability, and Earth's carrying capacity [J]. Ecological Applications, 1996, 6 (4): 991 – 1001.

学术界和业界的广泛认可。① 在这个官方背书的定义中，承载力被视为"在可预见的时间范围内，一个确定的空间地域利用该地域的自然资源以及智力、技术等条件，在不违反社会文化准则的物质水平条件下，所能持续供养的人口数量。"从这一定义中我们可以发现，影响承载力的要素主要是能源和其他自然资源及智力、技术等客观条件。可以看出，此时对于承载力因素的定义已经不仅仅是自然资源和自然环境了，还包括智力、技术等人类社会性因素。此外，承载力的研究对象进一步得到了细化，由承载力的这一概念引出的城市承载力就具备相当丰富的内涵，且令学术界的研究更为聚焦。

城市承载力概念的提出发生在2002年，一些学者将城市承载力定义为："在城市可持续发展的同时又不会引起该环境退化和不可逆破坏的水平，这种水平主要包含人口的增长水平、土地的利用水平、人类的活动水平以及物质的发展水平"。② 然而，目前对于城市承载力并没有统一的定义，任何学者对其定义的探讨都具备一定的可行性。根据考虑的因素不同，城市承载力的内涵和概念也随之不同，但总体上可分为单要素城市承载力和多要素城市承载力。所谓单要素城市承载力，主要表现为城市各种资源承载力，是承载力最为明显的影响因素；而多要素的城市承载力则主要表现为生态承载力和城市综合承载力，着眼于整个系统正常运行所必备的综合资源供应系统。

1. 土地承载力

正如承载力最先源于马尔萨斯在土地与人口之间关系领域所做的研究类似，土地承载力的研究内容是城市承载力研究体系毫无疑问的"长子"，是各类学者最先涉足的领域，也是学术成果和实践案例最为丰富的领域。沃格（Vogt，1948）最先将其定义，谓之为"特定范围的土地向其范围内的人类提供正常生活所需要的衣食住行的能力以及其范围内的环境对生物发展潜力的抑制水平"。③ 而学术界对于土地承载力的主流观点则稍有区别，视之为土地承载力认定为是土地人口承载力，指区域土地所能持续供养的

---

① UNESCO FAO. Carrying capacity assessment with a pilot study of Kenya: A resource accounting methodology for sustainable development [J]. Paris and Rome, 1985.
② 赵培红. 城市承载力研究评述 [J]. 城市, 2012 (9): 24-28.
③ Vogt W, Baruch B M, Freeman S I. Road to survival [R]. New York: W. Sloane Associates, 1948.

人口数量。① 艾伦（Allan，1965）将土地资源承载力定义为"在不引起该地域土地资源退化的前提下，一个区域的土地资源能够永久供养的人口数量及维持的人类活动水平"②，这一定义更加强调可持续性存续，可视为对土地承载力的有力补充。米灵顿和吉福德（Millington & Gifford，1973）以澳大利亚的土地和水资源以及其气候等要素作为研究重点，以考察其对人口数量和人类活动的限制水平，这一独特的研究角度丰富了研究土地承载力的方法规范。从他们的研究结论不难看出，澳大利亚土地承载力非常强，若发展劳动密集型农业，并充分利用一切可利用的土地资源，则可保证将近2亿人口的生存需要。这一结论对澳大利亚的人口政策产生了深远的影响，使该国正视人口短板，明确了自身最大的人口承载规模。③ 希金斯（Higgins，1982）在其报告中指出，他们研究了发展中国家的土地资源承载力，分别计算了每个发展中国家每公顷土地承载的人口数量，从而得出了相关结论。他们认为，除东亚之外的全球117个发展中国家如果继续采用传统的农业生产方式，则至20世纪末，这些国家的土地将只能勉强维持其预期人口数量，其中有不少于64个国家的土地资源将很难维持其预期人口，由土地承载力延伸出的粮食安全和饮用水安全问题将不再得到足够的保障。

2. 水资源承载力

水资源承载力是承载力这一概念在水资源应用方面的体现。对于涉及水资源领域承载力的公认定义，国内外依然缺乏普遍共识。就国外而言，美国URS公司在研究佛罗里达Keys群岛的承载力时，曾定义了水资源承载力。他们认为，水资源承载力是指在不破坏一定流域内资源的前提下，该流域所能够承载的人口数量和人类活动及社会发展的最大水平。同时，他们还对佛罗里达Keys群岛相关流域的生态系统及其所有的构成要素承载力进行了评价。④ 格夫尼（Mason Gaffney，1969）以美国西部各州节约水资源的经验为例，讨论了水资源承载力对政策实施的影响水平。格夫尼提出，分散化处理是解决水资源问题的关键，并解释了承载力与成本的关系。⑤ 法

---

① 李东序. 城市综合承载力理论与实证研究 [D]. 武汉理工大学，2008.
② Allan W. The African husbandman [M]. Münster: LIT Verlag, 1965.
③ Millington R, Gifford R. Energy and how we live [C]. //Australian UNESCO seminar, Committee for man and biosphere. 1973.
④ Peterson D H. Florida Keys Carrying Capacity Study [J]. Proceedings of the Water Environment Federation, 2002, (2): 489–501.
⑤ Gaffney M. Economic aspects of water resource policy [J]. The American Journal of Economics and Sociology, 1969, 28 (2): 131–144.

尔肯马克等（Falkenmark，1998）则提出了"水紧缺指标"，他们用数学的方法研究了一些发展中国家的水资源使用限度，为关于水资源承载力的相关研究提供了一定的方法基础。① 哈里斯（Harris，1999）研究了水资源承载力在农业领域的影响，他将可利用的水资源作为影响农作物产量的因素，运用逻辑方程等研究范式，对农业中水资源承载力的上限做出了定量评估。② 泽山等（Sawunyama，2006）对非洲某水库的蓄水能力进行了承载力评估，认为水库作为水资源系统的一部分，同样应该被纳入水资源承载力的评估体系中，并应得到充分利用。③ 随着对水资源承载力的进一步研究，近些年来众多国外学者开始了对所谓"虚拟水"（Virtual Water）的关注。"虚拟水"的研究起源于艾伦（Allan，1993），他认为"虚拟水"的含义为能够将农产品生产出来的总的用水量。"虚拟水"提出的最早目的是为了提高贫水国家的水资源承载力，即水资源匮乏的国家可以通过从其他国家进口一些用水量大的农产品，以便减少为提供本国农产品消费而必须耗费的用水量。④⑤ 此后，随着研究的进一步展开，"虚拟水"的概念也被逐步扩大到生产及服务过程中所使用的水资源。

3. 矿产资源承载力

同土地资源、水资源等资源影响因素类似，矿产资源的供求矛盾同样随着人类活动的频繁而越来越突出。这一类资源还有其自身特质，即难以在短时间内进行恢复更新。但是，国外对于矿产资源承载力的研究很少，我国学者则出于解决国内具体问题的角度，率先类比土地和水资源承载力的研究，进行了矿产资源承载力的分析。在这一领域，我国学者具有一定的首创性，配合提出了矿产资源承载力的相关定义，即在可以预见的时间范围内，在社会经济、技术发展以及自然环境不发生巨大变化的前提下，

---

① Falkenmark M, Lundqvist J. Towards water security: political determination and human adaptation crucial [C]. Natural Resources Forum. Blackwell Publishing Ltd, 1998, 22 (1): 37 - 51.

② Harris Jonathan M. Carrying capacity in Agriculture: Globe and regional issue [J]. Ecological Economics, 1999, 129 (3): 443 - 461.

③ Sawunyama T, Senzanje A, Mhizha A. Estimation of small reservoir storage capacities in Limpopo River Basin using geographical information systems (GIS) and remotely sensed surface areas: Case of Mzingwane catchment [J]. Physics and Chemistry of the Earth, Parts A/B/C, 2006, 31 (15 - 16): 935 - 943.

④ Allan J. A. Fortunately there are substitutes for water otherwise our hydro – political futures would be impossible [C]. In: ODA, Priorities for WaterResources Allocation and Management. ODA, Londan, 1993. 13 - 26.

⑤ Allan J A. Water deficits and management options in arid regions with special reference to the Middle East and North Africa [J]. Water Resources Management in Arid Countries, 1995: 1 - 8.

该地域内的矿产资源所能持续供养的人口数量和维持的经济总量即可视为矿产资源承载力。国外目前关于矿产资源承载力问题，很少出现专门性研究。

4. 环境承载力

在环境领域中的承载力定义基于生物学和生态学中的环境容量的概念。环境容量是指区域自然环境和环境要素对人为干扰或污染物可容纳的承受量或负荷量。环境容量的概念最早出现在生态学中，用于表示环境中生物种群的最大值。后来被逐渐引入环境科学中，反过来强调约束性，以表示环境中污染物的最大值。国外对生态环保的研究起步较早，社会认知中也率先普及了对自然环境的关注，因而关于环境承载力概念研究较早。杜瓦率先（Robert E. Dewar，1984）给出了环境承载力定义，他认为在环境生产力层面，环境承载力指环境生产力与单位人口所需的比值，并进一步将其与人口承载力进行比较，对两者的相关性做了区分讨论。① 比绍普（Bishop，1974）将环境承载力定义为以下内容，即一个地域在保证人类正常生活状况的前提下，该地域环境所能承载的人类活动的最大程度。② 施耐德（Schneider，1978）则将重点放在人口视角上，他认为环境承载力是一个地域环境对于人口增长的最大容纳能力，当然前提是环境不会遭受严重破坏导致退化，使这一容纳能力发生永久性且不可逆的削减。③ 然而，我们知道，资源与环境其实是很难做出明确的区分，两者之间存在大量重复讨论的领域。因此，在研究环境承载力的同时，也很难离开我们之前谈到的各种资源承载力，需要对二者进行统一讨论。基于对这一点的认识，学者们开始了生态足迹领域的研究。

生态足迹的概念最早由里斯（Rees，1992）提出，他认为生态足迹是地域空间上的概念，是指能够维持生态系统良性循环的、具有生物生产力的空间。④ 生态足迹理论认为，人类所消耗的资源、环境及其所产生的废物均可以定量估算，且可以折算为在空间上互斥的生产性土地的面积，通过

---

① Dewar R E. Environmental productivity, population regulation, and carrying capacity [J]. American Anthropologist, 1984, 86 (3): 601 – 614.

② Bishop A B. Carrying capacity in regional environmental management [M]. Washington: For sale by the Supt. of Docs., US Govt. Print. Off., 1974.

③ Schneider D M, Godschalk D R, Axler N. The carrying capacity concept as a planning tool [M]. California: American Planning Association, 1978.

④ Rees W E. Ecological footprints and appropriated carrying capacity: what urban economics leaves out [J]. Environment and urbanization, 1992, 4 (2): 121 – 130.

这种方法，多元素多领域的资源消耗能够浓缩为直观的面积，极大简化了学术界对这一问题的研究难度。由此可见，对环境承载力和资源承载力共同组成的生态承载力进行评估的一类方法中，生态足迹法是我们下面要提到的评价承载力的一种重要方法。

5. 城市综合承载力

城市综合承载力是指在城市环境和城市资源的约束下，同时在一定的经济发展、社会文化和技术进步条件下，限定在某一城市空间范围内，该地区所能够满足基本生活需求条件下的承载人口数量及人类活动强度的最大值。它是由自然资源承载力（土地、水等）、地质环境承载力以及生态环境承载力等要素构成的整体。城市承载力是一种多要素承载力，在单要素承载力的基础上发展而来的。① 我国建设部在2005年初提出了城市综合承载力的概念，由此拉开了多要素承载力研究的序幕。此前的研究多集中于单一要素承载力，该领域范畴主要包括土地、水资源及生态等；在城市综合承载力的概念提出之后，关于多要素承载力的研究开始大幅增加，但是国外对于我国提出的城市综合承载力的研究较少，鲜有跟进与深化，研究内容大部分集中于对东亚城市的分析之上。相对于欧洲及北美而言，东亚人口更为稠密，城市综合承载力的研究面临着更为迫切的实践需要。韩国学者坤世（Kyushik Oh，2005）即从能量、绿化环境、道路、地铁系统、水供应、污水处理和垃圾处理七个要素出发，研究了其本国的城市综合承载力，并以首尔为例研究了这七个要素对于城市综合承载力的综合影响。② 城市综合承载力的研究核心一直都是对于其的评价问题，包括对于城市综合承载力的评价理念、评价方法等，关于城市综合承载力的评价研究，我们将在下一部分进行综述。

(三) 城市综合承载力的评价

1. 城市综合承载力的评价理念

对于城市综合承载力进行一定的评价，相应的基本理念与思路主要集中于两种：一种被喻为最小因子限制原理，这一评价理念也被学界普遍接

---

① 石忆邵，尹昌应，王贺封，谭文垦. 城市综合承载力的研究进展及展望 [J]. 地理研究，2013，32 (1)：133 - 145.

② Oh K, Jeong Y, Lee D, et al. Determining development density using the urban carrying capacity assessment system [J]. Landscape and urban planning, 2005, 73 (1): 1 - 15.

受。该评价理念的原理指最稀缺资源决定了城市的综合承载力，它也强调单要素对于城市的综合承载力具有决定性影响，我们可以视之为"木桶效应"在城市综合承载力评价理念方面的具体应用。哈丁（Hardin，1992）[①]、巴克利（Buckley，1999）[②]、雷克等（Lake，2002）等人关于城市综合承载力的研究均遵循该理念，从最小因子限制的原理出发，对城市综合承载力进行了精确评价；另一种理念与最小因子限制原理针锋相对，被称为综合效应原理。该原理是以各要素的权重大小来衡量其对城市综合承载力的影响，体现了要素之间的联系和互补，每一种要素的规模大小都与总体承载力密切相关，且相互之间存在有限的关联替代。它强调的是资源要素的综合集成对于城市综合承载力的影响，并以此寻求对承载力评估实施更为全面的统筹。科恩（Cohen，1997）[③]、欧（Oh，2002）[④]、坤世（Kyushik，2005）[⑤]均从综合效应原理出发，着眼于评价因素的协同多元，从而对城市综合承载力进行了合理估计。对于这两种评价理念，我们不能单纯以对错之分做明显的判定。若要全面地判定一个城市的综合承载力，就应该同时使用两种理念进行评价，既要找出影响城市综合承载力的最小限制因子，努力解决短板限制，又要综合考虑各种因素之间的联系和互补，积极发挥优势因素对整体承载力的建设性作用，以此达到对城市综合承载力较为准确的评价和认识。

2. 城市综合承载力的评价方法

从最初的逻辑增长曲线、系统动力学模型到后来的生态足迹、虚拟水等，城市综合承载力相关的评价方法不断得到进步和完善。现阶段城市综合承载力的评价主流方法主要有概念模型法、指标体系法、生态足迹法、多目标决策法、系统动力学方法、状态指数法以及短板效应法这七种。其中，国外学者的研究中主要涉及生态足迹法、多目标决策法、系统动力学

---

① Hardin G. Cultural carrying capacity: a biological approach to human problems [J]. Focus, 1992, 2 (3): 16-24.

② Buckley R. An ecological perspective on carrying capacity [J]. Annals of Tourism Research, 1999, 26 (3): 705-708.

③ Cohen J E. Population, economics, environment and culture: an introduction to human carrying capacity [J]. Journal of Applied Ecology, 1997, 34 (6): 1325-1333.

④ Oh K, Jeong Y, Lee D, et al. An integrated framework for the assessment of urban carrying capacity [J]. Korea Plan Assoc, 2002, 37 (5): 7-26.

⑤ Oh K, Jeong Y, Lee D, et al. Determining development density using the urban carrying capacity assessment system [J]. Landscape and urban planning, 2005, 73 (1): 1-15.

方法和短板效应法。

生态足迹法指将各种不同的资源要素需求和供给转化为一种要素（生态足迹）进行比较分析。1992年，这一概念首先由加拿大生态经济学家里斯（William Rees，1992）提出。① 里斯运用这一方法度量可持续发展的程度，并将其定义为"能够保持这一区域内生态系统良性循环所需要的各种资源总量"。生态足迹法从需求端和供给端这两个角度入手，分别计算生态足迹的大小和生态承载力的规模，并将两者做一定比较，着重评估研究对象的可持续发展状况。在这之后，瓦克纳戈尔（Wackemagel，1999）对这一方法进行了一定的完善，他提出通过测定人类维持生存所消耗的自然数量来判定对自然环境的影响。② 莱斯（James Rice，2007）将生态足迹定义为通过测量跨国的可再生能源的单位消耗量，并将其作为一个环境空间的相对利用率的指标。③ 利用这一定义，莱斯分析了国际贸易对全球资源利用的影响。这一思路在承载力研究中比较常见，我国众多学者均运用此方法计算了各地区的生态足迹，并由此评价生态承载力。但碍于一定的技术原因，这一方法在城市承载力中应用较少。

在城市承载力评价方面比较常见的方法是多目标决策法。此类方法多基于以下思路，即遴选能够反映承载力的社会形态、经济规模、人口总量及当前生态环境等若干指标，并将以上指标进行合理加权，使得其构成相互关联且相互制约的局面。进而按照可持续发展原则，通过一定的数学模型构建，从数理层面求解多个发展方案，以同时满足多个目标整体最优、次优、一般等不同满意度水平。其通过运算所得出的对应人口或社会经济发展规模，即可视为不同可能满意度下的城市承载力。在国外诸多文献中，此类方法有着广泛的应用，其中较为著名的案例为米林顿（Millington R，1973）对于澳大利亚土地资源的相关研究。在该研究中，学者即通过目标决策法的应用，使澳大利亚土地资源承载力能够得到一定具象化。④

---

① Rees W E. Ecological footprints and appropriated carrying capacity: what urban economics leaves out [J]. Environment and urbanization, 1992, 4 (2): 121 – 130.

② Wackernagel M, Onisto L, Bello P, et al. National natural capital accounting with the ecological footprint concept [J]. Ecological economics, 1999, 29 (3): 375 – 390.

③ Rice J. Ecological unequal exchange: international trade and uneven utilization of environmental space in the world system [J]. Social Forces, 2007, 85 (3): 1369 – 1392.

④ Millington R, Gifford R. Energy and how we live [C]. Australian UNESCO seminar, Committee for man and biosphere. 1973.

梅多斯（Meadows，2004）在研究世界人口承载力时首次使用了社会系统动力学方法，并且在 UNESCO&FAO 的 ECCO 模型中进一步应用。[①] 系统动力学方法的基本思想是：首先，确定具体的研究对象以及系统的主要因素，其目的在于用于区分系统的边界；其次，用正反馈和负反馈两类要件，分析不同因素之间的因果关系，搭建起逻辑导向。在系统内相关因素直接或间接关系共同作用之下，逐渐形成多个反馈对照或与正面和负面反馈循环分析的子系统；再次，区分的主要变量的系统元素类型，编写各种因素之间的定量方程，做进一步量化的准备；最后，给出了不同参数条件下该系统将各种可能的系统变量输出结果，并在此基础上建立适当的观察方法，以确定最终的系统操作结果。[②]

短板效应法也是较为常见的一种评价方法，从命名原则便可得知，其遵循的城市承载力评价理念。短板效应法是最小限制因子原理的最直接体现，这种方法认为，人口规模受一些单项要素的限制性影响，然后以"短板效应"，即我们常说的"木桶原理"来确定城市的综合承载力。坤世（Kyushik Oh，2005）在评估发展密度时运用了此方法。[③] 为准确评估韩国主要城市的承载力水平，坤世选择了包括能量、绿化环境、道路、地铁系统、水供应、污水处理和垃圾处理七个要素进行量化统计。而后，韩国作为中心集聚较为明显的国家，需以首都首尔作为重点考察对象。基于这样的客观现实，他进而针对首尔市的相关数据，对这七个要素对承载力的影响进行分析，并以这些要素中表现较弱的突出部分作为提出政策的参考性标准。

综合上述方法，我们不难发现：首先，每种方法由于评估的承载力的不同，对于要素的选择有所侧重；其次，每种方法对于影响承载力的单项要素或综合要素有不同的处理方法，使得相互之间存在一定的技术区分。因此，在实际实践中，我们需要根据特定城市的具体需求，选择更为适当的城市承载力研究方法。

[①] Meadows D, Randers J, Meadows D. Limits to growth: The 30 - year update [M]. London: Chelsea Green Publishing, 2004.

[②] 李旭. 社会系统动力学：政策研究的原理、方法和应用 [M]. 上海：复旦大学出版社，2009.

[③] Oh K, Jeong Y, Lee D, et al. Determining development density using the urban carrying capacity assessment system [J]. Landscape and urban planning, 2005, 73 (1): 1 – 15.

二、相对承载力与绝对承载力研究范式

(一) 相对承载力研究

1. 区域相对承载力

区域相对承载力的情况与经济的发展程度存在较高相关性,因此其研究成果在国内而言相对比较丰富。国内主要是对省级区域的情况进行研究,同时还会对经济发展趋同或地理位置相近的区域进行有针对性的承载力分析。从目前的研究情况来看,主要的研究地域分布以下列几个区域为主:

(1) 东中部经济发达地区

东中部发达地区具有研究城镇承载力的经济承载力的数据和资料优势。总体而言,该地区经济发展时间历程较长,数据较为丰富,可供分析的期限更为宽裕,资料十分齐全。此外,作为改革开放的先行先试地区,当地率先于全国进行了诸多创新性尝试,能够作为理论分析的要素较多。同时,东中部地区部分城市通常被列为相对承载力的标准,来衡量处于同一地理空间的其他研究对象的承载力水平。比如对东部经济大省江苏省的研究,梅艳等 (2008) 以东部地区 10 个省份的情况来作为参照,以相对土地资源的承载力和相对经济负荷承载力为依据,通过运用 delphi 方法对相对土地资源承载力和相对经济承载力赋予相应的具体权重,计算出江苏省的综合承载力水平。除此之外,该研究团队还运用实际人口数量和综合承载力水平的对比大小关系,将江苏省的承载力分为超载、富余和临界三种状态。通过数理指标衡量,该团队最后发现,江苏省相对于东部地区而言,综合承载力处于富余状态,还有进一步提升发展容量的空间。并且,对于江苏省而言,相对经济承载力的贡献大于相对土地承载力。[①] 江苏省常作为区域经济的研究对象进行考察,其省内经济分布较为均衡,且属于行政区划设置较新的地区。当地出现了诸如"散装江苏"的说法,恰好从侧面印证了省内各城市难以在全省形成一家独大的发展局面。江苏的设立本就源于对江南省的拆分,取江宁与苏州两府辖地进行整合。坊间对南京"徽京"的戏

[①] 梅艳,刘友兆,梁流涛. 基于相对经济承载力的区域可持续发展研究 [J]. 长江流域资源与环境,2008 (3): 341 – 345.

谑，也从侧面反映出江苏内部均衡发展的一个缩影。毕竟，南京都被省内各市视为安徽的一部分。刘婧等（2010）同样运用了相对和绝对承载力指标来测算城市承载力，只是在权重设置上平均化了相对资源承载力和相对经济承载力的影响。该研究团队分别以东中西部地区为参考标准，选取湖北省的相对综合承载力进行分析，发现其与东部地区相比相对资源承载力处于优势水平，而相对经济处于较差水平；与中部地区相比相对经济承载力具有优势而相对资源承载力具有劣势；湖北相对于西部地区，其相对经济承载力较高，相对资源承载力较低。① 徐晓红等（2006）也运用相对资源承载力和相对经济承载力计算方法，并采取相对综合承载力和权重均等化的方式。该研究以东北三省为参考标准，分析了吉林省在东北三省中的情况，得出吉林省的相对资源承载力不如黑龙江，相对经济承载力不如辽宁省的具体情况。②

（2）西部欠发达地区

对于西部省份欠发达地区的相对承载力，在选取标准上会出现一定的问题。在西部地区内部，选取标准的实现较为困难，但是选择东中部地区来作为参考标准，两地发展水平差距较大，从而导致参考性不强的问题。刘洵等（2016）在方法上对相对资源承载力作出了改进，运用了土地、水、能源、林地、经济五个指标作为计算相对综合承载力的基础，对云南省总体及其下辖的14个地级行政单位的相对综合承载力进行了计算。该研究团队的结果显示，除了昆明、曲靖、大理和昭通四个地级市是超载以外，其他地区均为富余或非常富余。③ 西部地区拥有四个民族自治区省份，民族自治区的人口特征、地理环境以及经济发展都和东中部地区差异巨大，以上地区甚至与其他西部省份都存在明显差距。为此，有些文献专门开展了针对民族自治区的研究，以规避民族地区的相对特殊性，避免评估结果严重失真。沈君等（2005）就对我国新疆地区的相对承载力做了相应的测算和分析，用耕地面积和地区生产总值作为相对资源承载力和相对经济承载力的指标。该团队选取全国平均水平作为参照标准，分析了新疆从1988年到

---

① 刘婧，李红军. 省级区域相对资源承载力的实证分析 [J]. 统计与决策，2010（14）：115-118.

② 徐晓红，高明，王洪丽，田子玉，杨双. 1978—2003年吉林省相对资源承载力的测算与分析 [J]. 农业现代化研究，2006（3）：210-213.

③ 刘洵，苏美玲. 云南省区域经济可持续发展研究——基于改进的资源相对承载力 [J]. 中国市场，2016（21）：15-17+21.

2002 年的相对综合承载力的演变过程,得出新疆各州县的主要演进趋势是人口富余状态的逐渐丧失,超载状态逐渐趋于严重。①

(3) 特殊区域

除了上述所阐述的东中西部地区以外,还有一些区域的相对综合承载力需要单独讨论。由于受到某些共同因素的作用,这类地区具备一定的特殊性,需要单独选取研究方法和评价指标,以期对承载力水平有完整的评估。这类特殊性因素包括地理因素、政策因素及民族因素三个大类。关于地理因素,李旭东(2013)把国家划定的 18 片贫困地区之一的贵州乌蒙山区作为研究对象,以山区作为特殊的类型区域,选取研究对象的耕地面积作为相对土地承载力的指标,选取研究对象的地区生产总值作为相对经济资源承载力的指标,选取社会消费品零售额作为相对生活水平承载力的指标,并对以上三类数据做平均化权重处理,以衡量当地相对承载力。此外,参考系数则选取两个标准,分别以全国和贵州省作为参考。该研究最后得出以下结论:相对于全国标准而言,贵州乌蒙山区的各项承载力均超载;相对于贵州省的标准而言,乌蒙山区相对综合承载力同样超载,而相对土地承载力还处在略有富余的状态。② 关于政策因素所导致的特殊区域研究,张虹等(2014)以三峡库区重庆段作为研究对象,选取衡量相对资源承载力的三类指标,即相对经济资源领域的承载力、相对自然资源领域的承载力以及相对社会资源领域的承载力。该研究选取全国为研究标准参考,分析了 2001 年至 2010 年期间三峡库区重庆段的各项承载力的动态演变过程。最后,该团队得出以下结论:在 2001 年至 2010 年期间,库区的人口对承载力造成了较大的压力。③ 关于民族因素的特殊区域选取,莫小莎等(2007)以广西壮族自治区内的瑶族聚居区作为研究对象,并将当地 12 个其他民族自治县作为参考标准,分析了广西 6 个瑶族自治县在 1995—2005 年相对资源承载力的动态演变过程。④

2. 地域相对承载力

对地域相对承载力的研究,尤其是对较大的地级市的研究,在一定程

---

① 沈君,高志刚. 新疆相对资源承载力与可持续发展问题研究 [J]. 农业现代化研究,2005 (2):210-213.

② 李旭东. 贵州乌蒙山区资源相对承载力的时空动态变化 [J]. 地理研究,2013 (2):233-238.

③ 张虹,李月臣,汪洋. 2001—2010 年三峡库区(重庆段)相对资源承载力时空格局动态演变研究 [J]. 资源开发与市场,2014,30 (5):532-536.

④ 莫小莎,刘深. 广西瑶族地区资源相对承载力评估分析 [J]. 经济与社会发展,2007 (12):77-82.

度上更加贴近该城镇的研究需求,更具针对性。在研究对象的选择上,也主要集中在中西部较不发达的地级市:一方面是因为东部较大城镇具有较强的经济基础,经济规模和人口基数更大,作为微观研究主体具备数据规模上的优势,相对经济承载力强;另一方面是在参考标准的选择上,中西部较不发达地区更加容易找到较为匹配的参考标准。对中部地区进行研究的有:魏丽波等(2013)用相对自然资源承载力和相对经济承载力作为指标,分别以全国和陕西省评价水平作为参考标准,分析了太原市的相对资源承载力水平与可持续发展。在以全国为标准下得出的研究结论中,太原市的相对综合承载力在2000年到2005年即以实现承载力水平从超载到实现富余的转变。在2005年至2010年期间,承载力水平又由富余逐渐向超载水平转变,并在2010年超载水平最高;而在以山西省为参考标准的情况下,太原市的承载力逐渐走向富余,但是在2010年突然急转直下,变成了超载状态。可见,地域相对承载力评价需要谨慎选取参考标准。[①] 针对西部地区较大城市的研究有王亚文等(2005)对西安市的研究。该团队以西安市1978年、1980年、1985年和1990年至2002年的相对资源承载力的变动情况为基础,并选取全国为参考标准的情形。由研究数据可知,在以陕西省平均水平为参考标准的情形下,西安市的相对经济承载力一直在稳步上升,而相对资源承载力始终处于超载状态。[②] 西部较小城市的研究有刘晓等(2008)团队对陕西安康市的评估,其参照标准是以全国及陕西省平均水平。在以上参考标准的情形下,安康市相对土地资源的承载力对相对综合承载力的贡献更大。[③] 此外,还有秦松等(2007)团队对甘肃白银市的研究,指出了在以全国及甘肃省平均水平为标准的情形下,白银市在相对自然资源承载力上具备一定的优势,而在相对经济资源承载力上处于劣势。[④] 在民族区域方面,也有亚森·排吐力等(2011)对乌鲁木齐的研究,指出了乌鲁木齐从1996年至2008年期间,相对经济承载力的贡献远高于相对自

[①] 魏丽波,刘养洁. 太原市相对资源承载力与可持续发展研究 [J]. 中国人口·资源与环境, 2013, 23(S2): 54-57.

[②] 王亚文,曹明明. 西安市相对资源承载力与可持续发展研究 [J]. 人文地理, 2005(4): 15-17.

[③] 刘晓,宋世杰,蒋武燕. 安康市相对资源承载力与可持续发展研究 [J]. 能源与环境, 2008(4): 19-21.

[④] 秦松,南忠仁. 白银市相对资源承载力演化过程分析 [J]. 水土保持研究, 2007, 14(5): 138-141.

然资源承载力的贡献。①

3. 县域相对承载力

单独讨论某一个县域级别行政单位的承载力水平，在学术界属于较为冷门的研究角度，这类评估的学术成果较少，更多的是侧重于一些县域群领域的研究。比如雷军（2004）领衔的科研团队就曾以整个新疆县域经济模块作为研究对象，分析新疆各县市州的相对城镇承载力水平，得出了新疆各个地区之间的相对承载力的变动规律。当地以承载力水平呈现出由北疆、东疆向南疆递减的趋势。② 同时，付标等（2010）也对河南省商丘市的夏邑县进行了相对承载力的分析估算，并研究发现夏邑县1996年至2008年的相对综合承载力一直处于超载状态，但是其超载比率呈现出逐年波动递减的特征。③

4. 相对城镇承载力评述

相对城镇承载力的研究考虑了各种资源在地域之间的相互调剂与分配，多通过选取一定参考标准的方式来进行分析。因此，在考虑城镇承载力之时，需要体现出与其他地区相比较的研究步骤，从而形成简单对比，降低理解门槛。这种做法比较有助于对所研究对象做直观分析，从而比较出各研究对象之间城镇承载能力的优劣差距。但是，选取参考标准这一步骤暗含一定的要求，不能进行随意选取，应本着参考标准具有代表性意义的目的。然而，我们在实际测算对比过程中，所谓"具有代表性意义"这一点难以进行明确标准化，尤其是在对我国各区域进行分析的时候，难免陷入区域差异过大、基础条件迥异，以至于难以遴选出合适的参考标准的情况。由于参考标准可获取性在实际操作中很难完全达到，相关研究团队经常囿于无法找到一个和所研究的对象情况一样甚至是相类似的参考客体。而这一点，通过构建绝对城镇承载力的研究范式进行规避。因此，本书在随后的数理方法选取上，优先采用了绝对承载力指标。

---

① 亚森·排吐力，程胜高. 乌鲁木齐市相对资源承载力与可持续发展问题研究 [J]. 环境科学与管理, 2011, 36 (1): 148 - 154.

② 雷军, 张小雷, 张敬东. 新疆区域小城镇相对资源承载力探析 [J]. 干旱区地理, 2004, 27 (3): 442 - 446.

③ 付标, 李凌, 刘彬, 李光, 翟丹丹. 河南省夏邑县相对承载力分析与国土资源可持续发展研究 [J]. 安徽农业科学, 2010, 38 (29): 81 - 83.

(二) 绝对承载力研究

绝对承载力的分析克服了相对承载力研究所难以规避的一些缺点，这一优势的表现就是直接提测算"可能容纳多少人口"的研究范式，不需要选取相应的参考标准进行对比分析。

1. 区域绝对承载力

区域的绝对承载力研究对象还是以省域为主。对东部地区的绝对承载力研究，有部分学者从人地关系的视角上进行了分析：比如刘凯等（2016）领衔的研究团队，为了分析山东省的资源环境承载力水平，先采用极差标准化方法对资源承载力和环境支撑力作数据指标的标准化处理，可以消除不同量纲难以对比的问题。进而通过熵值法，确定各项指标的具体权重，并采用同样的方法测算出城镇化指数，从而得到城镇化对资源环境承载力的响应指数，最终获取山东省资源环境承载力的波动趋势。该研究表明，在1991年至2004年期间，山东省的资源环境承载力呈现出先上升、再下降的趋势，并通过进一步研究发现了影响山东省资源环境承载力的最主要因素，它们分别是环境规制强度变动和产业结构变化。[①] 何文举则运用了研究生态足迹的方法，对湖南省2012年的生态足迹进行了量化，由此测算出湖南省的土地承载力。该研究中的土地承载力测算主要基于生物生产性土地的实得面积，并据此得出重要结论：湖南省人均生态足迹是人均土地承载力的5.5倍。该结论说明，在当前人口规模情况下，要维持湖南省的生态平衡，本省土地面积至少应扩大5.5倍。[②]

2. 地域绝对承载力

地域绝对承载力研究对象主要集中在我国几个较大的中心城市以及各省的省会城市中。李爱梅等（2013）在生态经济学相关理论的启发下，建立起了生态承载力模型。由于边际效用递减规律和边际成本递增规律的影响，使得边际成本和边际效用在某一个点处可实现相等，此时为一个生态系统能够维持的最佳经济规模。以此为原理计算得出义乌市的最佳经济规模水平，可知2005年至2007年间，义乌的生态效益大于生态成本，同时生

[①] 刘凯，任建兰，张理娟，王泽楠. 人地关系视角下城镇化的资源环境承载力响应——以山东省为例 [J]. 经济地理，2016，36（9）：77-84.

[②] 何文举，罗畅，李国峰. 湖南省新型城镇化的土地承载力与生态安全分析 [J]. 湖南商学院学报，2016，23（1）：18-23.

态成本随时间演进也在不断增加，经济承载状况因而逐年降低。① 欧阳鹭霞等（2016）在评价南昌市城镇承载力时，选取了短板理论作为主要研究思路，即基于最稀缺的资源承载力来衡量城镇综合承载水平。该团队分别计算其资源承载力、环境承载力以及经济承载力的状态指数，来判断南昌市的状态级别，得出南昌大多数指标均为一般状态、资源承载力的水资源承载力超载的重要结论。② 在各个地级市城镇综合承载力的比较研究方面，有付云鹏等（2016）团队通过建立以资源环境承载力为目标、以资源承载力和环境承载力为准则的方式，对中国的 15 个副省级城市来作统一比较，以研究它们社会资源承载力、自然资源承载力、社会环境承载力和自然环境承载力四个要素。该研究总计对 28 个指标进行了收集和整理，运用主成分分析法，采用其方差贡献为权重，对 15 个副省级城市的资源环境承载力做了计算。计算结果显示，承载力得分最高副省级城市主要集中在东部沿海和东北地区，承载力得分较低的研究对象则主要集中在中西部地区。③ 这体现出了我国城镇综合承载力的地理分布情况，也是本书研究西部地区城镇承载力问题的重要原因。

3. 县域绝对承载力

部分学者将一个地区群组作为研究对象，以进行对县域绝对承载力的研究。如穆学英等（2016）以县域为单位，分析了山东省各县域的经济承载力。该研究中以压力、支撑力和调控力作为评价经济承载力的一级指标，进而以此选取了 10 个二级指标以及 24 个三级指标，并采用数理方法依次赋予相应的权重。他们用探索性空间数据分析方法，揭示出不同类型指标的空间分布格局，最后得出山东省各个县域经济承载力的分布情况。④ 另一部分学者则以单个具体县域作为研究对象，如靳晓燕等（2009）研究了江苏铜山县的环境承载力。在指标构建上，该研究选取了 27 个发展因子和 12 个限制因子，并对上述共计 39 个组成单元的指标体系运用层次分析法，从而确定各自的权重比例。该研究最后显示，铜山县在 2000 年至 2005 年间的环

---

① 李爱梅，康蓉，杨海真. 快速城镇化地域生态承载力评价模型构建与分析 [J]. 环境科学与管理，2013，38（2）：139 – 143.
② 欧阳鹭霞，邹佳旻. 绿色城镇化视角下城市综合承载力评价研究 [J]. 城市，2016（3）：32 – 34.
③ 付云鹏，马树才. 城市资源环境承载力及其评价 [J]. 城市问题，2016（2）：36 – 40.
④ 穆学英，刘凯，任建兰. 山东省县域经济承载力空间格局研究 [J]. 华东经济管理，2016，30（12）：14 – 19.

境承载力剩余率小于零，即在此期间一直处于超载状态。但与此同时，得益于相关环保举措的实施，该县的环境承载力剩余率则实现了逐年增加。[①]

三、中外城镇承载力研究溯源与展望

城镇承载力问题作为中外城市发展和城镇化水平不断提高过程中都无法回避的问题，吸引了中外研究学者和实践领域的极大关注。学术界和实践界的众多专家学者，均从理论层面和实践层面对该领域开展了大量富有见地的研究，且形成了较为成熟的研究发展溯源线索。

(一) 西方承载力研究进展

纵观国外的承载力发展历程不难发现，该领域研究以马尔萨斯人口理论中资源对人的约束为起点的阶段，以生物种群与自然环境关系为核心，以解决实际问题为出发点、提高单因素种群承载力及种群综合承载力、实现可持续发展为目的。研究分为三个历史阶段，分别是以研究非人类生物种群增长规律为特征的起源奠基阶段，以扩大应用范围研究人类承载力为特征的应用探索阶段，以及与可持续发展相结合的深化发展阶段。

1. 起源奠基阶段

从1798年马尔萨斯《人口原则》的发表到20世纪50年代为止，这一时期为承载力理论的起源阶段。此时承载力研究的理论基础主要基于人口统计学、应用生态学和种群生态学三大学科的相关理论。1798年，马尔萨斯在《人口原理》中提出了著名的人口理论。马尔萨斯认为人口呈几何级数增长，而相应的维持人类生存的粮食数量则仅仅呈现线性增长，这就导致人口数量的增长速度必然高于粮食数量的增长速度。两者的增速之差导致人类人口最终会受制于粮食供应，人类的未来发展不得不面临饥饿、疾病、营养缺失等问题。而为了解决这些问题，世界上的各个强权将必然走上以掠夺物质、抢占生存空间为目的的战争中，人类历史进程的悲剧命运似乎不可避免。该理论的核心观点为：人口不可能无限增长下去，反映了生物与自然之间的关系。1838年比利时数学家Verhulst运用Logisticequation将马尔萨斯的人口理论数学化，第一次为承载力理论萌芽提供了数学模型。

[①] 靳晓燕，裴宗平. 小城镇环境承载力评价 [J]. 环境科学与管理，2009，34 (3)：177 - 182.

同时，为了检验其方程的预测效力，他还对 19 世纪初法国、比利时、俄罗斯和英国艾塞克斯的人口数据进行了实证研究，结果表明这些国家和地区的实际人口与 Logisticequation 预测比较吻合。

随后的 20 世纪上半叶，应用生态学和种群生态学家分别对实验室或野外的生物种群数据运用 Logistic 方程进行拟合及实证检验，发现实验室的生物种群增长规律与 Logistic 方程拟合较为理想，而野生生物种群生物增长规律与 Logistic 方程拟合结果相去甚远。这些研究都以生态学定义下的承载力研究为主要内容，为后续的研究奠定了技术基础，但并未提出"承载力"的概念，而承载力概念的首次提出是在应用生态学方面。1870 年至 1890 年之间，美国西部畜牧业的快速发展，导致牧场质量开始恶化，牧场主和美国农业部的研究人员开始使用承载力一词来表示一定的牲畜数量规模。在该数量规模水平下，放牧不会对牧场资源产生危害，牧场资源的恢复与消耗达到了平衡。但在此后的几十年中，承载力概念并未与人口统计学及种群生物学的相关研究内容联系到一起。直到 1953 年，Odum 第一次将承载力的概念和 Logistic 方程相联系，将承载力概念定义为"种群数量增长的上限"，即 Logistic 方程中的常数 K。此后的研究便以此为依据，在数学表达中常用 K 表示承载力，并开始逐步在理论研究中使用承载力这一概念。

在起源奠基阶段，承载力完成了理论形成所必需的概念定义、数学表达式、研究方法的积累，为承载力理论的研究和发展奠定了良好的基础。同时，由于马尔萨斯人口理论中的预测并未实际发生，学者们并未将研究的焦点转移到人类承载力上，依旧主要研究了非人类生物种群在自然条件约束下数量增长规律。人类人口增长规模尚未对环境产生实质的影响，因而学术界并未将该理论体系用于解决人类所面临的实际问题。

2. 应用探索阶段

从 20 世纪 50 年代到 80 年代中后期被称为承载力理论的应用探索阶段。20 世纪 60—70 年代，全球主要发达国家经济实现了快速增长，资源消耗增加。而由于中东战争的爆发，使得能源物资供应出现了剧烈波动，诱发了全球性资源环境危机。在此背景下，承载力理论开始关注人类社会运行所存在的现实性问题，并围绕人与自然的关系进行了一系列研究，以便寻求解决人类社会资源约束的有效途径。1972 年，罗马俱乐部发表《增长的极限》报告，从自然资源、工业生产和环境污染等多个角度出发，系统性阐述了人类未来发展所面临的诸多困境和难题。同时，该机构还应用系统动力学原理，构建了著名的"世界模型"，以期对人类社会未来命运进行预测。该报告指出，如果人类社会不改变目前的增长方式和发展态势，那么世界经济将会在未来的一百年时间内彻底崩溃。《增长的极限》得益于其充满争议的内容，迅速在各界引起了广泛关注。在随后的70年代与80年代之交，联合国粮农组织（FAO）、联合国教科文组织（UNESO）和经济合作与发展组织（OECD）等国际组织，以及部分发达国家政府、全球相关领域的专家学者都对承载力进行了进一步研究。他们针对人类社会已普遍存在的诸多问题逐一展开了分析讨论，包括土地资源、水资源、矿产资源等自然资源的枯竭，过度的能源使用，严重的环境污染以及生态系统退化等。为解决以上问题，学术界逐渐派生出土地资源承载力、水资源承载力、矿产资源承载力、能源承载力、环境承载力等单因素承载力，以便构建起从部分到整体、从要素到系统的承载力评估框架，以便综合分析各类因素对承载力的影响。此外，学术界进一步衍生出复杂的生态承载力、综合承载力指标，试图探索人与自然和谐相处的可持续发展方案。《增长的极限》的发表，摆脱了自起源阶段承载力研究的短板和不足，即囿于非人类生物种群增长规律及与生存环境关系研究，使得该领域研究在起源阶段的分析视野有所局限。得益于承载力研究内容范围的扩大，承载力理论在各个学科的应用、融合水平得以显著提升。然而，此阶段承载力的研究主要集中于人与自然的关系，对承载力的组成要件分析存在一定的局限性，即主要研究自然界的各要素对人类的承载能力，尚未考虑人类文化和社会因素对承载力的影响趋势。

3. 深化发展阶段

20世纪80年代中后期开始，承载力理论步入了深化发展阶段，且这一革新影响至今。在这一阶段，学术界基于理论层面和应用层面的不断创新，大量成果和实践经验不断涌现，都深刻地推动了承载力理论的发展：在理论研究方面，学者们开始综合考虑自然与社会两类因素，在进一步加大对自然环境与生物种群领域的承载力研究的同时，着手开始对人类文化承载力、经济承载力和社会承载力加大研究力度。社会制度、经济、科技、生活方式、知识水平、机构管理能力、文化接受力、价值观念、道德伦理以及审美品位等人类自身文化社会因素的纳入，使承载力领域的研究成果更具针对性和实用性。这些社会影响力层面的议题被积极融入承载力领域的研究视角中，使承载力研究的人本色彩更为浓厚，成为为人类服务的、真正意义上的承载力；在应用方面，各国基于对人类承载力因素的综合考量，在实践领域强调了可持续发展理念的重要性，提出了二者相辅相成、互为支撑的观点。通过实践中对承载力的积极优化，能够最终实现可持续发展，即达成可持续性发展的局面是提升承载力的最终目的。其中，生态足迹法（ecological footprint）的提出，为实践界提供了强有力的工具支撑，我们可以通过比较生态足迹需求与某一自然生态系统的承载力（亦称生态足迹供给）来定量地形成对该自然生态系统的实际评价，以明确其目前可持续发展所处状态的程度，这将对人类的生存和社会经济发展提供更加科学有效的实践依据，以便合理地优化人类所处的生态环境系统。生态足迹法有效推动了承载力理论与可持续发展理论的结合进程，使承载力分析能够更加广泛地应用于人类社会经济发展的进程中，对人类社会与自然之间的辩证关系构建都产生了极其深远的影响。

4. 总结

纵观国外的承载力发展历程我们不难发现，承载力理论起于马尔萨斯人口理论中资源对人的约束思想，进而以生物种群与自然环境关系为理论核心。该理论以解决实际问题为出发点，以提高单因素种群承载力及种群综合承载力为途径，以最终实现可持续发展为目的。承载力理论共经历了三个演变阶段，分别是以研究非人类生物种群增长规律为特征的起源奠基阶段，以扩大应用范围研究人类承载力为特征的应用探索阶段，以及与可持续发展相结合的深化发展阶段。

（二）我国承载力研究演进

1. 20 世纪 80 年代到 90 年代——土地资源承载力

我国在承载力研究方面也呈现出阶段发展的特征，而土地问题长期以来萦绕于我国的历史进程中。纵观我国五千年文明发展历程，我国在尚未完成工业化、经济结构以小农为主的时期，其与古代中国所有制影响下的土地兼并进程密切相关。土地问题，是中国古代周期性动荡的基础，因而，研究土地资源承载能力无疑是我国学术界在与承载力理论"触电"之初首先关注到的领域。是时，世界发达国家工业化深入推进，资源消耗不断增加，环境污染问题日益严重，各种因素综合作用，使得农业生产受到了一定的负面影响。而《增长的极限》的发表，使人与自然的关系引起全世界的重视，国外承载力研究也随之重点扩大到了资源（土地、水、能源）、环境、生态等领域。土地资源作为农业实现有序生产的基石，能够起到支撑工业发展、维护社会稳定的重要作用。而中国自古以来就十分重视自身的粮食安全问题,历史上饱受饥饿之苦,国内各界对于该问题表现出极高的关注度。虽然我国地大物博、幅员辽阔,但可利用的土地资源十分有限,而人口基数较大是20世纪下半叶我国基本国情的重要体现,其间还伴随着不确定的人口增长潜力。在这样的严峻形势下,我国有限的土地资源能承载的人口极限是多少,以及如何提升单位面积下的人口承载能力,这两个问题亟待我国各级政府和相关决策部门着手解决。因此,政府部门对以上两大问题的应对需要,在很大程度上推动了我国学术界对土地资源承载力的相关研究。当时,众多学者主要以全国、局部地区或单个具体城市为研究对象,基于土地资源是一切资源的根本的角度,分析了具体区域能够供养的人口数量极限。这一研究方向与国际上重点研究单个自然因素承载力的趋势相一致,其研究热度和关注度一直持续到20世纪90年代。在此阶段中,各类研究成果助力于我国实现对土地资源更为充分合理的利用,并为制定有效切实的土地开发政策提供了必要的理论储备。

2. 20世纪90年代到21世纪初——环境承载力和水资源承载力

此阶段是我国承载力发展的第二个阶段。其间,国内的相关学者们对承载力的研究更加侧重于其对经济社会发展的影响,以便为相关部门的施政决策提供更多切实可行的建议。此阶段的研究较上阶段而言,变化主要集中于三个方面:一是研究对象的变化,从单一因素转向对多因素的研究。早期研究仅针对土地承载力这唯一的单一因素,而此阶段的研究领域扩大至对水、土地、气候、动植物、矿产等多种因素的承载力评估,研究对象更为全面。由于工业发展进程的加快,乡镇企业不断发展蜕变为民营企业。在规模化程度不断提高的同时,由于相关监管机制的缺位,使得污染问题在当时尤为突出。因此,20世纪90年代承载力研究的重点集中于环境和水资源领域;二是承载介质的承载对象从单一的人口数量转变为经济发展的规模和速度。一定区域内所承载的要素不仅仅是人口的增长,而更多的是要着眼于为当地经济发展提供必要的空间;三是承载力的计算方法和指标。过去的承载力研究主要集中于绝对数量,而当时则转变为比率为主的相对数量。

从20世纪90年代到21世纪初,以子系统承载力研究的角度而言,关于环境承载力和水资源承载力的研究成为重点。

(1) 环境承载力的相关研究。进入20世纪90年代,我国已步入改革开放20余年。在此期间,产业发展十分迅速,经济总量持续增加,环境污染问题有所显现；与此同时，国际上对于全球环境问题的关注度也日渐提高：1992年在巴西里约热内卢召开的联合国环境与发展大会上，全球各个国家的领导人共同探讨了基于世界经济与环境协同的可持续发展问题。由此，可持续发展的理念逐渐深入人心。在此背景下，经济发展与环境保护之间的相关议题也引起了我国决策层的高度关注。执行部门被要求在制定经济发展规划时充分考虑环境因素，各地要加紧编制环境保护专项规划，并将环境承载力视作环保专规中重要的组成部分。

我国在较早时期便开展了相关领域的研究，对环境承载力的关注由来已久。早在20世纪70年代，广大学者便开展了经济发展过程中环境所受到的影响研究。随后，该研究领域在20世纪90年代实现了理论和应用方面的巨大突破，进而引起了全社会的广泛关注。环境承载力这一议题也借势而起，成为承载力研究的主流。此外，部分学者将经济发展、人口增长与环境保护之间的协同关系作为研究对象，尝试构建三者之间的有效平衡。以上努力均为环境承载力研究的进一步完善作出了重要贡献，但囿于我国90年代的具体国情，主流共识中经济发展的迫切性需求远甚于人们对于环境保护的关注力度。因此，环境承载力的相关研究成果难以发挥其应具备的社会效用。

(2) 水资源承载力的相关研究。前文中曾提及，与环境承载力研究同时成为热点的是水资源承载力的研究。受制于当时国内工业污水和生活污水的整治能力有限，加之我国水资源地域差异明显、分布极不均衡，使得我国水资源利用长期存在不合理等问题。我国一些人口稠密的城市用水形势严峻，严重阻碍了当地经济社会的全面发展。由此，对水资源承载力进行研究便成了当务之急。在对水资源进行分析时，众多学者选取了两个方向进行研究，以实现对水资源自然和社会双重属性的兼顾考量：一是自然属性，水的质和量。水质和水量是影响区域或城市发展的重要因素，水质的优劣与水量的多寡必将对城市发展产生深远影响；二是考虑水资源的社会属性，使分析视野进一步扩大。此类研究将承载对象进行细分，除了分析社会整体经济和人口规模之外，还将用水场景进一步细化到居民生活、农业生产、工业生产和服务业发展等不同行业领域。另外，学者们还分析了社会经济发展以及技术进步对于各个地区水资源承载能力的影响。基于以上研究，对水资源承载力的有效管理成为国家城市发展战略中的关键参考指标。水资源是人类生存的必需品，其运用还关乎社会发展的方方面面。因此，对水资源的研究意义重大，这使得水资源承载力的相关议题逐渐被学界所重视，越来越多的学者也随之参与其中，进而推动水资源承载力研究的逐步深入。

3. 21世纪——生态（系统）承载力和城市综合承载力

进入21世纪，西方国家几百年经济发展过程中不同时期暴露出的典型问题，在我国经历了几十年经济高速增长之后开始集中显现。我国经济增长模式中存在着资源、能源的严重浪费现象，并与之伴生着对环境的巨大破坏。两者之间的矛盾逐渐由积累步入集中爆发阶段，经济社会发展与承载能力严重失衡。同时，人民生活水平持续提高，要求更好的物质环境和生存空间，注重生活质量的全面提升。在此背景下，社会各界均认识到，经济和社会的发展必须考虑资源和环境的承载能力。在此影响下，国内对于承载力的研究呈现出百花齐放的态势，突出的特点是综合考虑多因素对承载力的影响，并进行有针对性的研究。这种研究模式突破了单因素承载力研究的限制，是系统性程度更高的生态（系统）或综合承载力研究。但从具体方法上，21世纪以来的多数研究常使用短板理论进行分析，其实质是单因素承载力的简单堆砌和比较，缺乏对生态（系统）或综合承载力组成要素的分析。

（1）对生态（系统）承载力的研究。伴随着生态学科的发展而兴起的生态（系统）承载力研究是这一时期承载力研究的一大进步。由于在承载力研究发展过程中，众多学者逐渐意识到，仅考察单一要素的承载力研究在实践领域具有非常大的局限性。而我们所生存的社会以及生态圈本身是一个多要素相互作用的复合体。基于这种认识，学术界对于生态（系统）承载力的研究便逐渐兴起，并很快被融入可持续发展的理念中。生态系统是指在自然界中一定的空间范围内，生物与其所处的环境之间相互依存、相互作用所形成的有机整体。与此同时，这一整体中各个组成要素长期处于平衡和谐的状态。对于生态（系统）承载力的研究也取决于生态系统本身的特性，即系统性和整体性。当然，除了对于系统整体性承载力的综合研究之外，仍然少不了对生态系统中各个子系统承载力的研究，其中又以社会、环境、资源等子系统为重点研究对象。上述这些子系统需要在长期内处于和谐平衡的状态，这是对于生态（系统）承载力研究的基础和前提，也正是这个基础和前提，使得生态（系统）承载力理论和可持续发展理论不谋而合，生态（系统）承载力研究很快融入可持续发展理论中，并成为衡量可持续发展的重要标准。但是，由于生态系统本身具有的复杂特征，对于生态（系统）承载力的研究并未像单一要素承载力研究那样进展顺利，研究难以取得巨大突破,成果往往难以真实反映生态系统内部的相互关系。因此,越来越多的学者认为,对于生态(系统)承载力的研究应首先基于对生态系统内部各个组成要素的相互作用与制约机理的深刻认识,并在此基础上再使用实际可操作的方法,以便开展具有实践操作意义的生态(系统)承载力研究。

(2) 对城市承载力的研究。与水资源和环境承载力研究的兴起相类似,这一时期综合承载力的研究理念旨在让城市承载力与生态(系统)承载力产生配合。加之当时城市生态学的发展和全球城市化进程的逐步加快,对于城市承载力的研究逐渐成为该领域研究的重点。随着我国经济社会的不断发展,工业化和城镇化的进程也不断加快,随之而来的是大量农业人口涌入城市,城市中人口增长、资源消耗以及环境污染高度集聚,原本的公共基础设施面临较大挑战,相对应的社会及生态环境问题日趋严峻。城市人口快速增长导致的公共服务和基础设施供给不足,城市规模急剧扩张导致绿地和农业生产用地缺失,城市经济高速发展导致环境污染和空气质量下降,这一系列问题转变为"城市病",对全球城市的发展构成巨大挑战。上述问题与社会各界息息相关,因而引起了广泛关注,使政府有关部门着手开始解决"城市病"等问题。2005年,建设部(即随后大部制改革后的住建部前身)发文提出"着重研究城市的综合承载能力"的口号,并在《国民经济和社会发展第十一个五年规划纲要》和随后的《国民经济和社会发展第十二个五年规划纲要》等国家上位决策规划中,明确提出了"提高城镇综合承载能力"的战略要求。这一阐述在"十三五"规划中以"根据资源环境承载力调节城市规模"的形式出现。

传统的城市承载力问题很少涉及综合性研究,大多研究集中在例如水资源、土地资源等的单一因素上。1980年以后,生态系统理论被引入研究,至此便产生了从多因素系统性、整体性角度研究城市承载力的思路,被称为城市生态(系统)承载力。这一理论是上述生态(系统)承载力在城市中的具体运用,但从实质上仅仅是对应用生态(系统)承载力理论进行了初步探索。对于城市生态(系统)承载力的评价方法领域,仍然是试图在建立内部单一生态指标体系之后进行分级评价的传统做法。在目前的前沿研究中,城市综合承载力研究在继承生态承载力核心内涵的基础上,超越和补充了生态承载力的内涵,引入了社会承载力和经济承载力,从而将生物和社会两个因素进行了有机整合,使研究视野更为广泛,进而成为更加具有研究价值和实际意义的新方向。

我们所认为的城市综合承载力不是单因素承载力的简单相加，而是这些要素的有机组合，是综合考虑影响城市承载力协同效应的复合系统。联合国教科文组织和联合国粮农组织曾给出的承载力定义，即"一个国家或地区的承载力是指在可以预见到的时间范围内，利用该地域空间内的自然资源、能源禀赋、智力储备、管理及技术等客观条件，在确保其与社会文化准则相一致的前提下，保障合理的物质生活水平及公共服务条件，在遵循此原则下该国家或地区能持续供养的人口数量"，该定义基本可被视为城市综合承载力的概念体现。从这一定义我们可以看出，该领域研究的现实意义在于要使城市发展在满足城市居民对于物质文化生活要求的同时，不会使城市的生态环境遭到破坏，从而保持整个系统的稳定与健康。在国家全面建成小康社会与抗击疫情的关键节点，城市综合承载力研究可以在生态文明建设和可持续发展理念的指导下，为城市选择适宜的建设强度、投资力度及城镇化速度等提供理论依据和实践参考。

四、承载力研究面临的挑战

承载力研究自诞生以来，经历了从单因素分析到多因素综合分析、从简单定性评价到复杂定量模型、从单向影响到双向关系的多方位演进历程。该理论不断从生态学、生物学、环境科学、人类学引入新的研究理念，扩大了承载力研究的外延和内涵，使人类认识到人与自然环境互动关系的重要性，对环境保护、可持续发展政策等宏观政策制定提供了理论支持和实践指导。但是，承载力理论在发展过程中也遇到许多的问题，这些问题常引发争论和思考。这样的热烈讨论，一方面表明承载力理论仍有可以完善的空间；另一方面，在讨论中也能使观点延伸更加多元，从而促进了承载力理论的进一步发展。正是在这种不间断的争论中，承载力理论才实现了蜕变。

（一）承载力测算方法

承载力测算的争论来自承载力是否存在的讨论，它同时也是承载力研究的核心。从早期的单因素承载力到现阶段的综合承载力，学者们运用各种方法进行测算，旨在为人类制定发展政策提供有力的参考依据。但是在实际测算中，承载力引起了学者们相当大的争论，集中于综合承载力如何测算、承载力是固定值还是动态值、若是动态值在时间范围内如何变化等几个方面。

单因素承载力的研究自 Logistic 曲线方程而始，此后逐渐形成了分别针对各类单因素承载力的不同研究和评价方法：针对土地资源承载力，有生态生产潜力法、ECCO 法、统计推断法等；在水资源承载力评价方面，主要有多指标评价法、多目标分析模型、系统动力学等方法；在矿产资源承载力方面，主要有对矿产资源的数量测度模型和对矿产资源的平衡测度模型；在森林资源方面，主要有综合指数法、系统仿真法、能值分析法等；在环境承载力方面，主要有动态仿真法、多指标综合评价法、多目标分析法等；在生态承载力方面，主要有生态足迹法、能值分析法、自然植被净第一性生产力估测法等。上述测算方法虽多，但集中于描述分析，能够采用的调控方法较少。此外，这一类方法静态研究多，动态研究较少。此外，不同学者采用不同方法对同一承载力进行测量，其结果也会有所区别。尽管如此，这些方法都能从不同的角度入手，以实现对承载力的评估计算，能够帮助指导我们的决策制定。现阶段对综合承载力的测算仍是各单因素承载力的简单相加，未形成综合的测算体系，如何测算综合承载力仍需进一步研究。

同时，有学者认为，无论是单因素承载力还是多因素综合承载力，承载介质仅是奠定承载力的自然基础。该要素还需受到文化、经济、技术等社会因素的综合影响。社会因素对承载力的影响表现更为复杂，与承载介质的相互作用更加难以预测，而这些因素随着人类社会的发展而不断变化。在以上因素动态调整的过程中，承载力也自然就不会以固定值的形态存在，而是存在明显动态变化的、不确定的系统。阿罗等（Arrowetal）认为：承载力在本质上不是固定的、静态的或者简单的关系。它们会随着技术、偏好和生产与消费结构的变化而发生变化，同样也会受自然系统和生态系统之间不断变化的相互作用状态的影响而变化。由于人类创新和生物进化本身是未知的，因此计算承载能力所得到的简单数字毫无意义。还有学者认为，长期来看承载力是一个动态值，是发展变化的，不可测量的，但在短期内，承载力具有稳定的值，是可以测量的，这些问题都对承载力的研究提出了挑战。

（二）社会因素对承载力的影响评估

承载力从本质上讲，仍是考察生物与自然的关系范畴。在整个地球生态系统中，人类的经济社会活动对自然界的影响极大，远远超过其他非人类生物。研究地球对人类的承载力,除考虑自然环境的运行与恢复以外,人类本身的社会人文因素至关重要,并会随着技术进步、经济增长方式的变化而变化:一方面,社会人文因素的改变会给承载力带来消极影响。20世纪60年代对承载力的研究开始引入社会因素,这与战后经济迅速发展、资源消耗增加、环境污染加重等时代背景密不可分。部分社会人文因素给承载力带来了一定的消极影响,从而降低了承载能力;另一方面,随着技术的进步、生产力水平的持续提高,经济增长的方式也随之发生改变,各要素的使用效率逐步得到提高。而物质领域的积极变化将逐步影响精神层面,人文社会因素也将随之发生变化,产生一些提高承载能力的积极影响。遗憾的是,现阶段的承载力研究,对社会因素的消极影响考虑较多,积极影响涉及较少。大多数积极影响的研究停留在定性层面,处于认识分析的初级阶段,如何从定性到定量、从静态到动态仍是承载力研究亟待解决的难点。

(三) 城市承载力研究的实用性提升

随着全球经济和社会的不断发展,人类活动所带来的问题也逐渐凸显,各个国家都会出现交通拥堵、大气污染、资源短缺等比较严重的"城市病"现象。在此背景下,对城市承载力的研究充满了现实意义,其自身理论发展也可谓是突飞猛进。但发展过程中仍暴露出诸多问题,需进一步推进优化。

一是当前对城市承载力的研究未能体现针对性。由于世界各国的国情和发展路径不一致,城镇承载力的研究需要考虑的国别因素较多,如我国长期以来由于行政等级对资源分配的干预,要素大量向直辖市、副省级城市及省会(首府)城市等地集聚,"城乡二元对立"成为我国城镇发展的最明显特点。在资源丰富的大型城市,高速扩张导致城市生态不堪重负。与此同时,许多中小型城市却因为吸纳能力不足,导致人口数量与城建规模相对萎缩。在国内城镇化发展进程中,小城镇数量偏多,城镇体系呈现出驼峰式分布,缺乏足够多的中小城市以提供一定的有力支撑。可见,不同规模的城市,所面临的问题也不尽相同:大城市由于资源有限,人口流入失序,导致人均生存空间和所应享有的资源禀赋严重短缺,面临承载能力不足的严重问题,而中小城市则与大城市相比,缺乏一定的发展基础,缺乏相应的发展机遇,从而丧失了对人口的吸引力(尤其是年轻人),面临着吸纳能力严重不足的问题。因此,我们在研究过程中,需要提升城市承载力研究的针对性。

二是相关交叉学科的研究不够深入。如何从承载要素、承载对象以及约束条件三个层面探究城市综合承载力的影响因素和影响机理，并在此基础上构建相应的城市综合承载力评价方法，是当前城市综合承载力研究所面临的主要挑战。这一议题涉及包括人口、社会、经济、资源环境等多个不同学科，属于典型的交叉学科研究，需要加强学科间的交流水准，提高跨学科领域的融合应用。

三是对要素使用效率如何影响城市承载力领域的研究。要素对承载力的影响可分为两个方面：一方面，要素拥有的绝对量。一般而言，要素拥有的绝对量越高，其承载力越高，如我国的西部地区；另一方面，要素的使用效率。要素规模占有量一致的地区或城市，因为在要素使用方面存在效率上的区别，所具备的承载力水平会呈现出较大的差异。如何在评价城市承载力的过程中综合考虑要素的质和量，是承载力研究提升实用效果的重要途径。

第三节 现有理论及文献研究评述

一、国外研究评述

（一）农业转移人口领域

从国外现有研究来看，首先，在农业转移人口领域，国外关于转移人口的理论研究成果对于我国的农业转移人口市民化研究具有借鉴意义，但是由于西方没有农业转移人口的概念，因此国外研究的假设、概念和理论均难以对我国实践中所遇到的问题作直接解释。如果我们不考虑我国农业转移人口的现实问题，而直接将国外关于移民的经验和理论套用在我国农业转移人口的问题上，这种片面的做法是难以解决我国所存在的问题。尤其在农业转移人口融入城市，即实现市民化的过程中，需要解决的核心问题涉及社会制度、人民心理等多个方面，套用"熔炉论"或"多元文化论"等不符合国情的舶来品，难以起到有效作用，无法触及问题的基本面。而在本书之前的论述中我们也曾得出，诞生两大社会适应理论的美国，其仍旧受制于严重的族群割裂，说明这些理论仅存在借鉴意义。因此，在本书的研究中，我们首先对研究的背景——农业转移人口市民化进行充分论述，着重介绍其理论脉络，并充分结合我国的实际情况，在充分借鉴国外研究的理论成果基础上，从概念界定、现状、特点以及需要解决的问题等几个方面进行分析。

其次，国外关于转移人口的研究大多停留在理论层面，缺少基础数据和变化趋势。中国正在发生的农业转移人口市民化，不论从规模、地域还是影响力等各个方面，均难以从其他国家找到相似先例。在我国农业转移人口市民化的研究中应当注重基础数据的收集，重点进行对变化趋势的预判。数据的变化往往是现状的最好表现，同样也是政策制定的重要依据。因此，在本书的研究背景中，我们将用可获取的数据对市民化的现状进行定量分析，通过对基础数据和数据变化趋势的总结，提炼出我国农业转移人口市民化的一些特点。

最后，从国外的研究中我们也可以看出，转移人口研究所涉及的不仅仅是经济学或者是社会学等单一领域，而是多学科多领域交叉协同的结合体系。这也为我们开展研究提供了广阔的学科合作视野，力争将经济学、社会学、管理学、政治学、政策学、心理学、人口学等多个领域进行融会贯通。本书在撰写过程中，与各学科专家进行了深层次合作，以便融合多个学科领域，取长补短，依托我国农业转移人口市民化的实际情况，建立起跨学科的综合分析体系。

（二）城市承载力领域

首先，在城市承载力研究领域，以往对于承载力、城市综合承载力的内涵界定均不统一，研究尚不深入，缺乏从概念到量化的完整研究体系；同时，以往的评价方法过于繁多，对于某一具体城市或城市群而言，难以甄别哪种方法更加适用。针对以上问题，在本书的研究中，我们建立了适用于西部地区城镇承载力评价体系，并在此基础上论述了针对西部地区城镇承载力的评价原则、评价程序和评价指标。

其次，城市综合承载力的研究大多集中在单一要素领域，多要素的综合研究较少。因此，在本书中，我们选取了多种要素进行综合性的城镇承载力评价，避免了单一要素在研究城镇承载力过程中的局限性。另外，现有城市综合承载力评价的研究体量最多仅涵盖城市群层面，而本书的研究对象体量几乎覆盖了整个西部地区人口最为稠密的地级市，因此具有较高适用性。

再次，对于要素的研究大多集中在土地资源、水资源等硬实力层面，而对于文化、制度等软实力层面的研究却很少涉及。然而，硬实力要素往往受制于软实力要素。因此，本书在对城市承载力评价的过程中，综合运用社会学、政治学、政策学、心理学、人口学等跨学科领域的研究框架，对这两方面的评价指标实现了兼顾，使得评价体系更加完善，评价结果更加贴近现实情形。

最后，在国外的已有研究中，尚未发现将中国作为研究对象，对农业转移人口与城市综合承载力相结合的研究。因此，本书对完善农业转移人口市民化及承载力相关理论作出了一定的贡献。农业转移人口市民化是我国城镇化建设的关键内容，因此农业转移人口市民化与城镇综合承载力具有十分显著的内在关系。在我国，基于农业转移人口市民化的大背景下，对城镇综合承载力进行研究，这本就具有十分重要的现实意义。我们在研究中着重分析了城镇承载力在农业转移人口市民化过程中所起到的作用，同时也讨论了转移人口市民化对城镇承载力的影响。本书还着眼于提升城镇承载力和有序分层推进我国农业转移人口市民化，根据相关实证结论提出了相匹配的政策建议。

二、国内研究评述

总体而言，对于农业转移人口市民化以及城镇承载力的研究，在国内有较多的文献和研究资料。但是国内研究主要集中在以下几个方面，存在一定的局限性：一是，对承载力的研究集中于单因素承载力，即分别单一地研究某城镇的土地资源领域承载力、水资源领域承载力、矿产资源领域承载力以及环境领域承载力等。有些研究内容涉及承载力综合因素的考察，但并未进展到运用层面，即直接用综合因素去评价城镇承载力的人口容量；二是，对承载力的研究主要着眼于资源本身，而较少从农业转移人口市民化的过程角度去分析城镇承载力，因而当前研究缺乏对城镇承载力实践的现实价值；三是，多以东中部地区，或者全国为研究对象。对东中部地区的研究有助于城镇承载力理论实现深化，东中部地区较高的经济发展水平及数据的完备程度，都为相关研究提供了便利。而对于西部城镇化的重点区域，国内研究进展相对滞后。

因此，本书在以下几个领域进行了一定的强化：第一，建立囊括了多个综合因素的指标体系，旨在全方位、多层次的评价西部地区重点省市城镇的综合承载能力，包括但不限于单要素承载力研究中的土地承载力、水资源承载力、矿产资源承载力等；第二，具备更大规模、更高质量的数据资料。为分析西部城镇承载力，本书选取了从2004年到2017年西部7个重点省级单位下属地级市的数据资料，数据涉及期限更长，所涵盖的地域范围更广，数据准确度及精度较高；第三，指标体系更加具有代表性。在本书中，指标体系分为三个层次，依次为目标层、准则层和指标层，共涉及20个指标。我们通过客观赋权法中的熵值法赋予每个指标相应的权数，使指标体系更加科学完备。

第三章 农业转移人口市民化与城镇承载力的理论、现实与问题

改革开放之初,推拉理论作为舶来品被纳入我国学术界的研究范围内。该理论与当时存在的人口流动问题十分契合,因而受到广泛的关注。推拉理论在解释我国人口迁移问题方面,得益于其具备的较为全面且具体的解释范式,一直被国内大多数研究者所认可。由此,在 20 世纪末,国内诸多研究往往以推拉理论作为理论基础,大量引用相关思想以期对国内所呈现出的人口流动趋势做合理解释,进而分析农业转移人口定居决策和城镇化现象。然而,随着社会发展的步伐逐渐加快,人口流动不断显现出自身的复杂性与多元化趋势,甚至出现一定程度的人口回流。推拉理论的推演与现实情况的差异不断显现,使得我们需要在原有分析框架和理论基础之上,进一步去伪存真,以解决理论最优与现实情形之间的对照矛盾。

第一节 农业转移人口市民化与城镇承载力的理论最优状态

一、农业转移人口市民化与城镇承载力之间的作用机制分析

(一) 基于"推拉理论"的农业转移人口市民化机制

从"推拉理论"的角度来看,农业转移人口市民化的形成主要依赖于几个方面的综合作用,我们可以分析出目前农业转移人口市民化的主要推力和拉力包括以下几个方面。

1. 城乡居民收入差距

城乡居民收入差距,是来自农村低收入的推力和城市较高收入的拉力,这是促进农业转移人口市民化的因素。可以看到,从 2005 年至今,城乡居

民收入差距在3倍左右，巨大的收入差距曾经是农业人口外出务工的最主要动力，甚至吸引部分非剩余劳动力转移到城市就业，是农业转移人口市民化最主要的动力。

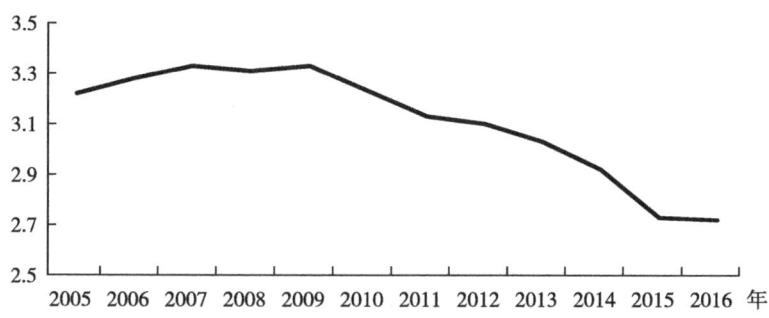

图3-1　2005—2016年我国城乡居民收入比

（资料来源：根据《中国统计年鉴》计算而得）

2. 制度制约因素

尽管近年来城乡居民收入差距在逐渐缩小，根据推拉理论，农业转移人口进入城镇的动力也应该缩小。但实际上，近年来农业转移人口进入城镇的数量在不断扩大。这是由于我国的一个特殊的推力——制度约束。

严格的户籍制度是来自城市方的推力，而放松的户籍制度则是来自城市方的拉力。在实行严格的城乡户籍制度时，由于户籍流动的困难，导致城镇对农业转移人口存在一个巨大的推力，阻碍农业转移人口的市民化。近年来，由于户籍制度的不断放开，先前的巨大推力消失了，转变成了较大的拉力，与收入差距的拉力一起形成了农业转移人口市民化的拉力。

农村人口关于土地、宅基地等方面的制度成为来自农村方的拉力。由于农民土地、宅基地等固有资产的弱流动性和价值的难以确定，造成农业转移人口在市民化时存在对农村的难以舍弃。近年来针对这一问题出台的一些制度，尤其是"市民化后可以不放弃原有土地权利"的政策，正在不断的减小这一拉力。

3. 城镇承载力

城镇承载力对农业转移人口市民化既存在推力，也存在拉力。当城镇承载力充足，能够满足农业转移人口的需求时，城镇承载力表现为充足的自然资源和较低的资源价格、良好的生存发展环境、较好的经济发展水平和生活质量、充足的社会资源和社会服务。充足的承载力毫无疑问是对农业转移人口在城市端的拉力。当城镇承载力不足，无法满足农业转移人口的需求时，城镇承载力表现为资源价格的上涨、生存发展环境的恶化、就业困难或工资降低、生活质量水平下降、社会服务品质恶化，从而形成农业转移人口在城市端的推力。

4. 农业转移人口个人素质

农业转移人口个人素质与城镇生活的高适应度是来自城市方的拉力，低适应度则是来自农村方的拉力。提高农业转移人口的素质，增强其与城镇生活的适应度，是增强城市方拉力的重要方法，也是促进农业转移人口市民化的重要手段。

5. 城镇社会接纳程度

城镇社会对农业转移人口较高的接纳程度，是城镇对农业转移人口的拉力，否则就是推力。由于农业转移人口本身就存在对农业生活习惯、人际交往、社会关系的留恋和习惯惯性，如果城镇社会在人际交往等方面接纳程度低，将较大的阻碍农业转移人口市民化的进程。

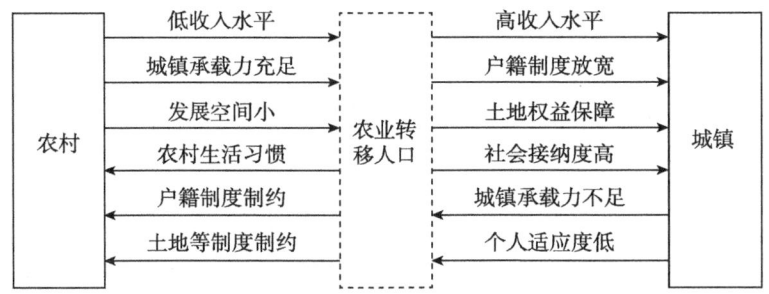

图 3-2 我国农业转移人口市民化的"推拉机制"

（二）以城镇承载力为中心的农业转移人口市民化

随着农业转移人口市民化"推拉机制"中各种推拉力量的不断变化，城镇承载力在农业转移人口市民化中的作用日益凸显。由于农村和城镇各自的推力和拉力而形成的农业转移人口市民化是一个动态的过程，诸多的推力和拉力不停地出现、消失，且各自的力量不断地调整。譬如在我国户籍制度制约非常严格时，户籍制度制约是农业转移人口市民化最主要的制约力量；而随着户籍制度的放宽，制度带来的推拉力量在最终形成的合力中占比降低，收入水平的差距开始成为主要力量；可以预见的是，随着城乡收入差距的不断降低和农村社会保障水平的不断提高，经济差距在合力中所占的比重也会逐步下降，城镇承载力将成为农业转移人口市民化合力中的主要力量。

由前面的分析可以得知,在我国当前的实际情况下,在农业转移人口市民化的主要推力和拉力中,制度约束的力量正在不断的削弱,其表现为户籍制度的不断放开和农业转移人口原有土地权利的明确保护;收入差距的力量在未来也会进一步被削弱,其表现为近年来城乡收入比的逐步降低和扶贫工作的开展。当然,收入差距的力量依然会存在,但在未来随着收入差距缩小和农村社会保障更加全面,这一力量必然会逐步降低。生活习惯和社会接纳程度对农业转移人口市民化的影响依然存在,但那是一个较为长期的过程,在现阶段的实践中涉及的较少。和当前关系密切的,是城镇承载力带来的对农业转移人口市民化的影响,这将成为未来一段时期影响农业转移人口市民化水平的重要因素。

从城镇综合承载力的四个子系统来看,城镇承载力决定着农业转移人口市民化的多个方面:

从资源承载力来看,资源承载力是农业转移人口市民化的基础条件。资源承压水平的上限就是农业转移人口流入的上限,也可以说是农业转移人口"户籍市民化"的上限。超过这一上限,将会由于资源承载力的不足而带来资源获取的激烈竞争、资源价格上升等问题,城镇承载力将从对农业转移人口的吸引力变为推力,从而降低农业转移人口的进入。

从环境承载力来看,环境承载力是农业转移人口市民化的制约条件。超过环境承载力的农业转移人口流入,会导致水、大气和土壤等环境系统的恶化,从而带来发展环境的恶化,对农业转移人口的发展形成制约,形成城市对农业转移人口的推力。

从经济承载力来看,经济承载力影响着该区域居民的经济发展和生活质量等多方面的内容,超越经济承载力的农业转移人口流入,必然会导致经济收入的降低和生活质量的恶化,从而形成对农业转移人口的推力。

从社会承载力来看,社会承载力是农业转移人口市民化程度的决定条件。超过社会承载力人口数量支撑能力和人口质量提升能力的农业转移人口流入,会导致流入人口无法享受该区域的社会服务支撑或社会服务支撑的质量降低,从而形成对该区域农业转移人口的推力,促使农业转移人口回流或流向其他区域。

从上面的分析可以得出结论,城镇承载力不但是农业转移人口市民化的基础条件,而且是农业转移人口市民化的制约条件和决定条件。要推动农业转移人口市民化,必须要考虑城镇承载力。

但同时也应该看到,城镇承载力与农业转移人口市民化之间的关系并不是简单的单向决定的关系,而是相互作用的关系,我们将在下一部分进一步分析。

还需要指出的是,从前面的分析来看,农业转移人口市民化和城镇承载力似乎存在一个自动均衡的机制,即在城镇承载力充足的时候,对农业转移人口形成推力和拉力,推动农业转移人口的市民化;在城镇承载力不足的时候,对农业转移人口形成反推拉效应,促进农业转移人口的回流或向其他城镇转移,最终都能实现与城镇承载力相匹配的均衡状态。但事实上,在实践中由于信息不对称和存在时滞等问题,尤其是农业转移人口获取信息的能力相对较弱,进一步加大了信息不对称所带来的盲目选择,增大了达到"均衡条件"的时滞,阻碍了农业转移人口市民化以及经济社会发展的进程,因此对于城镇承载力的深入研究是非常必要的。

二、农业转移人口市民化对城镇承载力的影响

农业转移人口市民化对城镇承载力存在着消极影响和积极影响两个方面,当前的研究中多关注消极影响,强调农业转移人口市民化对城镇承载力的占用和消耗;但很少关注其积极影响。

(一)农业转移人口市民化对城镇承载力的负面影响

农业转移人口市民化对城镇承载力的负面和消极影响主要体现在以下几个方面。

一是资源领域承载力和环境领域承载力受到了严重的削弱。农业转移人口的进入势必会消耗城镇中的各类资源和环境容量,加大的资源需求,可能加剧对城镇资源获取的竞争和资源价格;由于农业转移人口原先的生活环境中,环境容量大都十分充分,因为其环保意识和手段都相对缺乏,其对环境容量的消耗或许会高于原城镇居民。

二是对经济承载力的削弱。农业转移人口市民化过程中,会占用城镇的经济承载力,同时由其固有的粗放式、劳动密集型要素使用方式,可能会拉低城镇的经济承载力水平,对城镇的未来经济发展方式和要素使用效率造成影响。

三是对社会承载力的影响。农业转移人口市民化必然会占用城镇的社会承载力,会消耗社会对人口的支撑和对社会服务的支撑能力。同时,由

于当前城市中原城镇居民和农业转移人口在事实上形成了"新二元结构"，双方的差异和矛盾可能会进一步损害社会承载力。

（二）农业转移人口市民化对城镇承载力的正面影响

在农业转移人口市民化的推进过程中，尽管其会对城镇承载力造成一些负面影响，但在制度和经济的发展中正在不断被解决。同时我们也应该看到，农业转移人口市民化还对城镇承载力带来诸多的积极影响。

其中最重要的影响是农业转移人口市民化能够带来城镇承载力的相对提升。一般来说，城镇承载力在一定时期内是一定的，因为城镇扩张、资源的挖掘和开发带来了城镇承载力提升，我们将之称为城镇承载力的绝对提升。但农业转移人口市民化，则可以带来城镇承载力的相对提升。

所谓城镇承载力的相对提升，就是指在一定时期内，在城镇各方面承载力绝对水平保持不变的情况下，由于城镇居民结构优化、行业优化、素质提升或技术优化而带来的更大的城镇承载容量。

具体来说，对资源使用效率的提高，可以相对提高资源的量；对资源需求与资源承载力现状的匹配程度，也可以相对提高资源的量，譬如前文提到的对不同水质的需求结构如果能与水资源的水质结构相匹配，则可以提高水资源的相对承载力，而这一需求结构，则可以由农业转移人口从事的行业来进行改变；同样地，农业转移人口市民化带来的农业人口环保意识和技能的提高、工作技术水平的改变必然会带来环境承载力的相对提高；而农业转移人口市民化带来的农业转移人口个人素质、要素使用方式、经济发展理念和社会融入意识等方面的提高，也必然会提升各个方面的相对城镇承载力。

三、城镇承载力在农业转移人口市民化过程中的作用

从理论分析和实践的角度来看，城镇承载力在农业转移人口市民化过程中具有以下几个关键作用。

（一）城镇承载力为农业转移人口市民化提供了承载基础

农业转移人口市民化的第一阶段是"户籍市民化"，而城镇区域的承载力决定了该区域的户籍数量上限。因此，讨论农业转移人口市民化，首先就要明确的是该区域的承载能力，并在承载能力的基础上进行原有城镇居

民和农业转移人口的统筹。而从城镇承载力的结构来看，资源、环境、经济和社会承载力共同决定了城市的综合承载力，而各承载力子系统对农业转移人口市民化的影响机制存在差异，必须讨论好各自的承载基础，才能够开展农业转移人口市民化的"待遇市民化"工作。

（二）城镇承载力为农业转移人口市民化提供实施导向

在农业转移人口市民化的推进过程中，导向问题尤为重要。农业转移人口应该往什么区域转移，是无限制转移还是分阶段转移，是无差别转移还是分层次转移，是控制转移还是鼓励转移，都是农业转移人口市民化在实践中最基础的问题，也是最重要的问题。城镇承载力给这一问题提供了较为明确的导向和解决方法，根据城镇承载力来进行转移导向的决策，可以较好地解决这个问题。

（三）城镇承载力对农业转移人口市民化提供政策指南

不同城市的城镇承载力在能力和结构上都存在不同，因此不同区域的农业转移人口市民化政策也应该密切联系该区域城镇承载力的大小、结构和内容进行设计，最大限度地利用城镇承载力，从而更加高效地推进农业转移人口市民化。

同时，城镇承载力能为农业转移人口市民化提供更为明确的政策指南，用于充分利用和挖掘城镇承载力。在城镇承载力存在不足的情况下，其有可能是"绝对能力不足"，也有可能是"相对能力不足"。在"相对能力不足"的情况下，可以通过政策手段提升农业转移人口的行业结构（譬如该区域的水资源充足，但土壤资源不足，那在农业转移人口引进的时候就可以明确的制定倾向水资源利用的行业），提升农业转移人口的市民化水平中的某些重点内容（譬如重点提升农业转移人口的环境保护意识与能力以节约环境资源）等手段，提升城镇承载力的水平。

（四）城镇承载力为农业转移人口市民化的成本分摊提供参考

农业转移人口市民化的成本问题也是需要解决的关键问题之一。从城镇承载力的角度来看，可以通过城镇承载力的占用、恢复来进行成本分析，尤其要注意考虑到农业转移人口市民化对城镇承载力的积极影响，应该从成本中扣除，这是当前的成本分析中都不太注意的问题。

第二节 农业转移人口市民化现状与理论最优之间的差异

一、我国农业转移人口市民化现状

(一) 我国农业转移人口市民化的政策现状

从 2010 年以来，我国从中央政府层面开始推动农业转移人口市民化，并制定了大量政策来实现市民化目标。表 3-1 归纳了近年来国家层面的主要政策，通过分析可以发现，当前我国农业转移人口市民化的政策主要包括以下几个方面。

一是总体设计和政策推动。这是以中央经济工作会议、党的十八大、十八届三中全会、"十二五"规划、"十三五"规划等涉及国民经济发展的总体设计和规划为代表的政策推动。在这一层面的政策，主要强调方向性问题。以上关于农业转移人口市民化的政策体现了我国推动农业转移人口市民化的总体设计和构想，包括：确立"推进农业转移人口市民化"观念，并明确了具体实现路径包括"户籍制度改革""公共服务覆盖""财政政策支持"三个方面。

二是发展规划类政策推动。这是以《国家新型城镇化规划（2014—2020 年）》为代表的一类政策推动，其在总体设计的基础上进行了战略性规划，更加具体地给出了农业转移人口市民化的路径选择和推进机制。规划类政策重点依然是户籍制度改革、公共服务覆盖，但将户籍制度改革细化为制定落户制度和差别化落户制度，将公共服务覆盖进一步明确为子女教育、就业创业服务、社会保障、医疗卫生和住房保障五个具体方面。在规划类政策中，较为突出的是提出了农业转移人口市民化的推动机制，明确了政府、企业、社会和个人在农业转移人口市民化的过程中各自所需承担的成本，是实现农业转移人口市民化实施的关键一步。

表 3-1　近年来国家关于农业转移人口市民化重要文件摘录

时间	文献	内容
2009 年 12 月	中央经济工作会议	要把解决符合条件的农业转移人口逐步在城镇就业和落户作为推进城镇化的重要任务，放宽中小城市和城镇户籍限制。
2011 年 3 月	国民经济和社会发展第十二个五年规划纲要	把符合落户条件的农业转移人口逐步转为城镇居民作为推进城镇化的重要任务。
2012 年 11 月	中国共产党第十八次全国代表大会上的报告	加快改革户籍制度，有序推进农业转移人口市民化，努力实现城镇基本公共服务常住人口全覆盖。
2013 年 11 月	中共中央关于全面深化改革若干重大问题的决定	推进农业转移人口市民化，逐步把符合条件的农业转移人口转为城镇居民。创新人口管理，加快户籍制度改革，全面放开建制镇和小城市落户限制，有序放开中等城市落户限制，合理确定大城市落户条件，严格控制特大城市人口规模。稳步推进城镇基本公共服务常住人口全覆盖，把进城落户农民完全纳入城镇住房和社会保障体系。建立财政转移支付同农业转移人口市民化挂钩机制，从严合理供给城市建设用地，提高城市土地利用率。
2013 年 12 月	中央城镇化工作会议公报	推进城镇化的主要任务是，推进农业转移人口市民化，解决已经转移到城镇就业的农业转移人口落户问题，努力提高农民工融入城镇的素质和能力。
2014 年 3 月	国家新型城镇化规划（2014—2020 年）	各类城镇要健全农业转移人口落户制度，根据综合承载能力和发展潜力，以就业年限、居住年限、城镇社会保险参保年限等为准入条件，因地制宜制定具体的农业转移人口落户标准，并向全社会公布，引导农业转移人口在城镇落户的预期和选择……逐步解决在城镇就业居住但未落户的农业转移人口享有城镇基本公共服务问题。
2016 年 2 月	国务院关于深入推进新型城镇化建设的若干意见	加快建立农业转移人口市民化激励机制……实施财政转移支付同农业转移人口市民化挂钩政策。
2016 年 3 月	国民经济和社会发展第十三个五年规划纲要	推进有能力在城镇稳定就业和生活的农业转移人口举家进城落户，并与城镇居民享有同等权利和义务……健全财政转移支付同农业转移人口市民化挂钩机制，建立城镇建设用地增加规模同吸纳农业转移人口落户数量挂钩机制，建立财政性建设资金对城市基础设施补贴数额与城市吸纳农业转移人口落户数量挂钩机制。

续表

时间	文献	内容
2016年7月	国务院关于实施支持农业转移人口市民化若干财政政策的通知	建立健全支持农业转移人口市民化的财政政策体系……加大对吸纳农业转移人口地区尤其是中西部地区中小城镇的支持力度。
2016年9月	国务院办公厅推动1亿非户籍人口在城市落户方案	全面放宽农业转移人口落户条件……加大对农业转移人口市民化的财政支持力度并建立动态调整机制……建立城镇建设用地增加规模与吸纳农业转移人口落户数量挂钩机制。

三是财政政策类具体政策推动。这是以《国务院关于实施支持农业转移人口市民化若干财政政策的通知》等文件为代表的一类具体政策,通过一系列的财政政策措施,引导地方政府用财政政策来具体推动农业转移人口市民化进程。其政策涵盖的内容也依然主要集中在子女教育、医疗、就业等各个方面,但其中增加了"维护进城落户农民土地承包权、宅基地使用权、集体收益分配权"方面的内容,即不但要增加农业转移人口市民化中城镇一方的吸引力,同时也要减少农业转移人口市民化在农村一方的阻力,在政策层面考虑得更为完善。

四是地方政府地方性行政规章制度的作用。如四川省《四川省推动农业转移人口和其他常住人口在城镇落户方案》等,其内容和重点与中央层面的相关政策基本一致,但具体措施更加细化,是推动农业转移人口市民化的直接推动力量。

(二) 我国农业转移人口市民化的实践现实情况

2016年12月,国家发改委发布了《农业转移人口市民化案例》,展示了14个省区市的15个市推进农业转移人口市民化的具体案例,基本能够代表当前我国农业转移人口市民化的实践现状。在这里,我们主要通过这份文献,用案例研究的方法来总结和归纳当前我国农业转移人口市民化的实践现状。

表3-2 部分城市农业转移人口市民化推进现状

城市	户籍制度改革	公共服务均等化	创新举措	城镇化率
福建晋江	放开落户限制 实行居住证制度	就业保障、住房保障、社会保障	农业转移人口融入行动	59.96% (+4.24%常)

续表

城市	户籍制度改革	公共服务均等化	创新举措	城镇化率
重庆市	放宽落户限制 实行居住证制度 维护农民原有权益	社会保障、平等教育、住房保障	突出城市发展吸引农业人口转移	60.9%（常） 44.6%（户）
安徽合肥	放宽落户限制 实行居住证制度	教育保障、社会保障、住房保障	—	年净流入人口124.3万
山东威海	阶梯式落户政策 统一户口登记 实行居住证制度	社会保障、就业创业、教育保障等	农业人口转移激励机制	63.16%（常） 56.02%（户）
浙江德清	统一户口登记 放开落户限制 实行居住证制度	医疗卫生、子女教育、劳动就业	确权、活权、同权；带权进城	65%
湖北宜城	放开落户限制 实行居住证制度	医疗、教育、就业、社会保障，（公租房和低保存在差异）	增强成本分摊能力（10.15万元）	47.2%（常） 44.7%（户）
湖北仙桃	放开落户限制 实行居住证制度	教育、就业、养老、医疗、住房	推广社区建设	55.7%
广东东莞	放宽落户限制 实行居住证制度	教育、社会保险、医疗、住房、就业等（50%均等化）	探索投融资机制（PPP项目）	—
河北石家庄	放开落户限制 实行居住证制度	教育、住房、社会保障、就业服务等	—	—
广东惠州	放宽落户限制 实行居住证制度	教育、医疗、社会保障	突出人才引进	68.1% （+6.3%）
甘肃金昌	放开落户限制 实行居住证制度 维护农民原有权益	教育、社会保险、医疗卫生、住房	产业发展对转移人口的吸引	67.96%（常） 59.1%（户）
辽宁大连	阶梯式落户政策 实行居住证制度	教育、医疗、社会保险、就业服务	本地农业人口就地城镇化	71.2% （+9.2%）
四川泸州	放开落户限制 实行居住证制度 维护农民原有权益	教育、医疗、社会保障、就业服务、住房保障	公共户口落户制度、产业支撑与吸引	46.08% （+7.28%常） 30.53% （+12.26%户）

续表

城市	户籍制度改革	公共服务均等化	创新举措	城镇化率
河南洛阳	放宽落户限制 实行居住证制度 维护农民原有权益	住房、教育、就业服务	—	52.65% （+8.32%常）
广西柳州	放宽落户限制 实行居住证制度	住房、教育、医疗、就业服务	城市品质提升	55.1% （+7%常） 32% （+17.3%户）

资料来源：国家发改委《农业转移人口市民化案例》2016.12。

注："城镇化率"列中的"常"为常住人口城镇化率，"户"为户籍人口城镇化率，"+"表示近五年新增情况。

从表3-2的总结可以看出，当前我国农业转移人口市民化在实践中主要包括户籍制度改革、公共服务均等化两大部分基础内容，此外不同城市还根据各自的实际情况在农业转移人口市民化的推进中有不同侧重的创新举措。

1. 户籍制度改革

户籍制度改革中的主要内容和重点方向就是要调整农业转移人口的落户制度，实行新的落户政策措施。在农业转移人口市民化的实践中，不同地区和城市在落户制度调整上主要存在放开落户限制、放宽落户限制和阶梯式落户政策三种具体的方式：

（1）放开落户限制

中小城市普遍采取完全放开城镇户口的管制的政策，实现农业转移人口在落户上的"零门槛"，这主要适用在城镇承载力较为充足的中小城镇，案例中有7个城市采取了放开落户限制的方式，占统计案例的近一半。

（2）放宽落户限制

大城市或城镇化程度较高的城市采取放宽落户政策的方式，即降低农业转移人口在这些城镇落户的标准，一般采取减少落户所需的工作年限、社保缴纳年限等方式。上述统计案例中有6个城市采取的是放宽落户限制的政策。

（3）阶梯式落户政策

这是介于全面放开落户限制和放宽落户限制之间的政策，即根据城市承载力的实际情况，将城市划分为若干阶梯，不同阶梯采取不同的落户制度,比如大连市就根据"合理控制主城区、加快放开金普新区、全面放开新区"的原则,针对"主城区、金普新区和其他新区"三个不同的区划实行了阶梯式落户政策。统计案例中有2个城市采取了阶梯式落户政策。

居住证制度是户籍制度改革所要解决的第二个重要问题。根据国务院《居住证暂行条例》,案例中的全部城市均实行了居住证制度。但不同的居住证背后所隐含的公共服务内容存在着较大区别,即存在着不同"含金量"的居住证。

有部分城市在户籍制度改革的同时还兼顾到了维护农业转移人口在农村原本所拥有的利益这一问题,其中4个城市明确提出了相应政策。即保护农业转移人口市民化过程中,既可以享受市民化带来的各项权益,同时也不用放弃原本农业人口和户籍所带来的权益及收益,尤其是在土地承包、宅基地等方面所具有的经济收益等权利。

2. 公共服务均等化

农业转移人口市民化的实践中的另一个重要内容就是实现农业转移人口和城市原住居民在享受公共服务上实现均等化。这是最终实现农业转移人口市民化目标最重要的手段,也是实现市民化的重要标志。考察当前各城市在实践中的具体情况,可以明确看出,各城市在公共服务均等化中重点实现农业转移人口和原城镇居民在子女教育、住房保障、社会保障、医疗服务、就业服务五个方面的权利均等化。

从实际案例中可以看出,各城市公共服务均等化中,各城市最为重视的是子女教育权利的均等化,有8个城市将其放在公共服务均等化的第一位,反映了农业转移人口市民化过程中,农业转移人口最为关心的问题是子女接受教育的问题。其余包括住房保障、医疗保障和社会保障所受到的重视程度相当,而就业服务所受到的重视程度较低。

从统计中还可以看出,并不是所有城市均在上述五个方面的均等化上都采取了措施,其中只关注了3个方面的城市有6个,关注了4个方面的城市有5个,关注了全部5个方面的城市有4个。因此,在农业转移人口市民化过程中,各城市的公共服务均等化并不是全面的均等化,而是各有侧重的均等化。

再则,即使是在各个方面均关注了均等化的城市,也不一定完全实现了公共服务均等化,譬如广东东莞市,尽管在五个方面均有涉及,但也仅仅实现了"超过50%的均等化",而湖北宜城市则明确表示"在公租房和最低生活保障"两个方面没有实现农业转移人口与原城镇居民权利的均等化。

3. 各城市的创新举措

在完成"户籍制度改革"和"公共服务均等化"两项"规定动作"的基础上，各城市还根据各自的特点有不同侧重的创新举措，主要体现在以下几个方面。

(1) 推动城市环境建设增加对农业转移人口的吸引力

主要通过"社区融入"（福建晋江）、"社区建设"（湖北仙桃）、"本地城镇建设"（辽宁大连）、"城市品质提升"（广西柳州）等方式来加强城市环境建设，以构建出拥有能够与农业转移人口市民化进程更加契合的承载力水平的城市，实现高水平承载力的城市建设与友好的农业转移人口市民化进程的统一，从而推进整个城镇化建设。

(2) 通过城市产业发展增加对农业转移人口的吸引力

主要通过"强化城市发展支撑"（重庆市）、"推动产业发展"（甘肃金昌）、"强化产业支撑"（四川泸州）等方式来实现"产城融合"的发展目标，使城镇具有符合农业转移人口的就业需求、生活需求、教育需求和发展需求的产业结构，提升城镇对整体承载力的水平，从而提高城镇对农业转移人口的吸引力，使得农业转移人口数量与城镇人口承载力相协调。

(3) 通过相应激励机制增加对农业转移人口的吸引力

例如山东威海通过进城农民工随迁子女接受义务教育奖励资金、随迁子女在流入地享受普惠性学前教育和中等职业教育免费政策；广东惠州通过人才吸引计划的优惠政策等方式增加对农业转移人口的激励，从而提高城镇对农业转移人口的吸引力。

(4) 解决农业转移人口市民化的成本问题

通过测算的方式计算农业转移人口市民化的成本并用创新方式解决成本分担问题，从而在一定程度上解决农业转移人口的后顾之忧，吸引农业转移人口市民化，例如湖北宜城测算该城市农业转移人口市民化的成本为 10.15 万元/人，并通过各种方式增强政府、社会和个人的成本分摊能力；广东东莞则探索农业转移人口市民化成本的投融资机制，引入 PPP 项目来解决成本问题等。

(三) 我国农业转移人口市民化的测度现状

1. 我国农业转移人口概况

农业转移人口的增量。截至 2018 年，我国城镇常住人口 83137 万人，占全国总人口的 59.58%，其中本研究关注的西部七省城镇常住人口 14246 万人，占该地区总人口的 52.80%。① 从图 3 – 3 中可以看出，近十年来全国和西部地区城镇常住人口所占比重逐年增加，但两者之间依然存在 8% 左右的差距。而从增长率上来看，近十年来城镇常住人口的增长率均维持在 1% 以上，即是农业转移人口的增长速度（见图 3 – 4）。按 2015 年末的数据计算，2015 年全年新增城镇常住人口 2200 万人，扣除城镇人口自然增长的 678 万人②，因此农业转移人口增长人数约为 1522 万人。③ 此外，从 2009 年以后，西部地区城镇常住人口的增长速度开始超过全国平均水平。

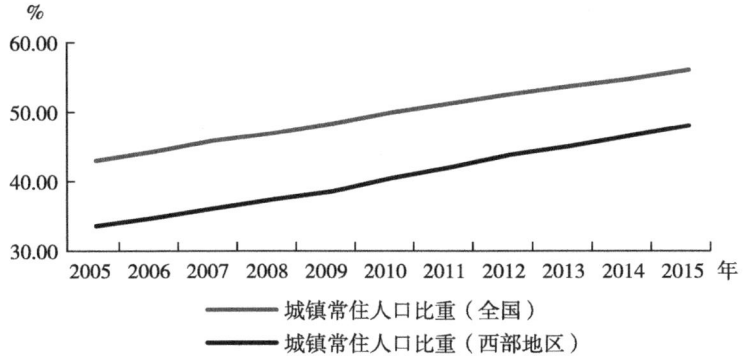

图 3 – 3　2005—2015 年全国和西部地区城镇常住人口比重

（资料来源：根据《中国人口与就业统计年鉴 2016》计算）

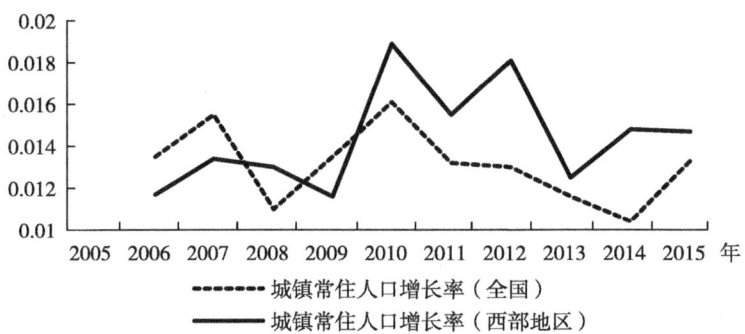

图 3 – 4　2005—2015 年全国和西部地区城镇常住人口增长率

（资料来源：根据《中国人口与就业统计年鉴 2016》计算）

---

① 数据来源：国家统计局《新中国成立 70 周年经济社会发展成就系列报告之二》。
② 人口自然增长率 4.96‰，以全国水平估算。
③ 因为城乡的人口自然增长率存在差异，因此该数据为估算，但能够大体反映农业转移人口的数量级。

农业转移人口的总量。由于农业转移人口的总量数据的欠缺和缺失，因此我们转换角度，从"农民工"的角度来考量，2015 年农民工总量为 27747 万人，比上年增加 352 万人，增长 1.3%。[①] 占全国总人口的 20.18%，占城镇常住人口的 35.98%。

值得注意的是，"农民工"的增速与城镇人口的增速相当，但数量少于城镇新增农业转移人口，这是由于两者统计口径的区别。"农民工"统计的是"户籍仍在农村，在本地从事非农产业或外出从业 6 个月及以上的劳动者。"这一数据与"农业转移人口"有如下三点区别：一是"农民工"不包括户籍仍在农村，在城市生活但未从事非农工作的一部分人；二是"农民工"不包括因城市扩张而失去农地，被动生活在城市的一部分人；三是"农民工"不包括从农村外出从业，户籍转变为城镇户籍的"原农民工"，而这些人都统计为"城镇常住人口"。这也体现了之前提到的"农民工"与"农业转移人口"两个概念之间的区别。但从中可以看出，我国农业转移人口的总量应该大于农民工总量，数量是巨大的。

2. 我国农业转移人口市民化的测度现状

农业转移人口的测度一般采用农业转移人口与城镇居民在各个层面的同质化水平来进行衡量，也有学者采用农业转移人口与城镇居民差异的削减程度来衡量，它同时也是城镇化水平重要指标。当前学术界需要研究的两个话题，一是通过科学的测度方法测度农业转移人口市民化水平的高低，二是当前我国农业转移人口市民化处于什么样的水平，目前对于这两个问题的研究已经取得了较多成果。

刘松林等（2014）构建了以教育、政策等社会指标和农业转移人口市民化意愿和市民化能力指标为核心的"农民工市民化进程测度指标体系"，并使用 2011 年的数据对当时的农民工市民化程度进行了测算，结果为全国农民工市民化水平为 39.99%，在各省市分布不平衡，最高为 56.38%，最低为 23.67%；[②] 辛宝英（2016）从文化融合、经济地位、社会适应和心理认同四个维度，用层次分析法构建了一个测评体系，并利用 2014 年的数据（有效样本 6150 个）进行了测算，结果为 2014 年我国农业转移人口市民化

---

① 数据来源：《2015 年农民工监测调查报告》。
② 刘松林，黄世为. 我国农民工市民化进程指标体系的构建与测度 [J]. 统计与决策，2014 (13): 29-32.

程度为 46.98%；① 鲁强等 (2016) 利用三重螺旋模型，构建了市民化能力、市民化意愿、市民化承受、市民化制度、市民化法律以及市民化环境六个维度的测度模型，采用 2010 年的数据 (386 个有效样本) 测算，认为 2010 年我国农业转移人口市民化进程为 50.2%；周密等 (2012) 采用 Biprobit 模型进行实证分析，以"市民需求"和"市民供给"两个角度建立模型后进行了估计，采取沈阳、余姚两地的调查样本进行分析的结果为余姚和沈阳两地区新生代农民工市民化程度分别为 62% 和 81%；② 王伶等 (2015) 采取社会指标和自身指标构建评价体系，其中社会指标包括教育、政策；自身指标包括市民化意愿与市民化能力，利用 4275 份调查问卷的结果进行了测算，认为全国农民工市民化程度为 42.02%；③ 刘传江等 (2009) 构建了包括外部制度因素、农民工群体的市民化意愿、能力，以及农民工个人的素质和收入三个方面的指标体系进行测度，结果认为第一代农民工市民化水平为 31.30%，第二代农民工为 50.23%，④ 同时，他们采用同样的样本数据，但用专家赋权法重新测度的结果为第一代农民工市民化水平为 42.03%，第二代农民工为 45.53%；胡雯等 (2015) 采用和周密等相同的分析方法，从需求和供给均衡的角度测算了江西省农民工市民化整体水平为 60.07%，其中第二代和第一代农民工市民化的程度分别为 66.37% 和 52.31%；⑤ 魏后凯等 (2013) 采用政治权利、公共服务、经济生活、文化素质四个方面的指标构建体系，利用 2011 年全国的数据进行了测度，结果农业转移人口综合市民化程度为 39.56%。⑥

---

① 辛宝英. 农业转移人口市民化程度测评指标体系研究 [J]. 经济社会体制比较，2016 (4): 156-165.

② 周密，张广胜，黄利. 新生代农民工市民化程度的测度 [J]. 农业技术经济，2012 (1): 90-98.

③ 王伶，梅建明. 我国农民工市民化进程测度方法与实证研究——基于 29 个省 (区、市) 4275 份调查问卷 [J]. 农村经济，2015 (11): 108-113.

④ 刘传江，程建林. 第二代农民工市民化：现状分析与进程测度 [J]. 人口研究，2008 (5): 48-57.

⑤ 胡雯，陈昭玖，滕玉华. 农民工市民化程度：基于制度供求视角的实证分析 [J]. 农业技术经济，2016 (11): 66-75.

⑥ 魏后凯，苏红键. 中国农业转移人口市民化进程研究 [J]. 中国人口科学，2013 (5): 21-29+126.

表 3-3 农业转移人口市民化程度测度情况统计

作者	指标体系	测算年份	样本范围	有效样本数量	市民化程度
刘传江	外部制度、群体意愿与能力、个人素质与现状	2005	武汉市	436 份	第一代 31.30% 第二代 50.23%
鲁强等	市民化能力、市民化意愿、市民化承受、市民化制度、市民化法律、市民化环境	2010	全国	386 份	50.2%
刘松林等	教育、政策、市民化意愿、市民化能力	2011	全国	未知	39.99%
魏后凯等	政治权利、公共服务、经济生活、文化素质	2011	全国	未知	39.56%
辛宝英	文化融合、经济地位、社会适应、心理认同	2014	全国	6150 份	46.98%
周密等	市民需求、市民供给	未知，2012年以前	沈阳、余姚	沈阳 287 份 余姚 296 份	沈阳 81% 余姚 62%
王伶	教育、政策、市民化意愿、市民化能力	2015	29 个省	4275 份	42.02%
胡雯等	基于 Biprobit 模型的市民化供给与市民化需求	2014	江西省	460 份	第一代 66.37% 第二代 52.31%

资料来源：通过公开发表文献整理。

目前对于农业转移人口市民化程度测度方法的研究，主要要从构建指标体系和构建理论模型两个方面来进行，其中使用指标体系的测度方法较多，且各指标体系存在较大的角度差异。总的来看，农业转移人口市民化的测度现状有如下几个方面的特点：

一是测度的方法差异较大，未形成具有共识的测度方法。目前较为普遍的是使用包括市民化意愿、市民化能力和外部条件三个方面的评价指标体系进行评价，但在不同的研究中，侧重点存在不同，指标体系的赋权方法也存在不同，导致不同研究的测度结果不宜相互比较，实用性降低。

二是测度的样本选择差异率较大。当前对农业转移人口市民化的测度样本存在两种情况,即使用宏观数据和微观数据。全国宏观数据的样本量较大,但其在市民化意愿等较为主观的指标上解释力不足;根据调查获取的微观数据更能反映实际情况,但普遍样本量较低,在几百的数量级,仅仅对局部区域有解释力,难以推广和比较。

三是测度的结果差异较大。从当前的研究来看,对农业转移人口市民化程度的测度存在39%~66%的巨大差异,这与不同的测度方法和样本选择有关系,同时也导致当前测度的实效性和实用性不强。

二、理论最优状态与现实情形之间的矛盾差异

(一) 齐普夫 (Zipf) 法则下的人口分布

Auerbach (1913) 与 Singer (1936) 通过数学推导得出城市人口规模的大致分布规律。两位学者最早指出城市规模分布大致可用 Pareto 分布来描述,此后对该分布规律在城镇人口流动领域的应用便日趋频繁。

Zipf (1949) 则在前人研究的基础上,进一步提出"城市规模分布不仅服从 Pareto 分布,而且 Pareto 指数趋近于1",即位序乘以规模等于常数,该结论被称为 (Zipf) 法则。举例说明,如果城市规模排名是 A、B、C、D,那么位列第二位的 B 市,其理想状态下的人口规模应是 A 市的 1/2,C 市则是 A 市人口规模的 1/3,D 市是 A 市人口规模的 1/4。在全国范围内,西部城市的城建规模远不及同行政级别的东中部城市,如果某西部城市 E 排名在第 8 位,则其人口规模应是 A 市的 1/8,而这样的市场运行结果是最优效率。

然而,通过对 1990 年至 2010 年我国不同规模城市人口规模增长数据进行整理可知,现实运行状态与理论最优之间,两者存在明显差异:300 万人口以上大城市的数量、人口规模在 21 世纪初都经历了大幅度的增加;50 万人以下人口中小城市也与之类似,在数量及人口规模方面出现了大幅度增加;然而,令人意外的是,100 万人左右人口城市的数量、人口规模几乎没有增长。从城镇体系发展的角度而言,我国大中小城市呈现不协调发展态势,主要表现为中等城市呈现出"塌陷"态势,西部小城市反而发展迅猛,人口规模较大,这一系列问题成为我国城镇化发展的短板。而按照 Zipf 定律,城市规模趋于中间水平的中等城市,其人口应当按照"位序乘以规模等于常数"的分布态势,数量规模低于大城市而高于中小城市。可以说,

这样的人口分布，从经济学层面上说，是缺乏效率的。

(二) 西部城市承载力研究的重要性

从1949年新中国成立伊始到1978年改革开放，我国为加快积累集中力量发展工业，制定了人为限制城镇化的战略方针，这一阶段的城镇化道路步履维艰，城镇化进程异常缓慢。至1978年，我国的城镇化率水平不及18%，与世界平均水平存在一定的差距。从改革开放到90年代初确立社会主义市场经济制度为止，这一阶段我国开始逐步采取一定的放松城镇化的管理措施，因而审时度势地制定了"严格限制大城市、合理发展中等城市、积极发展小城市"的全国总体城镇化战略。在此期间，"撤县设市"逐步展开，人口规模较小的县级行政单位摇身一变，成了数量众多的县级市。这类中小城市在政策扶持的有利发展环境下迅速壮大，而大城市则被人为控制，发展速度有所趋缓。随着占用耕地、寻租现象的不断发生，"撤县设市"政策的弊端也日益凸显。由于这项政策未能实现既定的城市化发展目标，国务院于1997年做出了重大的决策调整，逐步暂停了县改市的相关审批。此外，由于分税制改革在20世纪90年代初逐步施行，中央财力得以巩固，地方财政受到削弱，两者之间的税收分配关系日趋紧张。在此背景下，得益于设区在财政方面的优势，并能助力于扩大中心城市发展空间，全国各地又开始积极制定"撤县设区"政策。

然而，由于大城市发展长期受限，盲目强调小城市的规模，使得我国当前规模较大的一部分城市人口规模不足，西部地区中小城市反而吸纳了大量的人口，这样的发展态势严重缺乏效率。对东中部城市而言，因为户籍限制、政策倾斜等原因，造成了人为影响下的发展规模限制，所受到的承载力压力较小；而对于地处西部的中小城市来说，其实际承担的人口规模明显远大于最优规模，反而更易存在承载力紧张等问题。因此，西部城市的承载力问题在全国范围内，属于现实上十分紧迫、理论上更易被忽视的部分。提高对西部地区重点省市农业转移人口市民化的城镇承载力研究力度，其现实意义更为重要。

第三节 西部地区农业转移人口市民化的特征与问题

一、西部地区农业转移人口市民化特征

我国西部重点省市农业转移人口市民化尽管起步较晚，但在强有力的政策推动下发展迅速。结合当前实际情况来看，我国西部重点省市农业转移人口市民化具有以下基本特征。

（一）具有明显的阶段性

无论是从政策还是实践的角度出发，我国西部重点省市农业转移人口市民化已经实现了"户籍市民化"的阶段，正处于"待遇市民化"的阶段。在当前的实践中，农民已经可以分阶段分情况的实现到市民户籍的转变，中小城市户籍市民化的门槛已经几乎消失或变得很低，大城市和特大城市户籍市民化也存在规范的渠道和标准。而农业转移人口与城镇原住市民在公共服务领域实现同等化就是现在农业转移人口市民化进程中需要努力解决的主要问题。

（二）体现了明显的政策性

我国西部重点省市农业转移人口市民化存在明确的"政府主导、多方参与、成本共担、协同推进"的指导原则，政府对农业转移人口市民化的主导在其中起到重要作用，特别是近年来明确提出了常住人口和户籍人口的城镇化率，以及城镇落户人口的具体指标，导致农业转移人口市民化存在非常显著的政策导向，而不是经济导向。

（三）与东中部地区存在较大的区域差异

由于我国东、中、西部的农村经济发展情况、城市容量和承载力、经济社会发展程度以及政府公共服务能力均存在着较大的差异，由此对不同地区的农业转移人口市民化存在着不同的影响，导致农业转移人口市民化存在较大的区域差异。

(四) 缺乏明确的规范性

西部重点省市农业转移人口市民化遵循中央政府制定的顶层设计，但由各地方政府负责实施。由于地方城府在成本分摊上的不同情况，容易导致不同的市民化结果。当前对农业转移人口市民化进程中不少城市存在着"半市民化"的情况，即在公共服务均等化的推进中存在不同的标准和规范，有些未达到现阶段市民化标准的也被认作市民化。

(五) 缺乏操作上的指导

当前西部重点省市农业转移人口的市民化中，各地方政府存在为了完成"城镇化率"的指标，而不考虑经济规律，只依据政策导向进行市民化的情况。缺乏对城镇承载力的测算和分析，对农业转移人口市民化的区域、路径和方法缺乏科学的指导，导致市民化实践存在一定的问题。

(六) 实践存在偏差

从实践角度来看，当前我国西部重点省市农业转移人口市民化的实践至少存在三个方面的偏差，即目标偏差、主体偏差和方式偏差。在农业转移人口市民化的目标上，政府的政策选择偏向于效率，其主要政策目标是通过农业转移人口市民化实现经济结构的调整和加速城镇化的实现，而不是解决公平问题，在公平和效率的目标之间存在目标偏差。在行为主体方面，中央政府和地方政府由于在成本分摊、政绩考核等方面的问题，相互之间的博弈多于合作，从而导致政策实行效果削弱。在农业转移人口市民化的方式方面，重心在于扩大户籍而不是增强公共服务，导致"半市民化"的情况普遍存在。

二、西部地区农业转移人口市民化亟待解决的关键性问题

(一) 农业转移人口市民化的导向问题

西部重点省市农业转移人口市民化的必要性问题已经毋庸置疑，但具体来说农业转移人口往哪里转移，往哪个区域转移，转移应该放松还是控制，某个区域是否还应该接受农业转移人口，应该接受多少等导向问题都还缺乏科学的指导，而这些导向问题是农业转移人口市民化最需要解决的

前提条件。依据城市承载力来讨论农业转移人口市民化的导向，是一个较为可行的方法。

（二）农业转移人口市民化的成本问题

农业转移人口市民化需要付出成本，当前的政策导向是政府、社会和个人分摊，但具体来说，政府、社会和个人分摊的比例如何确定，是一个重要问题。政府向农业转移人口提供和原住市民同样的基本公共服务的成本决定着当地政府能够接纳农业转移人口的数量，从而影响城市的承载力水平，进而影响农业转移人口市民化的进程。

（三）农业转移人口市民化的质量问题

解决农业转移人口市民化的质量问题，需要解决质量提高和质量监控两个方面的问题。当前农业转移人口在城市生活的质量与原城市居民还存在较为显著的差异，出现了城镇人口新的"二元化"格局，因此提高当前农业转移人口市民化的质量是所有工作的重点；此外如何评价和监控这一质量，是建立长期有效的农业转移人口市民化机制所必须解决的问题。

第四章 基于指标体系法的西部城镇承载力评价

从常住人口城镇化率角度入手,本章首先概述了中国西部地区四川、重庆、陕西、甘肃、云南、青海、贵州七省市的农业转移人口现状,直观描述各省市农业转移人口的规模和趋势。在此基础之上,采用指标体系法构建城镇承载力相关指标体系,基于城市层面数据测算各省市的城镇承载力。

第一节 西部七省市农业转移人口现状

一、西部七省市人口城镇化情况

(一)各省市人口城镇化情况

2018年,西部七省市年末常住人口共计约2.70亿人,其中城镇人口共计约1.42亿人,常住人口城镇化率约为52.81%,低于同期全国平均水平59.58%。从西部七省市各自的情况来看(见表4-1),重庆2018年的城镇化率达65.51%,高于同期全国平均水平,而其余六省2018年的城镇化率则均低于同期全国平均水平。其中,贵州、云南和甘肃三省的城镇化率均低于50%,是西部七省市城镇化率相对较低的三个省。因此,从西部七省市2018年的城镇化率来看,该地区城镇化率相对全国平均水平较低,且城镇化率在区域内存在一定的差距。

表4-1 2018年西部七省市常住人口及城镇化率 (单位:万人、%)

地区	年末常住人口	城镇人口	乡村人口	城镇化率
重庆	3102	2032	1070	65.51
四川	8341	4362	3979	52.30
贵州	3600	1711	1889	47.53

续表

地区	年末常住人口	城镇人口	乡村人口	城镇化率
云南	4830	2309	2521	47.81
陕西	3864	2246	1618	58.13
甘肃	2637	1258	1379	47.71
青海	603	328	275	54.39

注：年末常住人口指每年12月31日24时的人口数，年度统计的全国人口总数内未包括香港、澳门特别行政区和台湾地区以及海外华侨人数；城镇人口指居住在城镇范围内的全部常住人口；乡村人口是除城镇人口以外的全部人口；城镇化率指常住人口城镇化率，即城镇人口与年末常住人口之比。

资料来源：国家统计局。

与2018年的情况类似，重庆市的城镇化率在2010年至2018年十年间均高于全国平均水平，而其余六省的城镇化率均低于同期全国平均城镇化率（见表4-2）。从各省市城镇化率的变化来看，七省市的城镇化率均呈现出逐年上升的趋势。全国平均城镇化率在2010年至2018年间上升了约9.63%，西部七省市城镇化率的上升比例均不低于这一水平。其中，贵州省城镇化率变动程度最大，从2010年的33.80%上升至2018年的47.53%，城镇化率提升了13.73%。然而，截至2018年，贵州省的城镇化率仍低于其余六省市。城镇化率变动程度仅次于贵州省的省市为云南省与重庆市，二者城镇化率的变动水平分别为13.11%和12.51%。因此，从西部七省市城镇化率的变化来看，城镇化率较高和较低的省市城镇化率变动较大，而城镇化率适中省市的城镇化率变动程度相对较小。

表4-2 2010—2017年西部七省市常住人口城镇化率 （单位:%）

年份\地区	重庆	四川	贵州	云南	陕西	甘肃	青海	全国
2010	53.00	40.17	33.80	34.70	45.76	36.13	44.76	49.95
2011	55.02	41.83	34.97	36.80	47.29	37.17	46.30	51.27
2012	56.98	43.54	36.42	39.30	50.01	38.75	47.47	52.57
2013	58.35	44.90	37.84	40.47	51.30	40.12	48.44	53.73
2014	59.61	46.30	40.02	41.73	52.58	41.68	49.74	54.77
2015	60.92	47.68	42.01	43.34	53.92	43.19	50.34	56.10
2016	62.60	49.21	44.16	45.02	55.34	44.67	51.60	57.35
2017	64.10	50.79	46.03	46.68	56.79	46.38	53.01	58.52

资料来源：国家统计局。

(二)各城市人口城镇化情况

2018年,西部七省市中高于同期全国平均常住人口城镇化率的城市包括重庆市、成都市、攀枝花市、贵阳市、昆明市、大理白族自治州、西安市、铜川市、延安市、杨凌示范区、兰州市、嘉峪关市、金昌市、酒泉市、西宁市、海西州16个城市,其余59个城市的常住人口城镇化率均低于同期全国平均常住人口城镇化率,大多数城市的城镇化率低于全国平均水平,且各城市间的城镇化率差异较大。其中,西部七省市中的省会城市或直辖市2018年的常住人口城镇化率均超过了2018年的全国平均常住人口城镇化率,且绝大多数城市的城镇化率位于所有城市前列。

从各城市城镇化率的发展变化来看,2010年至2018年间几乎所有城市的常住人口城镇化率均有所上升。其中,2010年常住人口城镇化率较低的大理白族自治州等城市的常住人口城镇化率变动最大,而2010年常住人口城镇化率较高的昆明市等省会城市常住人口城镇化率的变动相对较小。

表4-3 2010—2018年西部七省市各城市常住人口城镇化率　　(单位:%)

年份 市(州)	2010	2011	2012	2013	2014	2015	2016	2017	2018
重庆市	53.00	55.02	56.98	58.35	59.61	60.92	62.60	64.10	65.51
四川省	40.17	41.83	43.54	44.9	46.3	47.68	49.21	50.79	52.3
成都市	65.75	67.00	68.44	69.40	70.37	71.47	70.62	71.85	73.12
自贡市	41.02	42.69	44.44	45.52	46.62	47.88	49.14	50.92	52.61
攀枝花市	60.10	61.64	63.01	63.43	64.03	64.74	65.34	65.99	66.59
泸州市	38.80	39.92	41.73	43.29	44.84	46.08	47.50	48.95	50.46
德阳市	41.32	42.99	44.79	45.86	47.27	48.47	49.50	50.98	52.35
绵阳市	39.85	41.84	43.64	45.09	46.51	48.00	49.50	51.01	52.53
广元市	32.98	34.66	36.42	37.80	39.33	40.83	42.40	43.98	45.63
遂宁市	38.38	39.95	41.71	43.11	44.61	45.91	47.01	48.52	50.02
内江市	39.36	40.23	41.84	42.67	44.21	45.61	46.70	47.90	49.10
乐山市	39.48	41.20	42.97	44.53	45.93	47.31	48.73	50.17	51.83
南充市	35.91	37.55	39.34	40.89	42.43	43.82	45.07	46.47	48.14
眉山市	34.11	35.77	37.57	38.95	40.46	41.87	43.38	44.77	46.32
宜宾市	38.00	39.35	41.08	42.45	43.85	45.10	46.63	48.12	49.64
广安市	29.07	30.93	32.91	34.29	35.81	37.22	38.81	40.24	41.86
达州市	32.71	34.31	36.10	37.80	39.39	40.87	42.42	43.92	45.52

续表

市（州） \ 年份	2010	2011	2012	2013	2014	2015	2016	2017	2018
雅安市	34.62	36.56	38.30	39.80	41.30	42.55	43.95	45.35	46.85
巴中市	29.31	31.26	33.22	34.77	36.12	37.52	39.10	40.54	41.85
资阳市	32.73	34.45	36.15	36.89	38.20	39.50	40.08	41.34	42.71
阿坝藏族羌族自治州	30.10	31.65	33.37	34.59	35.69	36.77	37.86	38.92	40.00
甘孜藏族自治州	20.53	22.39	24.41	25.81	26.87	28.06	29.26	30.56	31.66
凉山彝族自治州	27.52	28.16	29.57	30.57	31.44	32.44	33.04	34.30	35.71
贵州省	33.8	34.97	36.42	37.84	40.02	42.01	44.16	46.03	47.53
贵阳市	68.13	69.20	70.53	72.10	73.20	73.25	74.16	74.80	75.43
六盘水市	28.65	—	—	25.60	25.68	44.50	27.33	39.13	—
遵义市	35.02	37.40	39.48	41.30	—	46.46	49.78	52.25	—
安顺市	30.04	—	—	—	—	—	—	51.00	52.00
毕节市	25.98	27.99	29.91	31.60	—	30.90	39.99	41.22	—
铜仁市	28.15	32.10	35.00	—	—	—	—	—	—
黔西南州	26.18	30.00	32.00	34.00	36.00	37.30	40.60	43.00	46.00
黔东南州	26.02	28.50	31.00	33.00	35.00	44.00	43.50	46.00	47.40
黔南州	29.05	36.50	38.00	39.92	45.80	47.82	49.00	50.50	52.05
云南省	34.7	36.8	39.3	40.47	41.73	43.34	45.02	46.68	47.81
昆明市	63.60	66.00	67.06	68.05	69.05	70.05	71.05	72.05	72.85
曲靖市	35.45	37.60	40.36	41.60	42.89	44.58	45.58	47.27	48.48
玉溪市	37.77	39.99	42.88	44.10	45.38	47.08	48.93	50.69	51.88
保山市	22.28	25.11	27.83	29.01	30.31	32.00	33.81	35.69	36.86
昭通市	20.44	22.59	25.04	26.21	27.49	29.19	31.49	33.38	34.55
丽江市	27.29	28.23	31.46	32.62	33.88	35.63	37.43	39.22	40.44
普洱市	30.24	32.21	34.72	35.91	37.16	38.85	40.66	42.29	43.44
临沧市	29.07	30.60	32.72	33.88	35.18	36.87	38.97	40.74	41.92
楚雄彝族自治州	31.48	33.69	36.23	37.44	38.75	40.43	42.28	44.13	45.33
红河哈尼族彝族自治州	35.24	35.99	38.76	39.97	41.26	42.97	45.05	46.74	47.91
文山壮族苗族自治州	27.54	30.01	33.05	34.21	35.49	37.18	38.97	40.81	41.97

续表

年份 市（州）	2010	2011	2012	2013	2014	2015	2016	2017	2018
西双版纳傣族自治州	35.77	37.13	39.25	40.45	41.75	43.38	45.22	46.86	48.02
大理白族自治州	31.85	34.50	38.02	39.20	40.52	42.21	44.04	45.68	69.00
德宏傣族景颇族自治州	33.64	35.38	37.51	38.71	39.95	41.67	43.51	45.23	46.33
怒江傈僳族自治州	21.50	22.57	24.16	25.23	26.62	28.23	30.15	31.81	32.90
迪庆藏族自治州	24.44	25.31	26.91	28.08	29.48	31.13	32.93	34.47	35.75
陕西省	45.76	47.29	50.01	51.3	52.58	53.92	55.34	56.79	58.13
西安市	69.00	70.10	71.51	72.05	72.61	73.02	73.43	73.42	74.01
铜川市	—	59.10	60.44	61.25	62.22	—	64.23	64.63	65.90
宝鸡市	—	—	—	—	—	49.07	50.76	52.12	53.17
咸阳市	—	42.56	45.21	46.55	47.73	49.10	50.84	50.26	51.27
渭南市	—	—	—	—	—	—	—	46.32	48.50
延安市	—	—	—	54.03	55.82	57.32	59.09	60.79	62.31
汉中市	—	—	—	43.15	45.09	46.64	47.80	49.31	50.51
榆林市	47.41	48.56	51.30	52.80	53.86	55.00	56.30	57.70	58.94
安康市	34.60	35.00	39.31	41.02	42.80	44.32	45.59	47.31	48.62
商洛市	—	39.34	43.67	46.62	47.95	54.67	49.04	45.61	47.12
杨凌示范区	—	—	51.00	54.00	—	—	61.87	61.90	64.10
甘肃省	36.13	37.17	38.75	40.12	41.68	43.19	44.67	46.38	47.71
兰州市	76.28	77.34	78.34	79.71	80.34	80.95	81.01	81.02	80.03
嘉峪关市	93.32	93.35	93.37	93.39	93.41	93.42	93.44	93.45	93.65
金昌市	62.10	63.10	64.13	65.58	66.92	67.96	69.09	70.09	70.47
白银市	39.48	40.50	41.54	43.23	44.93	46.53	47.91	49.32	50.62
天水市	28.36	29.92	31.11	32.42	33.91	35.30	37.64	40.14	41.65
武威市	27.56	28.86	30.88	32.34	34.01	35.92	37.72	39.72	42.31
张掖市	34.84	35.98	37.11	38.71	40.33	42.19	43.93	45.76	47.55
平凉市	29.09	30.16	31.65	33.04	34.47	36.27	37.80	39.72	41.13
酒泉市	50.05	51.09	52.15	53.64	55.23	56.87	58.67	60.27	61.52
庆阳市	23.79	25.96	28.01	29.59	31.55	33.46	34.99	37.00	38.40

续表

年份 市（州）	2010	2011	2012	2013	2014	2015	2016	2017	2018
定西市	23.42	24.43	25.83	27.16	28.77	30.40	31.90	34.33	35.52
陇南市	19.70	21.40	23.37	24.69	26.65	28.16	30.48	32.48	34.00
临夏回族自治州	24.30	25.30	26.69	28.01	29.57	31.21	32.73	34.47	36.02
甘南藏族自治州	24.46	24.67	25.98	27.39	28.97	30.50	32.00	34.01	36.00
青海省	44.76	46.3	47.47	48.44	49.74	50.34	51.6	53.01	54.39
西宁市	63.70	65.44	67.72	67.90	68.60	69.04	70.00	71.10	72.10
海东市	—	—	—	—	—	34.00	35.66	37.55	38.45
海北州	—	—	—	—	48.50	—	—	38.02	39.78
黄南州	—	—	—	—	—	—	—	—	37.79
海南州	—	—	—	—	—	—	—	—	42.90
果洛州	—	—	—	—	—	—	—	—	27.88
玉树州	—	—	—	—	—	—	—	—	36.65
海西州	—	—	—	—	—	—	—	—	72.12

注："—"表示相关数据不可得。

资料来源：各年《中国人口和就业统计年鉴》、各省市各年统计年鉴。

二、西部七省市农业转移人口情况

城镇化率的提高，与常住城镇人口的增加息息相关，而常住城镇人口的增加与农业转移人口的增加则有着千丝万缕的联系。从保证数据的可得性以及准确性的角度出发，本书采用"乡村从业人员"与"农林牧渔业从业人员（乡村从业人员中从事第一产业的人员）"的差值来衡量农业转移人口。

从2010年至2018年西部七省市农业转移总人口的变化来看，农业转移人口呈现出波动上升的趋势，从2010年的4468.04万人上升至2016年的4774.30万人，约增长了7%。与西部七省市的情况不同，整个西部地区农业转移人口则呈现出波动下降的趋势，从2010年的6136万人下降至2016年的5350万人（见表4-4），约下降了13%。较2016年的水平，整个西部地区2018年的农业转移人口数量略有上升，但仍低于2010年水平。总体来看，西部七省市农业转移人口在整个西部地区中的占比整体呈现出上升的趋势，从2010年的72.82%上升至2016年的89.24%，西部七省市农业转移人口占整个西部地区农业转移人口的绝大部分。从农业转移人口的流动方式来看，西部地区农业转移人口呈现出跨省流动占比降低而省内流动占比提高的趋势，2018年省内流动人口数量首次超过跨省流动人口数量。总体来看，西部七省市农业转移人口在整个西部地区农业转移人口中的地位上升，且农业转移人口的省内流动逐渐成为农业转移人口流动的主要方式。

表4-4 2010—2018年西部外出农民工情况 （单位：万人、%）

年份	2010	2011	2012	2013	2014	2015	2016	2017	2018
外出农民工	6136	6546	6814	5250	5353	5348	5350	5470	5502
跨省流动	3492	3732	3857	2840	2887	2863	2794	2787	2727
跨省流动占比	56.90	57.00	56.60	54.10	53.90	53.50	52.20	51.00	49.60
省内流动	2644	2814	2957	2410	2466	2485	2556	2683	2775
省内流动占比	43.10	43.00	43.40	45.90	46.10	46.50	47.80	49.00	50.40

注：表中西部地区指重庆、四川、贵州、云南、陕西、甘肃、青海、内蒙古、广西、西藏、宁夏、新疆12个省（自治区）。

资料来源：《全国农民工调查监测报告（2010—2018）》。

从2010年至2018年西部七省市各自农业转移人口的变化来看（见表4-5），四川和贵州是农业转移人口数量最大的两个省，近年来的农业转移人口均超过了1000万人，且两省的农业转移人口数量呈现出逐年上升的趋势。与四川和贵州的趋势相似，云南、甘肃、青海的农业转移人口数量也呈现出总体上升的趋势。其中，青海省的农业转移人口基数较小，从2010年的77.35万人上升至2018年的95.50万人，上升了约23%。与前述五省农业转移人口数量的趋势不同，作为西部七省市中农业转移人口第三大省（市），重庆的农业转移人口数量呈现出波动下降的趋势，2010年至2018年间下降了约4%。此外，陕西农业转移人口数量也呈现出下降的趋势，从2010年的520万人下降至2018年的145万人，下降比例约72%。总体来看，四川、贵州二省处于西部七省市农业转移人口数量梯队的第一梯队，且呈上升趋势；重庆、云南、甘肃三省市处于第二梯队，且云南和甘肃的农业转移人口规模逐渐上升；陕西和青海两省处于第三梯队，青海的农业转移人口规模迅速扩大，而陕西的农业转移人口数量急剧下降，两者的农业转移人口规模逐渐靠拢。

表4-5 2010—2018年西部七省市农业转移人口　　（单位：万人）

地区	重庆	四川	贵州	云南	陕西	甘肃	青海
2010年	753.23	1320.91	890.38	517	520	389.17	77.35
2011年	765.94	1338.35	950.14	545	483	404.53	84.90
2012年	778.43	1368.06	1012.01	568	501	424.43	88.20
2013年	765.10	1384.59	1083.33	583	477	445.08	87.56
2014年	750.43	1413.23	1119.90	620	414	451.52	91.08
2015年	752.28	1427.31	1131.49	596	322	461.65	91.65
2016年	752.09	1446.31	1138.64	595	277	472.72	92.54
2017年	735.37	1454.23	—	629	221	474.99	93.69
2018年	719.78	1466.23	—	—	145	—	95.50

注：农业转移人口=乡村从业人员-农林牧渔业从业人员（乡村从业人员中从事第一产业的人员）；"—"表示相关数据不可得。

资料来源：各省统计年鉴。

总体而言，西部七省市城镇化率较低，农业转移人口的基数庞大，且总体呈现出不断上升的趋势。在城镇化率与农业转移人口方面，西部七省市呈现出与东部和中部地区稍有不同的特点，这与西部地区特殊的自然地理环境、经济发展形态以及人文社会结构是密不可分的。与东部和中部地区相比，西部地区农业人口转移具有更加复杂的影响因素。例如，西部地区农业人口转移的城镇化率相对较低、城市产业结构不合理等问题限制了城市的辐射带动能力，而农村现代化程度较低则进一步加大了各城市面临的农业转移人口压力。因此，有序推进西部七省市农业人口转移，必须建立在客观评价西部七省市城镇承载力的基础之上。

第二节 指标体系构建、数据处理与指标权重

一、指标体系构建

（一）评价原则

1. 科学性和代表性

指标体系的科学性不仅是评价质量的重要内容，同时也与评价结果的

准确性密切相关。评价指标体系除了科学性之外，还要能够囊括城镇承载力的各个子系统，能够体现城镇承载力的时代特征和内涵，能够反映西部七省市城镇发展中的实际情况。为了保证评价指标体系的科学性，选取的指标应具有典型性、代表性与权威性，应清晰地界定指标的内涵与边界，尽量避免选择一些过于相似或相近的指标，保证指标体系的简洁实用。在此基础之上，对指标进行合理的处理和运算，并结合专项调查数据与统计数据，采用理论和实证相结合的方法对数据进行分析处理，运用指标体系对数据进行综合评价，才能得出科学合理和真实客观的评价结果。

2. 需要性与独立性

一方面，评价体系的构建应结合当前城市发展和社会经济发展规划的需要，同时要与评价过程中所掌握的数据类型、数据结构等相匹配。一则，基于此前提的研究结论不仅能够为地方政府相关部门的决策提供参考；二则，相应的城镇承载力评价方法也具有科学性和普遍性，这有利于后续将该城镇承载力评价方法应用于城镇承载力评价的其他相关研究之上。另一方面，指标体系中各个指标既具有一定的关联性，又要具有相对独立性。在综合评价指标体系中，各个指标均包含着一定的信息量，指标体系中包含的相对独立的指标越多，指标体系所能包含的信息就越多，综合评价结果就越能全面地刻画城镇承载力。

3. 全面性和系统性

城镇承载力是一个有机系统，因此在指标选取时应重点选择与系统特征明显相关的指标，指标体系要能够全面涵盖城镇承载力的各个方面。因此，本书综合考虑经济、社会、资源、环境四个子系统之间的协调关系，指标体系既可以较为全面地反映城镇承载力的系统性，同时也是一个层次分明、内在逻辑紧密的有机整体。

4. 可比性和动态性

为使各省市之间的数据具有横向可比性，所选指标应采取国际上通用和公认的概念，数据的处理方法以及测算方法也要使用权威的学术界公认的方法，尽量确保我们的评价结果在全球范围内具有一定的普适性和可比性。在指标选择上，应选取年度连续检测、监测到的指标，并尽可能使用分析方法统一、数据量纲一致的指标。为兼顾纵向比较的要求，还应考虑到与研究区域历史资料的可比性问题。城镇承载力本身处在一个动态变化的过程中，尽管这一过程比较缓慢，且在一定时期可以是相对稳定的。因此，除指标的可比性之外,评价指标体系的构建还应考虑指标的动态性,即从城镇发展的时间序列数据的动态角度出发,分析评价西部七省市的城镇承载力。

5. 可行性和可操作性

在指标的选择过程中,应结合我国西部七省市城镇发展的实际状况,构建既全面合理又简洁实用的指标体系,具有较强的可行性和可操作性。目前,相关文献大多是基于多层次和多指标的复杂指标体系研究城镇承载力,过于追求指标体系的全面性与复杂性。这类的指标体系一般存在两个问题:一是指标体系中很容易存在过度相似的指标,包含着同样信息的几个类似指标容易导致综合评价结果不准确;二是容易受到资料和数据的限制,过于全面复杂的指标体系经常会出现某些指标的数据不易获取等问题。这两类问题的存在使得复杂指标体系不具有普遍可行性和可操作性,不易进行推广使用。因此,指标体系的构建应具有现实的统计数据基础,精简重复类似以及次要的指标,使指标体系具备可行性和可操作性。

(二) 指标体系的建立

本书将城镇承载力的指标体系设立为 A、B、C 三层的梯状层次结构,根据每一指标层的内涵来设计相应的具体指标,从而构建出指标体系的系统框架。

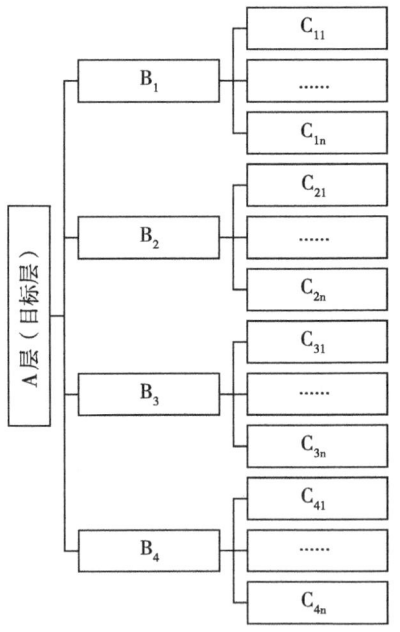

图 4-1 AHP 层次结构图

其中，A层为城镇承载力，为本章的主要研究目标，B层为准则层，数量一般为三至六个，每个准则层下面一般有三至八个具体指标。

从现有文献来看，经济承载力、社会承载力、环境承载力和资源承载力是最重要的四个准则层，也最能代表城镇承载力，因此这四个子系统是本章的主要解释对象。各个准则层可选取的指标包括：

1. 经济承载力

经济承载力指的是，在可预见的时间范围内的不同时间阶段，保证可持续发展的前提下，一个城市的经济发展水平所能承载的人口数量。当前学术界普遍使用的、具有公认意义的用于表示经济承载力的具体指标有：GDP年增长率、人均GDP、第二产业占GDP比重、第三产业占GDP比重、固定资产投资额、实际利用外资额、人均社会零售品销售总额等。

2. 社会承载力

社会承载力侧重于研究一个地区的科技文化、消费、价值观以及政治、法律制度等人类自身因素对承载力的影响，即在各种社会系统条件下（特别是社会资源消费条件下）一个城市可以支持的人口最大数量。在社会承载力子系统的研究中，学术界常用的具体指标有：人口自然增长率、人口密度、城镇人口比重、城市化水平、第二产业从业人员比重、第三产业从业人员比重、年末城镇登记失业率、科技教育支出占国内生产总值比重、大专以上文化程度人口比例、居民人均可支配收入等。

3. 资源承载力

资源承载力主要是指区域内部各种自然资源所能容纳的最大人口。相关研究采用的主要指标包括：万元GDP能源消耗、万元GDP水耗、城市建设用地占市区比例、城市人均道路面积、人均供水量、城市居民人均生活用水量等。

4. 环境承载力

环境承载力指在可以预见的时间范围内，在保持可持续发展的前提下，一个城市的环境所能容纳的人口和经济规模的上限。相关研究中常用的有关环境承载力子系统的具体指标有：石漠化程度、植被覆盖率、湿地面积比例、人均绿地面积、工业污水治理率、城市生活污水处理率、工业固体废物综合利用率、生活垃圾无害化处理率。

根据评价指标选取原则，综合考虑西部七省市的特点和数据的可获得性，分别选取能对经济、社会、资源和环境四个子系统进行比较全面准确评价的 20 个指标，共同构建出了西部七省市城镇承载力综合指标评价体系（见表 4-6）。其中，根据指标对评价结果影响的性质，将各指标划分为：效益型指标，即其对承载力评价有正向影响的指标；成本型指标，即其对承载力评价有负向影响的指标。

表 4-6 西部城镇承载力评价指标体系

目标层	准则层	指标层	单位	指标类型
城镇承载力（A）	经济承载力（B_1）	GDP 年增长率（C_1）	%	正向
		第二产业占 GDP 比重（C_2）	%	正向
		第三产业占 GDP 比重（C_3）	%	正向
		人均 GDP（C_4）	元/人	正向
		人均社会零售品销售总额（C_5）	元/人	正向
	社会承载力（B_2）	人口自然增长率（C_6）	‰	正向
		人口密度（C_7）	人/平方公里	负向
		第二产业从业人员比重（C_8）	%	正向
		第三产业从业人员比重（C_9）	%	正向
		科技教育支出占 GDP 比重（C_{10}）	%	正向
		每万人公共交通车辆数（C_{11}）	辆/万人	正向
		年末城镇登记失业率（C_{12}）	%	负向
	资源承载力（B_3）	城市居民人均生活用水量（C_{13}）	吨/人	正向
		人均供水量（C_{14}）	吨/人	正向
		人均城市道路面积（C_{15}）	平方米/人	正向
		城市建设用地占市区比例（C_{16}）	%	正向
	环境承载力（B_4）	人均绿地面积（C_{17}）	平方米/人	正向
		工业废水排放量（C_{18}）	万吨	负向
		工业固体废物综合利用率（C_{19}）	%	正向
		生活垃圾无害化处理率（C_{20}）	%	正向

二、数据来源、数据处理及指标权重

（一）数据来源

由于西部地区七省市城镇化的整体水平相对较低，高度分散的城镇格局难以发挥城镇的聚集功能，新型城镇化主要发生在地级市，因此本部分主要对2004年至2017年西部七省市的53个地级市进行研究，具体样本城市如表4-7所示。其中，由于云南省丽江市、临沧市以及甘肃省陇南市分别设立于2002年、2003年和2004年，出于涵盖更多地级市以便更为全面地反映西部地区七省市城镇承载力的考虑，本书选择将时间范围的起点设定为2004年。原始数据主要来源于《中国城市统计年鉴（2005—2018）》，年鉴中未明确列出的指标数据，利用相关数据根据指标定义进行相应的计算得到；《中国城市统计年鉴（2005—2018）》中缺失的部分数据从中经网统计数据库中获得；仍缺失的数据，采用均值法进行处理。此外，考虑到本书研究的是城镇承载力，除工业废水排放量（C_{18}）、工业固体废物综合利用率（C_{19}）、生活垃圾无害化处理率（C_{20}）三个指标因市辖区口径数据无法获得而采用全市口径数据近似替代外，其余数据的统计口径均为市辖区口径。

表4-7 样本省份与样本城市

样本省份	样本城市
重庆	重庆
四川	成都、自贡、攀枝花、泸州、德阳、绵阳、广元、遂宁、内江、乐山、南充、眉山、宜宾、广安、达州、雅安、巴中、资阳
贵州	贵阳、六盘水、遵义、安顺
云南	昆明、曲靖、玉溪、保山、昭通、丽江、普洱（思茅）、临沧
陕西	西安、铜川、宝鸡、咸阳、渭南、延安、汉中、榆林、安康、商洛
甘肃	兰州、金昌、白银、天水、武威、张掖、平凉、酒泉、庆阳、定西、陇南
青海	西宁

注：贵州省毕节市与铜仁市均于2011年被设为地级市，设立时间较晚，本文未将其列为样本城市；嘉峪关市2017年相关数据严重缺失，故也将其列为样本城市。

（二）数据的处理

1. 数据的标准化

由于各指标的量纲、数量级存在较大差异，为消除量纲不同对评价结果的影响，本章在运用数据进行分析之前，对数据进行标准化处理。从现有文献来看，在众多标准化方法中，极差变换法得出的结果与原始数据的关联性最优，也是普遍采用的方法，因此本章采用极差变换法对数据进行标准化处理。

假设有 r 个年份，n 个城市，m 个指标，则 $x_{\theta ij}$ 为第 θ 年城市 i 的第 j 个指标值。数据标准化的处理为：

$$x'_{\theta ij} = \frac{x_{\theta ij} - x_{\min}}{x_{\max} - x_{\min}} \quad (4-1)$$

$$x'_{\theta ij} = \frac{x_{\max} - x_{\theta ij}}{x_{\max} - x_{\min}} \quad (4-2)$$

其中，$x_{\theta ij}$ 为第 θ 年城市 i 的第 j 个指标值，$x_{\max}$ 代表第 j 项指标的最大值，$x_{\min}$ 代表第 j 项指标的最小值，$x'_{\theta ij}$ 为 $x_{\theta ij}$ 的标准化值。若指标为正向指标，用公式 (4-1) 进行初始数据标准化处理；若指标为逆向指标，采用公式 (4-2) 进行处理。

2. 指标的权重计算

对评价指标体系内各个指标的原始数据进行标准化处理后，需要确定各个指标在指标体系中所占的权重。城镇承载力评价是一个多指标的综合评价体系，一个科学的综合评价体系能否相对客观地进行评价很大程度上取决于各个指标权重的合理性。从现有文献来看，对指标赋权的方法有十余种，主要包括主观赋权法和客观赋权法两大类。由于主观赋权法中赋权的主观性较强，评价结果的客观性较差，因此本章采用客观赋权法中的熵值法计算各指标的权重。传统的熵值法多应用于截面数据，本章借鉴杨丽和孙之淳（2015）[①] 的方法纳入时间变量，采用熵值法计算各指标权重：

(1) 计算指标权重：$y_{\theta ij} = x'_{\theta ij} / \left(\sum_{i=1}^{n} \sum_{\theta=1}^{r} x'_{\theta ij} \right)$；

(2) 计算指标 j 的熵值：$e_j = -\left[\sum_{i=1}^{n} \sum_{\theta=1}^{r} (y_{\theta ij} \ln y_{\theta ij}) \right] / \ln(rn)$，若 $y_{\theta ij}$ 的值为 0 或 1，e_j 取值为 0；

(3) 计算指标 j 的信息效用值：$g_j = 1 - e_j$；

(4) 计算指标 j 的权重：$w_j = g_j / \left(\sum_{j=1}^{m} g_j \right)$。

(三) 指标权重

基于前述数据及数据处理方法，计算指标体系内各指标的权重（见表

[①] 杨丽，孙之淳. 基于熵值法的西部新型城镇化发展水平测评 [J]. 经济问题，2015 (3)：117.

4-8)。其中,经济子系统的权重约为 0.2281,社会子系统的权重约为 0.2410,资源子系统的权重约为 0.4025,环境子系统的权重约为 0.1285。根据表 4-8 中的权重,依据下列公式计算西部七省市各城市的城镇承载力及各子系统的承载力:

(1) 计算第 θ 年城市 i 的城镇承载力:$ucc_{\theta i} = \sum_{j=1}^{20} (w_j x'_{\theta ij})$;

(2) 计算第 θ 年城市 i 的经济承载力:$eccc_{\theta i} = \sum_{j=1}^{5} (w_j x'_{\theta ij})$;

(3) 计算第 θ 年城市 i 的社会承载力:$socc_{\theta i} = \sum_{j=6}^{12} (w_j x'_{\theta ij})$;

(4) 计算第 θ 年城市 i 的资源承载力:$recc_{\theta i} = \sum_{j=13}^{16} (w_j x'_{\theta ij})$;

(5) 计算第 θ 年城市 i 的环境承载力:$encc_{\theta i} = \sum_{j=17}^{20} (w_j x'_{\theta ij})$。

表 4-8　基于户籍人口的西部城镇承载力评价指标体系各指标权重

	子系统	子系统权重	指标层	指标权重
城镇承载力（A）	经济承载力（B_1）	0.2281	GDP 年增长率（C_1）	0.0106
			第二产业占 GDP 比重（C_2）	0.0254
			第三产业占 GDP 比重（C_3）	0.0194
			人均 GDP（C_4）	0.0775
			人均社会零售品销售总额（C_5）	0.0952
	社会承载力（B_2）	0.2410	人口自然增长率（C_6）	0.0057
			人口密度（C_7）	0.0046
			第二产业从业人员比重（C_8）	0.0321
			第三产业从业人员比重（C_9）	0.0175
			科技教育支出占 GDP 比重（C_{10}）	0.0533
			每万人公共交通车辆数（C_{11}）	0.1226
			年末城镇登记失业率（C_{12}）	0.0052
	资源承载力（B_3）	0.4025	城市居民人均生活用水量（C_{13}）	0.0709
			人均供水量（C_{14}）	0.1076
			人均城市道路面积（C_{15}）	0.0545
			城市建设用地占市区比例（C_{16}）	0.1695

续表

	子系统	子系统权重	指标层	指标权重
城镇承载力（A）	环境承载力（B_4）	0.1285	人均绿地面积（C_{17}）	0.0860
			工业废水排放量（C_{18}）	0.0022
			工业固体废物综合利用率（C_{19}）	0.0244
			生活垃圾无害化处理率（C_{20}）	0.0159

资料来源：根据相关数据计算而得。

第三节 基于户籍人口的西部城镇承载力评价结果

一、西部七省市整体城镇承载力情况

从西部七省市整体城镇承载力的发展变化来看（见图4－2），2004年至2017年间城镇承载力呈现出上升的趋势，从2004年的0.1473上升至2017年的0.2004，上升了约36%，上升幅度较大。其中，2006年至2016年期间西部七省市整体城镇承载力更是逐年上升，其间未出现承载力下降的情况，承载力稳步上升。

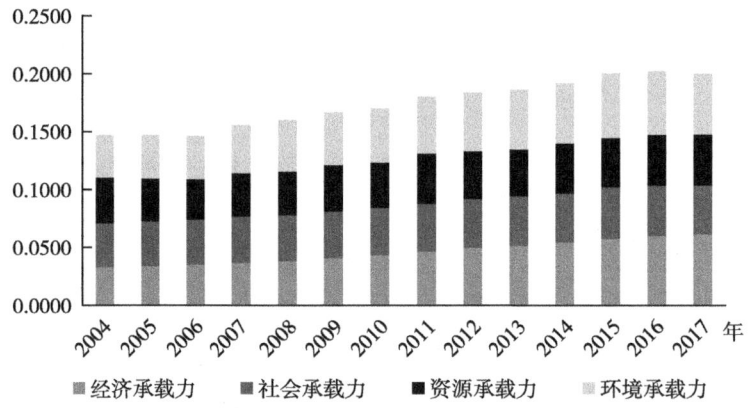

图－2　2004—2017年西部七省市整体基于户籍人口的城镇承载力趋势
（资料来源：根据相关数据计算而得）

从各子系统的承载力情况来看（见表4－9），经济承载力逐年上升，从2004年的0.0328上升至2017年的0.0613，上升比例约为87%，远高于城

镇承载力上升的比例。除经济承载力外，环境承载力整体也呈现出上升的趋势，从2004年的0.0368上升至2017年的0.0528，上升比例约为44%，略高于城镇承载力的上升幅度。然而，与经济承载力逐年上升的情况不同，环境承载力呈现出波动上升的趋势，自2015年起更是调转向下，开始呈现出逐年下降的趋势。从社会承载力的情况来看，2004年至2017年间西部七省市整体社会承载力呈现出上升的趋势，从2004年的0.0383上升至2017年的0.0421，上升比例约为10%。值得注意的是，与环境承载力的情况类似，2015年社会承载力达到历年来最高值0.0424，而后开始逐年下降。在四个子系统中，资源承载力的波动性最大，但整体上仍呈现出上升的趋势。2004年资源承载力的值为0.0395，2017年上升至0.0528，上升幅度约为44%。因此，总体来看，西部七省市城镇承载力历年来的上升主要得益于经济承载力以及资源承载力的上升，环境承载力和社会承载力对城镇承载力上升的贡献程度较小。此外，需要注意的是，环境承载力和社会承载力近年来出现了下降的趋势，二者与经济承载力和资源承载力之间的差距进一步拉大，城镇承载力各子系统承载力间的不平衡加剧。

表4-9　2004—2017年西部七省市整体基于户籍人口的城镇承载力情况

年份	经济承载力	社会承载力	资源承载力	环境承载力	城镇承载力
2004	0.0328	0.0383	0.0395	0.0368	0.1473
2005	0.0337	0.0389	0.0372	0.0375	0.1472
2006	0.0350	0.0389	0.0352	0.0371	0.1463
2007	0.0366	0.0402	0.0376	0.0414	0.1557
2008	0.0381	0.0398	0.0379	0.0444	0.1602
2009	0.0406	0.0406	0.0399	0.0457	0.1668
2010	0.0434	0.0407	0.0392	0.0467	0.1701
2011	0.0464	0.0414	0.0435	0.0491	0.1803
2012	0.0496	0.0423	0.0411	0.0506	0.1836
2013	0.0514	0.0430	0.0404	0.0515	0.1863
2014	0.0543	0.0424	0.0432	0.0520	0.1918
2015	0.0574	0.0447	0.0424	0.0560	0.2006
2016	0.0599	0.0436	0.0439	0.0552	0.2027
2017	0.0613	0.0421	0.0442	0.0528	0.2004

资料来源：根据相关数据计算而得。

二、各省市城镇承载力情况

在分析了整体层面城镇承载力的基础之上,从省级层面继续考察城镇承载力有利于进一步把握西部七省市城镇承载力的全貌。

(一) 城镇承载力情况

从2017年城镇承载力的情况来看(见图4-3),贵州省、陕西省和四川省依次为七省市中城镇承载力最高的三个省市,且其城镇承载力均高于同期七省市平均水平;云南省、重庆市、甘肃省、青海省为城镇承载力低于同期七省市平均水平的省市。

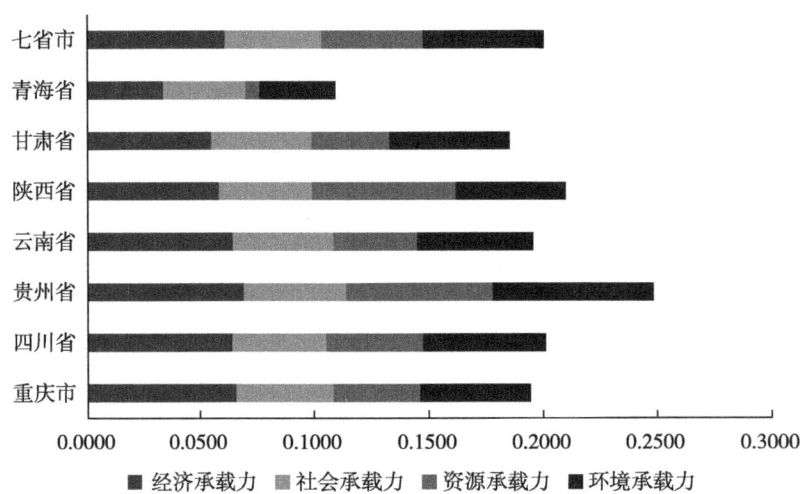

图4-3 2017年西部七省市整体与各省市基于户籍人口的城镇承载力比较

(资料来源:根据相关数据计算而得)

2004年至2017年间,七省市城镇承载力的地位均经历了较大的变化(见表4-10)。其间,贵州省城镇承载力的变化最大,从2004年的0.1333上升至2017年的0.2485,其排名从2004年的第六位上升至第一位。与贵州省情况截然相反的是,重庆市城镇承载力经历了较大程度的下降,从2004年的0.2178下降至2017年的0.1945,城镇承载力从第一名跌至第五名,且低于同期七省市平均水平。与重庆类似,甘肃省的城镇承载力排名也有所下降,但其城镇承载力水平仍保持上升。与前述三省市排名出现较大变化不同,陕西省和四川省的城镇承载力地位变化不大,整体处在第二、第三位的位置，城镇承载力稳步上升，与同期七省市的平均承载力较为接近。青海省的城镇承载力情况最不乐观，始终为七省市中承载力最低的省份，城镇承载力波动上升，2004年至2017年间仅上升约10%。此外，青海省2017年的城镇承载力为0.1096，仍低于其余六省市2004年的水平。

表4-10 2004年、2013年与2017年各省市基于户籍人口的城镇承载力比较

省市名称	2004年		2013年		2017年	
	城镇承载力	排名	城镇承载力	排名	城镇承载力	排名
贵州省	0.1333	6	0.1541	6	0.2485	1
陕西省	0.1457	3	0.1856	3	0.2100	2
四川省	0.1602	2	0.1912	2	0.2011	3
云南省	0.1340	5	0.2056	1	0.1956	4
重庆市	0.2178	1	0.1723	5	0.1945	5
甘肃省	0.1402	4	0.1814	4	0.1854	6
青海省	0.0997	7	0.1486	7	0.1096	7
七省市	0.1473	2~3	0.1863	2~3	0.2004	3~4

资料来源：根据相关数据计算而得。

（二）子系统承载力情况

1. 经济承载力

从2017年经济承载力的角度来看（见表4-11），贵州省的经济承载力最高，居西部七省市经济承载力首位，与城镇承载力的情况相一致；甘肃、青海两省的经济承载力分别居于第六位和第七位，与城镇承载力的情况也相一致。与城镇承载力的排名不同的是，重庆市、云南省、四川省、陕西省的经济承载力分别排在第二至第五位，与城镇承载力的排序完全相反。其中，陕西、甘肃、青海三省的经济承载力低于2017年七省市的平均经济承载力。

2004年至2017年间，各省市的经济承载力也经历了较大的变化（见表4-11）。总体来看，各省市的经济承载力均有所上升。与城镇承载力的情况类似，贵州省经济承载力的变动幅度最大，从2004年的0.0284上升至2017年的0.0696，上升比例约为145%，同时其经济承载力的排名从第六位上升至第一位。与贵州省不同，甘肃省的经济承载力提升相对较慢，其排名也从2004年的第三位下降至2017年的第六位，跌出七省市的平均水平

线。与贵州、甘肃两省排位变动较大不同，四川省的经济承载力排名始终较为稳定，居于第三、第四位附近，与同期七省市的平均经济承载力水平较为接近，这与城镇承载力的情况类似；青海省经济承载力始终排在第七位，其2017年的经济承载力仍低于2013年其余六省市的水平，甚至也低于青海省2013年的水平，经济承载力在2013年至2017年间不升反降。重庆市、云南省、山西省的经济承载力排名波动较大，但其经济承载力整体呈上升趋势。

表4-11 2004年、2013年与2017年各省市基于户籍人口的经济承载力比较

省市名称	2004年		2013年		2017年	
	经济承载力	排名	经济承载力	排名	经济承载力	排名
贵州省	0.0284	6	0.0395	6	0.0696	1
重庆市	0.0462	1	0.0487	4	0.0662	2
云南省	0.0303	5	0.0662	1	0.0648	3
四川省	0.0334	4	0.0510	3	0.0645	4
陕西省	0.0337	2	0.0515	2	0.0586	5
甘肃省	0.0335	3	0.0470	5	0.0551	6
青海省	0.0261	7	0.0365	7	0.0339	7
七省市	0.0328	4~5	0.0514	2~3	0.0613	4~5

资料来源：根据相关数据计算而得。

2. 社会承载力

从2017年社会承载力的角度来看（见表4-12），贵州省的社会承载力居于七省市首位，青海省的社会承载力最低，与城镇承载力、经济承载力的情况一致。与城镇承载力、经济承载力的排名情况不同，甘肃省2017年的社会承载力居于七省市的第二位，高于同期七省市平均水平。与此相反，四川省和陕西省的社会承载力分别位于七省市的第五位、第六位，均低于同期七省市的平均社会承载力水平，而二者的城镇承载力却高于同期七省市的平均城镇承载力水平。

2004年至2017年间，各省市的社会承载力同样经历了较多的变化（见表4-12）。其中，2004年至2017年间，各省市的社会承载力均有不同程度的提高，而重庆市、四川省、陕西省、青海市四省市的社会承载力在2013年至2017年间略有降低，重庆的社会承载力甚至跌至2004年的水平附近。与城镇承载力、经济承载力的情况类似，四川省的社会承载力排名较为稳

定，其社会承载力处于七省市同期的水平附近；青海省的社会承载力则稳定地处于七省市最低水平，其2017年的社会承载力仍低于其余六省市2004年的社会承载力水平。总体来看，贵州省、甘肃省、云南省、重庆市、陕西省五省市的社会承载力排名波动较大，其中贵州省、甘肃省、云南省的排名总体呈上升的趋势，而重庆市、陕西省的排名整体有所下降。此外，重庆市社会承载力近年来的排名下降较多，从2004年、2013年的第一位下降至2017年的第四位，但其社会承载力仍略高于同期七省市的平均水平。

表4-12 2004年、2013年与2017年各省市基于户籍人口的社会承载力比较

省市名称	2004年		2013年		2017年	
	社会承载力	排名	社会承载力	排名	社会承载力	排名
贵州省	0.0388	2	0.0419	6	0.0444	1
甘肃省	0.0385	3	0.0426	5	0.0440	2
云南省	0.0371	6	0.0434	2	0.0438	3
重庆市	0.0423	1	0.0483	1	0.0424	4
四川省	0.0385	4	0.0428	4	0.0408	5
陕西省	0.0383	5	0.0434	3	0.0407	6
青海省	0.0346	7	0.0401	7	0.0367	7
七省市	0.0383	5	0.0430	3~4	0.0421	4~5

资料来源：根据相关数据计算而得。

3. 资源承载力

从2017年资源承载力的角度来看（见表4-13），贵州省的资源承载力仍居于第一位，与前述承载力的情况类似。除贵州省的排名外，其他六省市资源承载力的排名与城镇承载力的排名情况也大同小异。除贵州省和陕西省外，其余五省市的资源承载力水平均低于同期七省市的平均资源承载力水平，且各省市资源承载力的差异较大。

从七省市资源承载力的变动来看，贵州省、陕西省、云南省、甘肃省四省的资源承载力总体呈上升趋势。其中，贵州省和陕西省的资源承载力持续上升，排位也随之逐渐上升。其中，贵州省的排位变化最大，2004年至2017年间从第七位跃升至第一位。然而，2004年至2017年间，四川省、重庆市、青海省三省市的资源承载力不升反降。其中，尤以重庆市资源承载力的下降幅度最大，从2004年的0.0822下降至2017年的0.0376。尽管四川省资源承载力的排名并未发生较大变化，但其资源承载力的值呈现出

下降的趋势。因此，总体来看，资源承载力的提升是推动西部七省市城镇承载力提高的关键问题。

表4-13 2004年、2013年与2017年各省市基于户籍人口的资源承载力比较

省市名称	2004年		2013年		2017年	
	资源承载力	排名	资源承载力	排名	资源承载力	排名
贵州省	0.0298	6	0.0243	5	0.0637	1
陕西省	0.0367	3	0.0378	4	0.0623	2
四川省	0.0513	2	0.0448	2	0.0421	3
重庆市	0.0822	1	0.0232	6	0.0376	4
云南省	0.0306	5	0.0469	1	0.0362	5
甘肃省	0.0313	4	0.0402	3	0.0337	6
青海省	0.0119	7	0.0212	7	0.0059	7
七省市	0.0395	2~3	0.0404	2~3	0.0442	2~3

资料来源：根据相关数据计算而得。

4. 环境承载力

从2017年环境承载力的角度来看（见表4-14），贵州省的环境承载力处于第一位，此外，其城镇承载力、经济承载力、社会承载力和资源承载力的排名也为第一。然而，甘肃省的资源承载力排名则远高于其城镇承载力的排名；而陕西省的情况则截然相反，其环境承载力的排名远低于其城镇承载力的排名；四川省、云南省、重庆市、青海省四省市的环境承载力排名则与该四省市的城镇承载力排名并无太大差异。与资源承载力的情况类似，七省市环境承载力的水平差异较大，仅贵州省和四川省两个省份的环境承载力高于同期七省市的平均水平。

从七省市环境承载力的变动来看（见表4-14），贵州省、四川省、甘肃省、云南省四省的环境承载力呈上升趋势，而陕西省、重庆市和青海省呈现出先升后降的趋势，但总体来看各省市2017年的环境承载力水平均高于各省市2004年的相应环境承载力水平。在排名上升的省市中，贵州省的排名变动最大，从2004年的第五名上升至2017年的第一名；四川省、甘肃省、云南省三省的排名则略有上升。在排名下降的省市中，重庆市的排名下降多，从2004年的第一名下降至2017年的第六名；陕西省的排名下降也较多，从2004年的第二名下降至2017年的第五名；青海省的排名则持续较低，其环境承载力水平持续低于七省市同期的平均水平。因此，总体来看，

环境承载力的提升也是改善西部七省市城镇承载力的关键问题之一。

表4-14 2004年、2013年与2017年各省市基于户籍人口的环境承载力比较

省市名称	2004年		2013年		2017年	
	环境承载力	排名	环境承载力	排名	环境承载力	排名
贵州省	0.0363	5	0.0484	7	0.0707	1
四川省	0.0370	3	0.0525	2	0.0537	2
甘肃省	0.0369	4	0.0516	4	0.0526	3
云南省	0.0360	6	0.0491	6	0.0508	4
陕西省	0.0370	2	0.0530	1	0.0484	5
重庆市	0.0471	1	0.0520	3	0.0483	6
青海省	0.0271	7	0.0509	5	0.0331	7
七省市	0.0368	4~5	0.0515	4~5	0.0528	2~3

资料来源：根据相关数据计算而得。

三、各城市城镇承载力情况

基于西部七省市各地级市的城镇承载力评价结果，依据城镇承载力的平均值及标准差将53个地级市划分为高承载力、中承载力和低承载力三组（见表4-15）。其中，高承载力城市是指该城市的城镇承载力高于城镇承载力平均值一个标准差，低承载力城市是指该城市的城镇承载力低于城镇承载力平均值一个标准差，其余情形则将该城市划分为中承载力城市。

（一）2017年各城市城镇承载力情况

从2017年的情况来看，高承载力城市包括成都市、南充市、贵阳市、六盘水市、昆明市、西安市、咸阳市、榆林市、兰州市共计9个城市；低承载力城市包括保山市、昭通市、安康市、商洛市、张掖市、陇南市、西宁市共计7个城市；中承载力城市则包括重庆市等37个城市。在高承载力城市中，除咸阳市和榆林市外，其余7个城市的经济承载力均较高，处于高经济承载力区间。除经济承载力外，高承载力城市在其他三项子系统承载力上各有优势，不尽相同。值得一提的是，贵阳市各子系统承载力均处于高承载力区间，发展较为平衡。在低承载力城市中，除保山市和陇南市具有较高的社会承载力外，各城市的各项子系统承载力也相对处于较低水平。

从七省市省会城市的情况来看，四川省、贵州省、云南省、陕西省和

甘肃省五省的省会城市均为高承载力城市,而重庆市和西宁市则分别为中承载力城市和低承载力城市。从重庆市承载力各子系统的情况来看,其经济承载力、社会承载力、资源承载力、环境承载力均位于中承载力区间,与其城镇承载力的区间划分类型一致。类似地,西宁市各子系统承载力也处于低承载力区间,与其城镇承载力的区间划分类型相同。

表4-15 2004年、2013年与2017年各城市基于户籍人口的城镇承载力分组

承载力分组	2004年	2013年	2017年
高承载力	重庆市、成都市、自贡市、攀枝花市、眉山市、广安市、铜川市、平凉市（共8个）	攀枝花市、德阳市、广元市、昆明市、昭通市、渭南市、榆林市、武威市、张掖市、酒泉市（共10个）	成都市、南充市、贵阳市、六盘水市、昆明市、西安市、咸阳市、榆林市、兰州市（共9个）
中承载力	泸州市、德阳市、绵阳市、广元市、遂宁市、内江市、乐山市、宜宾市、达州市、雅安市、巴中市、资阳市、贵阳市、六盘水市、遵义市、安顺市、昆明市、曲靖市、玉溪市、保山市、丽江市、临沧市、西安市、宝鸡市、咸阳市、延安市、汉中市、榆林市、商洛市、兰州市、金昌市、白银市、天水市、武威市、张掖市、酒泉市、庆阳市、定西市、陇南市（共39个）	重庆市、泸州市、绵阳市、遂宁市、内江市、乐山市、南充市、眉山市、宜宾市、广安市、达州市、雅安市、巴中市、贵阳市、六盘水市、遵义市、安顺市、曲靖市、玉溪市、保山市、丽江市、普洱市、铜川市、宝鸡市、咸阳市、延安市、汉中市、安康市、商洛市、兰州市、金昌市、白银市、平凉市、庆阳市、陇南市、西宁市（共36个）	重庆市、自贡市、攀枝花市、泸州市、德阳市、绵阳市、广元市、遂宁市、内江市、乐山市、眉山市、宜宾市、广安市、达州市、雅安市、巴中市、资阳市、遵义市、安顺市、曲靖市、玉溪市、丽江市、普洱市、临沧市、铜川市、宝鸡市、渭南市、延安市、汉中市、金昌市、白银市、天水市、武威市、平凉市、酒泉市、庆阳市、定西市（共37个）
低承载力	南充市、昭通市、思茅市、渭南市、安康市、西宁市（共6个）	成都市、自贡市、资阳市、临沧市、西安市、天水市、定西市（共7个）	保山市、昭通市、安康市、商洛市、张掖市、陇南市、西宁市（共7个）

资料来源:根据相关数据整理而得。

(二) 2004年至2017年间各城市城镇承载力情况的变化

从2004年至2017年间西部七省市各城市城镇承载力分组的变化情况来看

(见表4-16),成都市始终为高承载力城市。在2004年高承载力的城市中,重庆市、自贡市、攀枝花、眉山市、广安市、铜川市、平凉市七个城市2017年转变为中承载力城市,同时并无高承载力城市转变为低承载力城市。

在2004年中承载力城市中,绝大多数城市2017年的城镇承载力水平仍维持在中承载力水平上;贵阳市、六盘水市、昆明市、西安市、咸阳市、榆林市、兰州市七个城市转变为高承载力城市,其中包括四个省会城市;保山市、商洛市、张掖市、陇南市四个城市则从中承载力城市转变为低承载力城市。

在2004年低承载力的城市中,南充市的城镇承载力2013年上升至中承载力水平,2017年上升至高承载力水平;思茅市(普洱市)、渭南市两市的城镇承载力从2004年的低承载力上升至2017年的中承载力;昭通市、安康市、西宁市三个城市的城镇承载力则始终保持在低承载力的水平之上。其中,南充市城镇承载力水平的上升主要得益于其经济承载力的大幅度上升,从2004年的低于平均值1.6个标准差上升至2017年的高于平均值2.9个标准差。

总体来看,2004年至2017年间保持承载力水平类型不变的城市占绝大多数,共计32个城市,约占所有城市的60%左右;承载力水平上升的城市共计10个,约占所有城市的19%;承载力水平下降的城市共计11个,约占所有城市的21%。

表4-16 2004年至2017年各城市基于户籍人口的城镇承载力分组变化

变化分类	样本城市
高—高承载力	成都市
高—中承载力	重庆市、自贡市、攀枝花、眉山市、广安市、铜川市、平凉市
高—低承载力	无
中—高承载力	贵阳市、六盘水市、昆明市、西安市、咸阳市、榆林市、兰州市
中—中承载力	泸州市、德阳市、绵阳市、广元市、遂宁市、内江市、乐山市、宜宾市、达州市、雅安市、巴中市、资阳市、遵义市、安顺市、曲靖市、玉溪市、丽江市、临沧市、宝鸡市、延安市、汉中市、金昌市、白银市、天水市、武威市、酒泉市、庆阳市、定西市
中—低承载力	保山市、商洛市、张掖市、陇南市
低—高承载力	南充市
低—中承载力	思茅市(普洱市)、渭南市
低—低承载力	昭通市、安康市、西宁市

资料来源:根据相关数据整理而得。

第四节 基于常住人口的西部城镇承载力评价结果

在上一节的城镇承载力分析中,我们基于户籍人口评价了西部七省市的城镇承载力。然而,由于农业转移人口等人口的存在,某一城市的常住人口与户籍人口之间存在较大差异,以户籍人口为基础衡量的西部七省市的城镇承载力与实际情况之间可能存在一定的偏差。以2017年的数据为例,2017年成都市辖区的常住人口为1045.52万人,而户籍人口为812万人,二者相差达233.52万人,常住人口远远超过户籍人口;相反地,2017年重庆市辖区地常住人口为2418.59万人,而户籍人口为2451万人,二者的差值为-32.41万人,常住人口略低于户籍人口。因此,在上一节的基础之上,本节以常住人口替代户籍人口,基于常住人口考察西部七省市的城镇承载力情况。

除青海省西宁市辖区常住人口的数据根据各大新闻网站数据整理而得外,本节中四川、重庆、陕西、甘肃、云南、贵州七省市各地级市辖区常住人口的数据均来自中经网统计数据库[①]。此外,由于四川省各地级市市辖区常住人口最早可获得数据的年份为2013年,本节将时间范围缩小为2013年至2017年。类似地,基于第二节的指标体系、资料来源和数据处理方法等,计算基于常住人口的西部城镇承载力评价指标体系各指标的权重(见表4-17)。其中,经济子系统的权重约为0.1579,社会子系统的权重约为0.3049,资源子系统的权重约为0.3913,环境子系统的权重约为0.1458。根据表4-17中的权重,采用第二节中的方法分别计算各城市基于常住人口的城镇承载力以及各子系统的承载力,即经济承载力、社会承载力、资源承载力以及环境承载力。

[①] 在中经网统计数据库中,陕西省咸阳市秦都区常住人口数据不可得,因此本节中咸阳市辖区常住人口数据以除秦都区以外的其他辖区的常住人口数总和近似替代。

表4-17 基于常住人口的西部城镇承载力评价指标体系各指标权重

子系统		子系统权重	指标层	指标权重
城镇承载力（A）	经济承载力（B_1）	0.1579	GDP年增长率（C_1）	0.0136
			第二产业占GDP比重（C_2）	0.0240
			第三产业占GDP比重（C_3）	0.0346
			人均GDP（C_4）	0.0464
			人均社会零售品销售总额（C_5）	0.0393
	社会承载力（B_2）	0.3049	人口自然增长率（C_6）	0.0074
			人口密度（C_7）	0.0062
			第二产业从业人员比重（C_8）	0.0222
			第三产业从业人员比重（C_9）	0.0167
			科技教育支出占GDP比重（C_{10}）	0.0633
			每万人公共交通车辆数（C_{11}）	0.1810
			年末城镇登记失业率（C_{12}）	0.0081
	资源承载力（B_3）	0.3913	城市居民人均生活用水量（C_{13}）	0.0647
			人均供水量（C_{14}）	0.0917
			人均城市道路面积（C_{15}）	0.0616
			城市建设用地占市区比例（C_{16}）	0.1733
	环境承载力（B_4）	0.1458	人均绿地面积（C_{17}）	0.1138
			工业废水排放量（C_{18}）	0.0046
			工业固体废物综合利用率（C_{19}）	0.0185
			生活垃圾无害化处理率（C_{20}）	0.0090

资料来源：根据相关数据计算而得。

一、西部七省市整体城镇承载力情况

从西部七省市整体城镇承载力的发展变化来看（见图4-4），2013年至2017年间城镇承载力逐年上升，从2013年的0.1765上升至2017年的0.1895，上升了约7.40%，而同期基于户籍人口的城镇承载力上升约7.58%，上升幅度相差无几。2013年至2017年间，基于常住人口的城镇承载力始终低于基于户籍人口的城镇承载力，但始终保持逐年上升的趋势，而基于户籍人口的城镇承载力在2017年略有下降。从城镇承载力的年增长率来看，2013年至2016年间两类城镇承载力的增长率相差无几，而2017

年基于户籍人口的城镇承载力的增长率为 -1.10%，而同期基于常住人口的城镇承载力的增长率为 0.20%，存在较大差异。因此，基于户籍人口的城镇承载力与基于常住人口的城镇承载力之间存在一定的差异，基于常住人口重新估计城镇承载力是十分必要的。

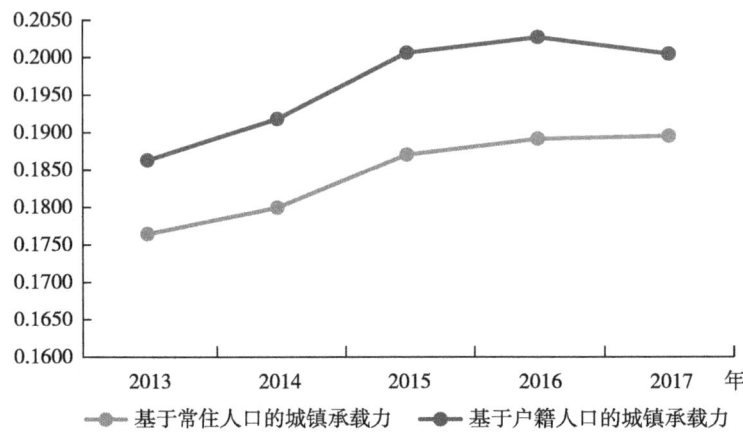

图 4-4　2013—2017 年西部七省市两类整体城镇承载力趋势对比

(资料来源：根据相关数据计算而得)

从各子系统的承载力情况来看（见表4-18），基于常住人口的经济承载力逐年上升，从 2013 年的 0.0594 上升至 2017 年的 0.0686，上升比例约为 16%，略低于基于户籍人口的经济承载力同期的增长率 19%，但远高于基于常住人口的城镇承载力的上升比例。与经济承载力的情况略有不同，资源承载力整体呈现出上升的趋势，在 2015 年略有下降。2013 年至 2017 年间，资源承载力的上升比例约为 11%，略高于基于户籍人口的资源承载力同期的增长率 9%，但也高于基于常住人口的城镇承载力的上升比例。与经济承载力和资源承载力不同，社会承载力和环境承载力在 2013 年至 2017 年间不升反降。其中，社会承载力从 2013 年的 0.0434 下降至 2017 年的 0.0426，下降约 2%，与基于户籍人口的社会承载力同期的下降比例相等。类似地，环境承载力在 2013 年至 2017 年间略有下降，2017 年的环境承载力与 2013 年的水平相差无几。值得注意的是，2013 年至 2017 年间基于户籍人口的环境承载力反而上升了约 3%，与基于常住人口的环境承载力的变化存在较大差异。因此，从城镇承载力子系统的情况来看，两类承载力也存在一定的差异，采用常住人口能够更准确地评价城镇承载力。然而，总体来看，西部七省市城镇承载力历年来的上升主要得益于经济承载力和资源承载力的上升，这与基于户籍人口的城镇承载力的评价结论相一致。同样地，社会承载力和环境承载力近年来略有下降，与经济承载力和资源承载力之间的差距进一步拉大，城镇承载力内部的不平衡情况加剧。

表4-18 2013—2017年西部七省市两类整体城镇承载力情况对比

年份	经济承载力		社会承载力		资源承载力		环境承载力	
	常住	户籍	常住	户籍	常住	户籍	常住	户籍
2013	0.0594	0.0514	0.0434	0.0430	0.0447	0.0404	0.0290	0.0515
2014	0.0613	0.0543	0.0429	0.0424	0.0464	0.0432	0.0293	0.0520
2015	0.0639	0.0574	0.0470	0.0447	0.0458	0.0424	0.0303	0.0560
2016	0.0655	0.0599	0.0444	0.0436	0.0476	0.0439	0.0316	0.0552
2017	0.0686	0.0613	0.0426	0.0421	0.0494	0.0442	0.0289	0.0528

资料来源：根据相关数据计算而得。

二、各省市城镇承载力情况

同样地，在考察完整体层面城镇承载力的基础之上，从省级层面分析城镇承载力有利于更充分地了解西部七省市的城镇承载力。

（一）城镇承载力情况

从2017年城镇承载力的情况来看（见图4-5），青海省、贵州省、陕西省和四川省依次是城镇承载力最高的四个省份，其城镇承载力均超过了同期七省市的平均水平；重庆市、云南省和甘肃省是低于同期七省市平均城镇承载力的省市，依次排在第五至第七位。除青海省外，其余六个省市的排名与基于户籍人口的评价结果并无太大差异（见表4-19）。其中，由于青海省的资源承载力和经济承载力远高于其他六省市，其城镇承载力也远远高于其他六省市。

2013年至2017年间，各省市城镇承载力的地位也发生了一定的变化（见表4-19）。其中，重庆市的排名变化最大，从2013年的第二位下降至2017年的第五位。与重庆市排名下降的情况相反，贵州省、陕西省和四川省均上升了一位。同时，位于首位的青海省、居于末尾的云南省和甘肃省的排名并未产生变化。总体来看，除重庆市外，其余六省市的城镇承载力均实现了增长。尽管重庆市的排名变化并不大，但其城镇承载力水平从2013年高于同期平均水平的0.1921下降至2017年低于同期平均水平的

0.1808，城镇承载力情况亟须改善。

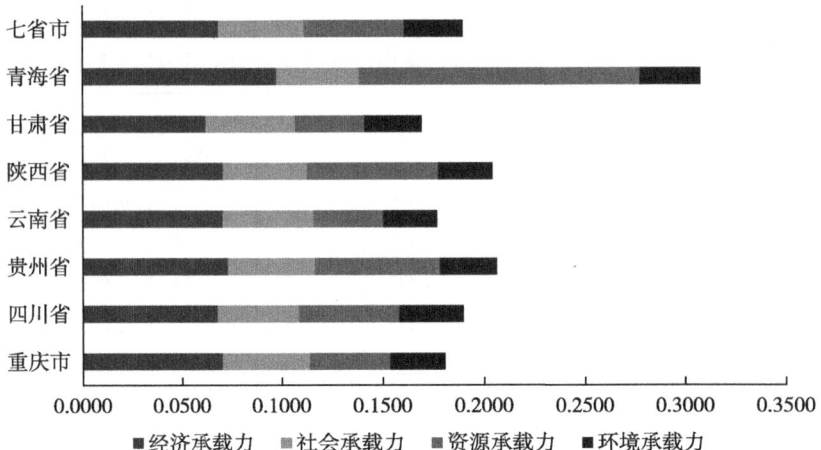

图 4-5　2017 年西部七省市整体与各省市基于常住人口的城镇承载力比较

(资料来源：根据相关数据计算而得)

表 4-19　2013 年与 2017 年各省市城镇承载力比较

省市名称	2013 年 (基于常住人口)		2017 年 (基于常住人口)		2017 年 (基于户籍人口)	
	城镇承载力	排名	城镇承载力	排名	城镇承载力	排名
青海省	0.2785	1	0.3077	1	0.1096	7
贵州省	0.1816	3	0.2062	2	0.2485	1
陕西省	0.1778	4	0.2041	3	0.2100	2
四川省	0.1768	5	0.1896	4	0.2011	3
重庆市	0.1921	2	0.1808	5	0.1945	5
云南省	0.1700	6	0.1768	6	0.1956	4
甘肃省	0.1668	7	0.1693	7	0.1854	6
七省市	0.1765	5~6	0.1895	4~5	0.2004	3~4

注：表中并未用到 2013 年基于户籍人口的城镇承载力数据，故未列出。
资料来源：根据相关数据计算而得。

(二) 子系统承载力情况

1. 经济承载力

从 2017 年经济承载力的角度来看（见表 4-20），青海省、贵州省、陕西省依次是经济承载力最高的三个省份，与城镇承载力的排名情况一致；

甘肃省的经济承载力排在末位，也与城镇承载力的排名情况相同。与城镇承载力的排名不同的是，云南省、重庆市、四川省的经济承载力分别排在第四至第六位，与城镇承载力的排序完全相反。2017年，仅四川省和甘肃省两个省份的经济承载力低于2017年七省市的平均经济承载力。此外，基于户籍人口和常住人口的经济承载力排名情况存在较大差异。例如，基于户籍人口的评价结果，2017年低于平均经济承载力的省份为陕西省、甘肃省和青海省，与基于常住人口评价结果得出的结论存在出入。

2013年至2017年间，各省市的经济承载力也经历了一定的变化（见表4-20）。总体来看，各省市的经济承载力均有所上升。在各省市经济承载力的排名方面，居于首位的青海省以及居于末位的四川省和甘肃省的排名并无变化，而排名居中的其他四个省市的排名变动相对较大，这与城镇承载力的情况类似。其中，重庆市和云南省的经济承载力排名上升，而贵州省和陕西省的经济承载力排名有所下降。从与各期平均经济承载力的比较来看，低于各期平均经济承载力的省份始终是四川省和甘肃省。

表4-20 2013年与2017年各省市经济承载力比较

省市名称	2013年（基于常住人口）		2017年（基于常住人口）		2017年（基于户籍人口）	
	经济承载力	排名	经济承载力	排名	经济承载力	排名
青海省	0.0814	1	0.0976	1	0.0339	7
贵州省	0.0651	4	0.0731	2	0.0696	1
陕西省	0.0623	5	0.0707	3	0.0586	5
云南省	0.0652	3	0.0706	4	0.0648	3
重庆市	0.0700	2	0.0705	5	0.0662	2
四川省	0.0553	6	0.0679	6	0.0645	4
甘肃省	0.0540	7	0.0619	7	0.0551	6
七省市	0.0594	5~6	0.0686	5~6	0.0613	4~5

资料来源：根据相关数据计算而得。

2. 社会承载力

从2017年社会承载力的角度来看（见表4-21），各省市社会承载力的排名情况与城镇承载力排名间的差异较大。2017年，高于同期七省市平均社会承载力的省市包括云南省、甘肃省、重庆市、贵州省四个省份，而云南省、甘肃省、重庆市的城镇承载力均低于同期的平均城镇承载力水平；

陕西省、青海省、四川省三省的社会承载力则低于同期七省市的平均社会承载力水平，而这些省份的城镇承载力均高于同期的平均城镇承载力水平。比较基于户籍人口与常住人口的社会承载力排名发现，尽管具体的排名略有不同，但陕西省、青海省、四川省始终是社会承载力低于两类城镇承载力平均水平的省份。

2013年至2017年间，各省市的社会承载力同样经历了一定的变化（见表4-21）。其中，排在末位的陕西省、青海省和四川省的社会承载力排名并未产生变化，始终低于同期七省市的平均社会承载力；在高于同期七省市的平均社会承载力的省市中，云南省和甘肃省的排名上升而重庆市和贵州省的排名下降。除排名上升的两个省份外，其余五个省市在2013年至2017年间均经历了社会承载力的下降，而云南省和甘肃省的社会承载力上升幅度也不大，社会承载力成为制约各省市城镇承载力提高的短板。

表4-21 2013年与2017年各省市社会承载力比较

省市名称	2013年（基于常住人口）		2017年（基于常住人口）		2017年（基于户籍人口）	
	社会承载力	排名	社会承载力	排名	社会承载力	排名
云南省	0.0444	2	0.0451	1	0.0438	3
甘肃省	0.0437	4	0.0448	2	0.0440	2
重庆市	0.0504	1	0.0434	3	0.0424	4
贵州省	0.0444	3	0.0433	4	0.0444	1
陕西省	0.0433	5	0.0419	5	0.0407	6
青海省	0.0426	6	0.0408	6	0.0367	7
四川省	0.0422	7	0.0405	7	0.0408	5
七省市	0.0434	4~5	0.0426	4~5	0.0421	4~5

资料来源：根据相关数据计算而得。

3. 资源承载力

从2017年资源承载力的角度来看（见表4-22），青海省的资源承载力为七省市最高，该排名情况与城镇承载力的排名情况一致。除贵州省的排名外，其余六省市资源承载力的排名与城镇承载力的排名情况也相差无几。除云南和甘肃省外，其余五省市的资源承载力均低于同期七省市的平均资源承载力水平，而各省市资源承载力间的差异较大。比较基于户籍人口和常住人口的资源承载力排名发现，二者存在一定的差异。例如，四川省基于常住人口的资源承载力高于同期七省市的平均资源承载力水平,而其基于户籍人口的资源承载力则低于同期七省市的平均资源承载力水平,结论截然相反。

从七省市资源承载力的变动来看(见表4-22),除重庆市和甘肃省的资源承载力下降外,其余五省的资源承载力均有所上升。相应地,各省市的排名也发生了变化。随着资源承载力的下降,重庆市和甘肃省的排名也随之下降。在资源承载力上升的省份中,陕西省从低于资源承载力平均水平上升至资源承载力平均水平以上,排名从2013年的第六位上升至2017年的第二位,而同期云南省则从第七位上升至第六位。除排名上升的省市外,资源承载力上升的省份中,青海省、贵州省排名保持不变,而四川省的资源承载力排名则从第二位下降至第四位。

表4-22 2013年与2017年各省市资源承载力比较

省市名称	2013年 (基于常住人口)		2017年 (基于常住人口)		2017年 (基于户籍人口)	
	资源承载力	排名	资源承载力	排名	资源承载力	排名
青海省	0.1205	1	0.1388	1	0.0059	7
陕西省	0.0423	6	0.0646	2	0.0623	2
贵州省	0.0449	3	0.0617	3	0.0637	1
四川省	0.0478	2	0.0496	4	0.0421	3
重庆市	0.0436	4	0.0396	5	0.0376	4
云南省	0.0343	7	0.0345	6	0.0362	5
甘肃省	0.0425	5	0.0342	7	0.0337	6
七省市	0.0447	3~4	0.0494	5~6	0.0442	2~3

资料来源:根据相关数据计算而得。

4. 环境承载力

从2017年环境承载力的角度来看(见表4-23),环境承载力排名与城镇承载力排名之间存在较大的差异。其中,四川省、青海省和甘肃省的环境承载力高于同期七省市的平均水平,而其余四省市的环境承载力则低于同期七省市的平均水平。比较基于户籍人口和常住人口的环境承载力发现,二者的排名也存在较大差异。

从七省市环境承载力的变动来看(见表4-23),青海省、重庆市和陕西省的环境承载力有所下降,而其余四省的环境承载力则有不同程度的提高，改善环境承载力也是提升西部七省市城镇承载力的关键内容之一。比较各期环境承载力与同期七省市的平均环境承载力发现，甘肃省、贵州省、重庆市、云南省的环境承载力始终低于平均水平，而陕西省则从2013年的高于平均水平下降到平均水平线以下。因此，无论是从环境承载力的绝对值还是环境承载力的排名来看，环境承载力的提升都应当是各省市提升城镇承载力需要解决的问题。

表4-23　2013年与2017年各省市环境承载力比较

省市名称	2013年（基于常住人口）		2017年（基于常住人口）		2017年（基于户籍人口）	
	环境承载力	排名	环境承载力	排名	环境承载力	排名
四川省	0.0315	2	0.0316	1	0.0537	2
青海省	0.0340	1	0.0305	2	0.0331	7
甘肃省	0.0267	6	0.0284	3	0.0526	3
贵州省	0.0272	5	0.0281	4	0.0707	1
重庆市	0.0282	4	0.0273	5	0.0483	6
陕西省	0.0299	3	0.0269	6	0.0484	5
云南省	0.0261	7	0.0267	7	0.0508	4
七省市	0.0290	3~4	0.0289	2~3	0.0528	2~3

资料来源：根据相关数据计算而得。

三、各城市城镇承载力情况

（一）2017年各城市城镇承载力情况

从2017年的情况来看（见表4-24），高承载力城市包括成都市、贵阳市、昆明市、西安市、咸阳市、兰州市、西宁市共计7个城市；低承载力城市包括商洛市、武威市、陇南市共计3个城市；中承载力城市则包括重庆市等43个城市。在高承载力城市中，除咸阳外的其余六个城市均为省会城市。与基于户籍人口评价的结果类似，高承载力城市的经济承载力均处于高经济承载力区间。除经济承载力外，这些城市大多在资源承载力上也存在较大的优势，均高于资源承载力的平均水平，且绝大多数的资源承载力也处于高资源承载力区间。在环境承载力方面，绝大多数城市的环境承载力也高于环境承载力的平均水平，但尚未达到高环境承载力的区间。在社会承载力上，多数城市的社会承载力也高于社会承载力的平均水平，但在社会承载力上的优势并没有在其他三个子系统承载力上的优势明显。在低承载力城市中，除商洛市和武威市具有相对较高的社会承载力外，三个城市各项子系统的承载力也相对处于较低水平。

表 4-24 2013 年与 2017 年各城市基于常住人口的城镇承载力分组

承载力分组	2013 年	2017 年
高承载力	成都市、攀枝花市、昆明市、西安市、咸阳市、兰州市、白银市、西宁市（共8个）	成都市、贵阳市、昆明市、西安市、咸阳市、兰州市、西宁市（共7个）
中承载力	重庆市、自贡市、泸州市、德阳市、绵阳市、广元市、遂宁市、内江市、乐山市、南充市、眉山市、宜宾市、广安市、达州市、资阳市、贵阳市、六盘水市、遵义市、安顺市、曲靖市、玉溪市、丽江市、普洱市、临沧市、铜川市、宝鸡市、渭南市、延安市、汉中市、榆林市、安康市、金昌市、天水市、张掖市、平凉市、酒泉市、庆阳市、定西市（共38个）	重庆市、自贡市、攀枝花市、泸州市、德阳市、绵阳市、广元市、遂宁市、内江市、乐山市、南充市、眉山市、宜宾市、广安市、达州市、雅安市、巴中市、资阳市、六盘水市、遵义市、安顺市、曲靖市、玉溪市、保山市、昭通市、丽江市、普洱市、临沧市、铜川市、宝鸡市、渭南市、延安市、汉中市、榆林市、安康市、金昌市、白银市、天水市、张掖市、平凉市、酒泉市、庆阳市、定西市（共43个）
低承载力	雅安市、巴中市、保山市、昭通市、商洛市、武威市、陇南市（共7个）	商洛市、武威市、陇南市（共3个）

资料来源：根据相关数据整理而得。

（二）2013 年至 2017 年间各城市城镇承载力情况的变化

从 2004 年至 2017 年间西部七省市各城市城镇承载力分组的变化情况来看（见表 4-25），成都市、昆明市、西安市、咸阳市、兰州市、西宁市六个城市始终为高承载力城市，其中包括五个省会城市。在 2013 年高承载力的城市中，攀枝花市、白银市两个城市 2017 年转变为中承载力城市，同时并无高承载力城市转变为低承载力城市。其中，攀枝花市、白银市两个城市的资源承载力均经历了大幅度的下降，从 2013 年的高资源承载力区间下降到 2017 年的中资源承载力区间；在其他三项子系统承载力上，攀枝花市、白银市两个城市的增减情况不一。

在 2013 年中承载力的城市中，2017 年绝大多数城市的城镇承载力水平仍维持在中承载力水平上,仅贵阳市例外。从贵阳市各子系统承载力的情况来看,经济承载力始终处于高经济承载力区间,且该市在资源承载力上的优势有所加强。与此类似,贵阳市在资源承载力上的优势有所加强,从2013年的中资源承载力区间上升至2017年的高资源承载力区间。相反地,贵阳市在社会承载力和环境承载力上的优势有所削弱。其中,社会承载力从2013年的高社会承载力区间下降至2017年的中社会承载力区间,但仍高于平均社会承载力0.8个标准差。与此不同,贵阳市的环境承载力经历了较大的变化,从2013年的略高于平均水平下降至环境承载力平均水平以下约0.5个标准差。

在2013年低承载力的城市中,商洛市、武威市、陇南市三个城市的城镇承载力仍位于低承载力区间,而雅安市、巴中市、保山市、昭通市四个城市的城镇承载力则由低承载力区间上升至中承载力区间。其中,雅安市、巴中市、保山市、昭通市四个城市的城镇承载力上升主要得益于社会承载力和资源承载力的上升,在经济承载力上的改善并不明显。此外,雅安市和昭通市在环境承载力上的改善也十分显著。

总体来看,2013年至2017年间保持承载力水平类型不变的城市占绝大多数,共计46个城市,约占所有城市的87%;承载力水平上升的城市共计5个,约占所有城市的9%;承载力水平下降的城市共计2个,约占所有城市的4%。与基于户籍人口的评价结果相比,基于常住人口的评价结果中保持承载力水平类型不变的城市占比相对较大,各城市的城镇承载力所在区间相对稳定。

表4-25　2013年至2017年各城市基于常住人口的城镇承载力分组变化

变化分类	样本城市
高-高承载力	成都市、昆明市、西安市、咸阳市、兰州市、西宁市
高-中承载力	攀枝花市、白银市
高-低承载力	无
中-高承载力	贵阳市
中-中承载力	重庆市、自贡市、泸州市、德阳市、绵阳市、广元市、遂宁市、内江市、乐山市、南充市、眉山市、宜宾市、广安市、达州市、资阳市、六盘水市、遵义市、安顺市、曲靖市、玉溪市、丽江市、普洱市、临沧市、铜川市、宝鸡市、渭南市、延安市、汉中市、榆林市、安康市、金昌市、天水市、张掖市、平凉市、酒泉市、庆阳市、定西市

续表

变化分类	样本城市
中–低承载力	无
低–高承载力	无
低–中承载力	雅安市、巴中市、保山市、昭通市
低–低承载力	商洛市、武威市、陇南市

资料来源：根据相关数据整理而得。

第五章　西部城镇承载力的影响因素分析

从西部七省市各地级市市辖区的总常住人口来看，七省市常住人口从2013年的8223.13万人上升至2017年的9789.67万人，上升比例约为19%，且连年保持上升的趋势。从农业转移人口的角度来看，农业转移人口近年来呈现出省内流动逐渐超过跨省流动的特点，西部城市需要面临比沿海城市更大的常住人口增加的压力。此外，西部七省市农业转移人口在整个西部地区农业转移人口中的地位上升，因此七省市各地级市的城镇承载力面临着更为严峻的考验。为进一步提高七省市各地级市的城镇承载力以缓解农业转移人口增加带来的压力，必须首先明确西部城镇承载力的影响因素。

第一节　城镇承载力的影响因素分析

现有研究表明，城镇承载力受经济、社会、环境和资源等多方面因素的影响。在经验研究方面，现有文献多侧重于城镇承载力的评价，对城镇承载力影响因素的研究相对较少，且主要以城市群为研究对象。根据权泉等（2018）[1]、尚勇敏和王振（2019）[2]、沈威等（2019）[3] 等已有研究成果，本章选取资源集聚、经济发展、社会发展和生态环境四个方面的影响因素进行分析。

（1）资源集聚。资源集聚是城市发展的前提，其中自然资源更是城市发展的基础性要素，其供给水平制约着城市经济和社会的发展。另外，人口的集聚或扩散的情况也影响着城市经济—社会—生态协调的程度。考虑

---

[1] 权泉，朱佳玲，刘云强，王芳，彭岚. 四川省城市群综合承载力、驱动因子与空间演化[J]. 中国农业资源与区划，2018，39（8）：218-229.
[2] 尚勇敏，王振. 长江经济带城市资源环境承载力评价及影响因素[J]. 上海经济研究，2019（7）：14-25+44.
[3] 沈威，鲁丰先，秦耀辰，谢志祥，李阳. 长江中游城市群城市生态承载力时空格局及其影响因素[J]. 生态学报，2019，39（11）：3937-3951.

到生产生活均离不开水资源,本章选取人均水资源量代表自然资源情况。此外,鉴于经济发展、社会发展、生态环境三方面均可能受到人口规模的影响,本章在余下三方面的影响因素中也加入人口规模的考虑,即只使用人均和百分比类的指标。

(2) 经济发展。现有文献从多个维度研究了经济发展对城镇承载力的影响,包括经济发展水平、经济发展效率、产业结构等方面。其中,较高的经济发展水平对城镇承载力提升的支撑更强;较高的经济发展效率,意味着更高的资源环境综合利用水平和可持续发展水平,从而有利于城镇承载力的提高;产业结构的优化可以提高城市经济发展的稳定性,缓解外部经济条件变化可能带来的损失,也有利于城镇承载力的提升。综上所述,本章选择人均GDP、财政科技支出占GDP比重分别代表经济发展水平和经济发展效率,采用第二产业占GDP的比重代表产业结构。

(3) 社会发展。现有文献指出,社会发展水平在一定程度上能够反映社会的和谐与稳定程度,而社会的稳定则可能对经济、资源和环境等方面产生积极的影响,有利于提高城市的城镇承载力。鉴于此,本章以城镇登记失业率为代表,考察社会发展程度对城镇承载力的影响。

(4) 生态环境。基于已有文献,本章从环境污染治理水平和生态环保意识两个方面考察生态环境情况对城市城镇承载力的影响。其中,环境污染治理水平和生态环保意识均能够降低环境污染,提高资源环境的可持续发展水平,从而有利于城镇承载力的提升。二者不同的点在于,环境污染治理水平直接体现了环境污染的治理效应,而生态环保观念的作用渠道则相对隐蔽。据此,本章分别选择单位GDP的二氧化硫排放量和每万人在校大学生人数分别代表环境污染治理水平和生态环保意识。

第二节 变量、数据及模型设定

一、变量选取及数据说明

在参考相关文献的基础之上,本章选择了影响城镇承载力的资源集聚、经济发展、社会发展和生态环境四个方面的七个影响因素:选择人均水资源量($water_{it}$)代表自然资源情况,以市辖区供水总量与市辖区常住人口比值(吨/人)的对数值表示;选择人均GDP(gdp_{it})代表经济发展水平,以市辖区 GDP 与市辖区常住人口比值（元/人）的对数值表示；选择第二产业占 GDP 的比重（$structure_{it}$）代表产业结构，以市辖区第二产业 GDP 与市辖区 GDP 的比值表示（%）；选择公共财政支出中科学技术支出占 GDP 比重（$technology_{it}$）代表经济发展效率，以市辖区科学技术支出与市辖区 GDP 的比值（%）表示；选择城镇登记失业率（$unemployment_{it}$）代表社会发展情况，以市辖区城镇登记失业人员数与市辖区城镇单位从业人员期末数、城镇私营和个体从业人员、城镇登记失业人员数三者之和的比值（%）表示；选择单位 GDP 二氧化硫排放量（SO_{2it}）代表环境污染治理水平，以全市工业二氧化硫排放量与市辖区 GDP 的比值（吨/万元）的对数表示[①]；选择每万人在校大学生人数（$college_{it}$）代表生态环保意识，以市辖区普通高等学校在校学生人数与市辖区常住人口的比值（人/万人）的对数值表示。

与基于常住人口的城镇承载力的样本城市与时间范围一致，本文以 2013 年至 2017 年间七省市的 53 个地级市为样本，考察城镇承载力的影响因素。其中，各地级市城镇承载力的资料来源于前文中基于常住人口的城镇承载力测算结果；影响因素相关指标的数据均来源于《中国城市统计年鉴（2014—2018）》，除工业二氧化硫排放量采用"全市"口径外，其余数据均采用"市辖区"口径。解释变量与被解释变量的描述性统计结果如表 5 - 1 所示。从解释变量的相关系数来看（见表 5 - 2），各变量之间的相关系数均低于 0.8，且绝大多数相关系数远低于 0.8，前文选择的七个解释变量可进入同一模型。

表 5 - 1 主要变量描述性统计

变量	样本量	均值	标准差	最小值	最大值
ucc	265	-1.725	0.258	-2.387	-0.812
water	260	3.762	0.640	2.056	5.876
gdp	264	10.629	0.515	8.613	11.818
structure	264	47.849	13.092	13.57	80.59
technology	264	0.186	0.350	0.010	5.033
unemployment	253	3.059	2.231	0.028	14.254
SO_2	243	-5.160	1.190	-9.821	-2.757
college	249	5.508	0.980	0.706	7.713

资料来源：采用 Stata 根据相关数据计算而得。

---

① 市辖区二氧化硫排放量数据不可得，以全市二氧化硫排放量数据近似替代。

表 5-2 解释变量的相关系数矩阵

变量	(1)	(2)	(3)	(4)	(5)	(6)	(7)
(1) water	1.000						
(2) gdp	0.715	1.000					
(3) structure	0.398	0.544	1.000				
(4) technology	0.035	0.013	-0.002	1.000			
(5) employment	-0.032	-0.109	-0.061	0.007	1.000		
(6) SO_2	-0.002	-0.165	0.082	-0.132	-0.086	1.000	
(7) college	0.431	0.524	0.003	0.059	-0.007	-0.198	1.000

资料来源：采用 Stata 根据相关数据计算而得。

二、模型设定

为确定模型设定，本部分依次进行了一系列的检验。一方面，采用 Wald 检验判断适用固定效应模型还是混合 OLS 模型。该检验对应的 F 值为 4.92，相应的 P 值大于 0，在固定效应模型和混合 OLS 模型间应选择固定效应模型。另一方面，采用 LR 检验判断适用随机效应模型还是混合 OLS 模型。该检验对应的卡方统计值为 52.67，相应的 P 值大于 0，在随机效应模型和混合 OLS 模型间应选择随机效应模型。为进一步在固定效应模型和随机效应模型之间做出选择，本部分继续进行 Hausman 检验。该检验对应的卡方统计值为 10.15，相应的 P 值为 0.18，选择随机效应模型。在确定适用随机效应模型后，需进一步明确模型中是否应包含时间效应，进行 Wald 检验。相应的检验发现，时间效应不应纳入该随机效应模型。综上所述，本章采用不包含时间效应的随机效应模型研究城镇承载力的影响因素，具体模型如下：

$$ucc_{it} = \alpha_i + \beta_1 water_{it} + \beta_2 gdp_{it} + \beta_3 structure_{it} + \beta_4 technology_{it} + \beta_5 unemployment_{it} + \beta_6 SO_{2it} + \beta_7 college_{2it} + \varepsilon_{it} \quad (5-1)$$

其中，i 和 t 分别表示城市和年份；因变量 ucc_{it} 表示城镇承载力的对数值；α_i 表示个体效应；ε_{it} 表示随机扰动项。

在基准模型中，$water_{it}$ 表示人均水资源量；gdp_{it} 表示人均 GDP；$structure_{it}$ 表示第二产业占 GDP 的比重；$technology_{it}$ 表示公共财政支出中科学技术支出占 GDP 的比重；$unemployment_{it}$ 表示城镇登记失业率；SO_{2it} 表示单位 GDP 二氧化硫排放量；$college_{it}$ 表示每万人在校大学生人数。其中，$water_{it}$、gdp_{it}、

SO_{2it}、$college_{it}$ 四个变量均以对数形式进入模型。

第三节 回归结果分析

一、基准回归结果分析

从基准回归的结果（见表5-3）来看，人均水资源量的系数为0.188，且在1%的水平上显著，即七省市各地级市人均水资源量每上升1%，城镇承载力平均上升0.188%，以人均水资源量为代表的自然资源集聚对城镇承载力具有显著的正向影响，作用方向与理论预期一致。类似地，代表经济发展水平的人均GDP也对城镇承载力具有显著的正向影响，与理论预期相符。人均GDP的系数为0.214，略大于人均水资源量的系数，也在1%的水平上显著。与代表经济发展水平的人均GDP不同，代表产业结构的第二产业占GDP比重的系数在5%的水平上显著为负，七省市各地级市第二产业占GDP比重每上升1%，城镇承载力平均下降0.002%。在经济发展方面，代表经济发展效率的公共财政支出中科学技术支出占GDP的比重对城镇承载力并无显著的影响。代表经济发展不同维度的解释变量对城镇承载力的影响存在较大差异。与经济发展效率的情况类似，代表社会发展的城镇登记失业率对城镇承载力也不存在显著的影响。在生态环境方面，代表环境污染治理水平的单位GDP二氧化硫排放量的系数显著为负，在10%的水平上显著，七省市各地级市单位GDP二氧化硫排放量每增加1%，城镇承载力平均下降0.016%。代表生态环保意识的每万人在校大学生人数对城镇承载力的作用方向与单位GDP二氧化硫排放量的作用方向相反，其系数为0.028，且在5%的水平上显著，即每万人在校大学生人数每提高1%，七省市各地级市城镇承载力平均提高0.028%。

总体来看，人均水资源量、人均GDP、第二产业占GDP比重、单位GDP二氧化硫排放量、每万人在校大学生人数五个解释变量对城镇承载力具有显著的影响。其中，人均水资源量、人均GDP、每万人在校大学生人数三个解释变量对城镇承载力的影响显著为正，且至少在5%的水平上显著。从三个解释变量系数的大小来看，代表经济发展水平的人均GDP的系数（0.214）最大，代表自然资源的人均水资源量的系数（0.188）略小于人均GDP的系数，而代表生态环保意识的每万人在校大学生人数的系数

(0.028) 则远小于前两个解释变量的系数。代表环境污染治理水平的单位 GDP 二氧化硫排放量与代表产业结构的第二产业占 GDP 比重对城镇承载力具有显著的负向影响，二者系数的绝对值和显著性水平均略低于对城镇承载力具有显著正向影响的三个解释变量相应的水平。总体来看，除社会发展方面外，资源集聚、经济发展和生态环境三个方面均有一个或多个因素对城镇承载力具有显著的影响。

表 5-3 基本回归结果

自变量	系数	标准误	t 值	p 值	[95%的置信区间]		显著性
water	0.188	0.020	9.62	0.000	0.150	0.226	***
gdp	0.214	0.034	6.33	0.000	0.148	0.281	***
structure	-0.002	0.001	-2.02	0.044	-0.004	0.000	**
technology	0.010	0.017	0.56	0.575	-0.024	0.043	
unemployment	-0.003	0.004	-0.61	0.544	-0.011	0.006	
SO_2	-0.016	0.008	-1.92	0.054	-0.031	0.000	*
college	0.028	0.014	1.98	0.047	0.000	0.055	**
R^2		0.816		样本量	219		
Chi-square		406.665		Prob > chi^2	0.000		
组内 R^2		0.382		组间 R^2	0.867		

注：*** 表示 1% 的显著性水平，** 表示 5% 的显著性水平，* 表示 10% 的显著性水平。
资料来源：采用 Stata 根据相关数据计算而得。

二、稳健性检验

为进一步验证前文回归结果的稳健性，本部分在基准回归的基础之上进行一系列的稳健性检验，包括剔除异常值、直辖市等。

明显的异常值是导致估计偏差的重要原因之一，因此为进一步验证基准回归结论的可靠性，本部分对数据进行 1% 缩尾后再次进行回归，回归结果见表 5-4。与基准回归结果类似，人均水资源量、人均 GDP、每万人在校大学生人数三个解释变量对城镇承载力的影响仍显著为正，其中每万人在校大学生人数的显著性水平略有下降。从三个解释变量的系数来看，人均水资源量的系数略有上升，而人均 GDP 和每万人在校大学生人数的系数则略有下降，但整体看系数的变化程度不大。第二产业占 GDP 比重与单位 GDP 二氧化硫排放量的系数仍为负，其中前者的系数和显著性水平均无变化，而后者的系数则由显著转变为不显著。整体来看，剔除异常值后的回归结果与基准回归结果基本相同，基准回归的结果稳健。

表 5-4 剔除异常值的回归结果

自变量	系数	标准误	t 值	p 值	[95% 的置信区间]		显著性
water	0.199	0.020	10.12	0.000	0.161	0.238	***
gdp	0.199	0.033	6.06	0.000	0.135	0.264	***
structure	-0.002	0.001	-2.48	0.013	-0.004	0.000	**
technology	0.085	0.054	1.57	0.117	-0.021	0.192	
unemployment	-0.004	0.004	-0.83	0.405	-0.012	0.005	
SO_2	-0.013	0.008	-1.61	0.107	-0.028	0.003	
college	0.025	0.014	1.71	0.088	-0.004	0.053	*
R^2		0.829		样本量	219		
Chi-square		420.107		Prob > chi^2	0.000		
组内 R^2		0.381		组间 R^2	0.875		

注：*** 表示 1% 的显著性水平，** 表示 5% 的显著性水平，* 表示 10% 的显著性水平。
资料来源：采用 Stata 根据相关数据计算而得。

人口的集聚是影响城镇承载力的重要因素之一，而非直辖市省份与直辖市在人口方面具有截然不同的特点。非直辖市省份各地级市市辖区的总常住人口往往超过相应的户籍人口，而直辖市市辖区的总常住人口往往低于相应的户籍人口，二者面临的人口压力有所不同。与其余六省份的省会城市比较，重庆市市辖区的常住人口少于户籍人口，而其他六个省会城市的常住人口往往远超户籍人口。总体来看，重庆市在人口集聚方面与其他省份存在较大的差异，而这可能会带来自然资源、社会基础设施等一系列因素的差异，进而可能影响各因素对城镇承载的作用。因此，本部分剔除样本中的直辖市即重庆市的数据后再次进行回归，回归结果见表 5-5。由于重庆市各年的城镇登记失业率数据均缺失，因此剔除直辖市的回归结果与基准回归结果并无差异。

表 5-5 剔除直辖市的回归结果

自变量	系数	标准误	t 值	p 值	[95% 的置信区间]		显著性
water	0.188	0.020	9.62	0.000	0.150	0.226	***
gdp	0.214	0.034	6.33	0.000	0.148	0.281	***
structure	-0.002	0.001	-2.02	0.044	-0.004	0.000	**

续表

自变量	系数	标准误	t值	p值	[95%的置信区间]		显著性
technology	0.010	0.017	0.56	0.575	-0.024	0.043	
unemployment	-0.003	0.004	-0.61	0.544	-0.011	0.006	
SO_2	-0.016	0.008	-1.92	0.054	-0.031	0.000	*
college	0.028	0.014	1.98	0.047	0.000	0.055	**
R^2		0.816		样本量		219	
Chi-square		406.665		Prob > chi^2		0.000	
组内 R^2		0.382		组间 R^2		0.867	

注：***表示1%的显著性水平，**表示5%的显著性水平，*表示10%的显著性水平。
资料来源：采用Stata根据相关数据计算而得。

三、小结

本章从资源集聚、经济发展、社会发展和生态环境四个方面选择了七个解释变量，研究这七个解释变量对城镇承载力的影响。研究发现，自然资源的集聚和经济发展水平对城镇承载力具有显著的影响，且二者是所有因素中影响程度最大的因素。因此，保障自然资源的供应、提高经济发展水平，是提高七省市各地级市城镇承载力工作的重中之重。在提高经济发展水平的过程中，需兼顾产业结构对城镇承载力的影响，第二产业占比过高可能不利于城镇承载力的提升。在生态环境方面，一方面需提高环境污染的治理水平，降低工业二氧化硫、工业废水、工业固定废物等的产生；另一方面，加强市民的环保意识，节能减排，提高经济社会发展的可持续性。资源集聚、经济发展、社会发展和生态环境是一个有机的整体，为提高各城市的城镇承载力，需兼顾各方面因素的改善和提高，促进各因素之间的良性互动。

第六章 农业转移人口市民化下西部城镇承载力发展趋势预测

在第四章中,我们从七省市整体、各省(市)、各地级市三个层面评价了西部七省市城镇承载力的情况,分别从时间维度和截面维度对城镇承载力的发展变化情况和各对象之间的相对城镇承载力进行了分析。至此,我们对西部七省市的城镇承载力有了一个相对清晰的认识。孔凡文等(2019)[①]认为,这种类似于城市竞争力的城镇承载力的评价,其评价结果可作为城镇承载力的参考,但却难以准确地衡量一个城市的综合承载力,城镇承载力研究的关键点还是在于城市到底能承载多少人口。因此,本章在前文城镇承载力评价的基础之上,结合城镇承载力的关键影响因素,将城镇承载力的承载对象定义在人口数量上,采用短板效应法重新评价西部七省市城镇承载力的现状及发展趋势,力求为有序推进农业转移人口市民化提供理论参考。

第一节 西部七省市常住人口及农业转移人口发展情况分析

一、市辖区常住人口发展情况分析

从七省市市辖区的常住人口总量来看,2013年至2018年间常住人口总量从8223.13万人上升至9933.11万人,上升幅度约为20.79%。从常住人口总量的增长率来看,七省市常住人口的增长率呈现出先上升后下降的趋势,2016年的增长率达到约6.92%,而2018年的增长率仅约1.47%。

从各省市市辖区的常住人口总量来看,除甘肃省的常住人口在2016年

---

① 孔凡文,周莹,田坤. 基于城市综合承载能力的农业转移人口有序市民化研究[M]. 北京:经济科学出版社,2019:28.

略有下降外,其余六省市的常住人口均保持逐年上升的趋势(见图6-1)。2013年至2018年间(见表6-1),重庆市市辖区的常住人口增长幅度最大(34.87%),贵州省次之(26.30%);云南省(19.39%)、四川省(19.29%)、云南省(19.39%)各市辖区总常住人口的增长幅度分列第三、第四、第五位,与七省市市辖区总常住人口的增长率相差无几;青海省、甘肃省的总常住人口的增长幅度最低,分别为9.20%、1.65%,远低于七省市整体的常住人口增长率。

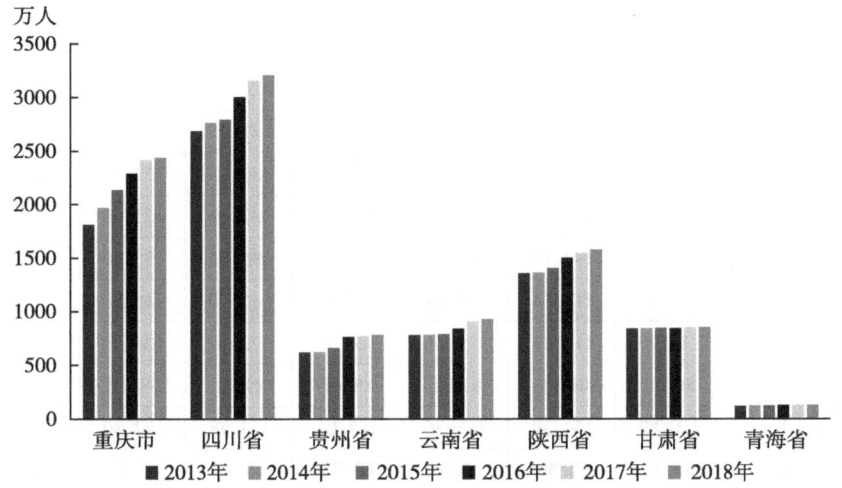

图6-1 2013—2018年西部各省市市辖区常住人口
(资料来源:根据中经网统计数据库相关数据计算而得)

从各地级市的常住人口情况来看(见表6-1),除乐山市、庆阳市、铜川市和咸阳市外,其余49个地级市市辖区的常住人口在2013年至2018年间均有所增加。汉中市、曲靖市、遵义市、玉溪市、榆林市、攀枝花市、安顺市、延安市、绵阳市、眉山市、渭南市、成都市、重庆市、德阳市、自贡市15个地级市市辖区的常住人口增长率均超过了七省市市辖区总常住人口的平均增长率,依次分列第一至第十五位。其中,汉中市、曲靖市和遵义市的常住人口增长率更是高达80%以上。从省会城市市辖区常住人口2013年至2018年的增长率来看,成都市和重庆市的增长率最高,分别为37.11%和34.87%;西安市(19.08%)、昆明市(11.27%)、西宁市(9.20%)和贵阳市(8.02%)的增长率分列第三至第六位,均低于七省市市辖区总常住人口的平均增长率;兰州市的增长率最低,仅为1.81%。

表6-1 2013—2018年西部七省市市辖区常住人口 （单位：万人、%）

省市名称	2013年	2014年	2015年	2016年	2017年	2018年	总增长率
重庆市	1810.10	1969.92	2137.36	2289.02	2418.59	2441.37	34.87
成都市	779.60	784.73	799.60	947.16	1045.52	1068.90	37.11
自贡市	131.65	132.69	134.89	139.23	155.55	161.60	22.75
攀枝花市	53.19	80.24	80.35	80.29	80.33	80.30	50.97
泸州市	140.68	141.85	142.78	144.86	146.72	147.40	4.78
德阳市	74.20	74.38	74.70	74.80	97.80	98.80	33.15
绵阳市	133.34	137.28	140.06	181.15	183.83	186.20	39.64
广元市	89.57	90.47	92.44	92.70	92.97	93.20	4.05
遂宁市	130.95	131.16	131.42	131.75	132.05	132.40	1.11
内江市	127.61	127.72	128.60	129.49	131.05	132.80	4.07
乐山市	122.87	122.92	122.82	122.55	122.42	121.80	-0.87
南充市	191.71	192.19	193.11	194.40	194.94	195.70	2.08
眉山市	83.20	114.74	115.71	116.02	115.70	115.80	39.18
宜宾市	118.70	118.83	119.36	120.98	122.34	124.00	4.47
广安市	86.40	86.69	87.14	88.67	89.11	88.70	2.66
达州市	160.87	164.39	165.36	168.03	173.78	182.80	13.63
雅安市	62.47	62.59	63.31	63.37	63.39	63.40	1.49
巴中市	114.02	115.51	115.81	117.39	119.86	122.60	7.52
资阳市	87.94	87.29	87.78	90.19	91.74	91.40	3.93
四川省	2688.97	2765.67	2795.24	3003.03	3159.10	3207.80	19.29
贵阳市	321.60	324.10	328.54	333.89	341.07	347.40	8.02
六盘水市	109.44	109.86	110.13	110.99	110.86	111.53	1.91
遵义市	112.71	113.10	114.45	210.52	211.43	212.56	88.59
安顺市	76.64	76.90	108.33	109.40	110.55	112.08	46.24
贵州省	620.39	623.96	661.45	764.80	773.91	783.57	26.30
昆明市	393.00	395.00	397.40	399.73	433.10	437.31	11.27
曲靖市	75.80	76.25	76.73	122.23	122.92	143.25	88.98
玉溪市	50.30	50.50	50.77	51.05	80.08	80.32	59.68
保山市	95.39	95.88	96.38	96.97	97.60	98.04	2.78
昭通市	80.98	81.71	82.36	83.02	84.52	85.51	5.59

续表

省市名称	2013年	2014年	2015年	2016年	2017年	2018年	总增长率
丽江市	21.48	21.58	21.75	21.83	21.95	22.05	2.65
普洱市	30.84	31.05	31.30	31.44	31.58	31.70	2.79
临沧市	32.95	33.23	33.40	33.65	33.75	33.95	3.03
云南省	780.74	785.20	790.09	839.92	905.50	932.13	19.39
西安市	659.17	662.06	702.91	714.41	750.69	784.96	19.08
铜川市	66.02	66.20	66.19	65.86	64.24	60.01	-9.10
宝鸡市	144.85	145.19	145.57	145.99	146.24	145.90	0.72
咸阳市	95.31	95.54	95.85	96.12	56.90	56.41	-40.81
渭南市	88.88	89.07	89.45	122.55	122.81	123.02	38.41
延安市	47.85	48.15	48.17	66.64	66.97	66.86	39.73
汉中市	53.76	53.91	54.01	54.03	101.85	101.74	89.25
榆林市	64.42	64.89	64.91	95.34	97.45	99.83	54.97
安康市	87.26	87.41	87.67	87.87	88.04	88.38	1.28
商洛市	53.29	53.37	53.52	53.86	54.08	54.05	1.43
陕西省	1360.81	1365.79	1408.25	1502.67	1549.27	1581.16	16.19
兰州市	264.51	265.97	265.91	266.66	268.09	269.29	1.81
金昌市	23.11	23.19	23.36	23.37	23.39	23.38	1.17
白银市	49.28	49.39	49.47	49.54	49.95	50.03	1.52
天水市	121.13	121.61	121.95	122.31	122.87	123.37	1.85
武威市	100.60	100.89	101.15	101.32	101.65	101.80	1.19
张掖市	51.18	51.30	51.36	51.58	51.74	51.85	1.31
平凉市	51.72	51.86	52.20	47.77	53.09	53.32	3.09
酒泉市	43.54	43.68	43.83	44.11	44.40	44.72	2.71
庆阳市	38.19	38.21	38.32	37.19	37.42	37.48	-1.86
定西市	42.40	42.43	42.55	42.74	43.05	43.25	2.00
陇南市	55.99	56.28	56.23	56.68	56.81	57.04	1.88
甘肃省	841.65	844.81	846.33	843.27	852.46	855.53	1.65
西宁市	120.47	125.04	126.76	128.91	130.84	131.55	9.20
青海省	120.47	125.04	126.76	128.91	130.84	131.55	9.20

注：在中经网统计数据库中，陕西省咸阳市秦都区常住人口数据不可得，因此本节中咸阳市辖区常住人口数据以除秦都区以外的其他辖区的常住人口数总和近似替代。

资料来源：根据中经网统计数据库相关数据计算而得。

二、农业转移人口发展情况分析

整体来看,西部七省市绝大多数城市市辖区常住人口呈现出上升的趋势,人口的持续增长,势必对西部七省市各城市的城镇承载力提出更高的要求。此外,由于西部地区城市城镇化率相对较低、农业转移人口流动方式逐渐向以省内流动为主转变等,西部七省市城镇承载力面临着更大的压力。因此,农业转移人口的发展变化情况,对西部七省市城镇承载力有着重要的影响。

2013年至2018年间,曲靖市、玉溪市、保山市、昭通市、普洱市、临沧市、宝鸡市各年份的农业转移人口数均不可得,故本部分仅包含46个地级市的农业转移人口情况。2013年至2018年间,七省市46个地级市的农业转移人口平均增长率约为8.51%,而包括广安市在内的23个地级市的农业转移人口增长率均超过了该平均值。从省会城市的情况来看,贵阳市的农业转移人口增长率最高,约为30.48%,且位居所有城市农业转移人口增长率的第五位;西宁市、西安市、兰州市和成都市分别依次居第二至第五位,对应的增长率分别为14.60%、12.96%、11.13%、10.48%,其增长率均超过所有地级市的平均增长率;昆明市、重庆市的农业转移人口增长率则均低于所有地级市的平均增长率。2013年至2018年间,仅重庆市、内江市、自贡市、资阳市、延安市、汉中市、商洛市、榆林市、安顺市9个地级市的农业转移人口规模有所下降,其余数据可得的地级市的农业转移人口均有所上升。因此,从农业转移人口的发展情况来看,西部七省市各城市城镇承载力所面临的压力也有所增大。分析和评价西部七省市各地级市城镇承载力的现状与发展趋势,有利于为有序推进农业转移人口市民化提供参考。

表6-2 2013—2018年西部七省市各地级市农业转移人口

(单位:万人、%)

城市名称	2013年	2014年	2015年	2016年	2017年	2018年	总增长率
重庆市	765.10	750.43	752.28	752.09	735.37	719.78	-4.44
成都市	219.73	224.50	224.67	249.58	249.98	252.09	10.48
自贡市	68.10	67.38	69.08	57.12	57.44	58.25	-6.11
攀枝花市	7.59	6.99	8.92	8.43	8.48	8.52	11.03
泸州市	69.06	71.48	75.47	77.11	78.89	79.59	16.75
德阳市	88.72	80.03	84.84	86.47	85.06	86.12	17.39

第六章 农业转移人口市民化下西部城镇承载力发展趋势预测

续表

城市名称	2013年	2014年	2015年	2016年	2017年	2018年	总增长率
绵阳市	99.45	99.58	105.62	105.42	106.10	106.78	0.25
广元市	42.87	48.73	55.76	55.99	56.24	56.64	25.44
遂宁市	59.05	60.05	53.72	54.16	54.50	54.93	1.08
内江市	69.04	65.47	72.06	73.54	74.92	75.51	-4.79
乐山市	57.77	62.78	55.12	55.30	55.56	55.81	16.35
南充市	89.72	94.14	91.77	94.14	95.62	96.38	23.36
眉山市	52.96	55.07	56.72	57.45	57.78	58.17	3.84
宜宾市	83.91	96.84	94.71	95.89	96.23	96.73	11.55
广安市	53.70	60.08	67.48	68.49	68.85	69.48	45.67
达州市	94.60	96.01	88.30	89.88	90.16	90.97	13.66
雅安市	33.00	32.79	27.42	27.73	27.89	28.06	1.01
巴中市	44.87	45.87	52.31	53.43	53.65	54.19	24.41
资阳市	79.95	73.48	70.62	62.05	62.38	62.89	-13.85
贵阳市	65.88	68.38	66.19	65.51	67.53	68.79	30.48
六盘水市	66.62	68.26	71.82	74.20	—	—	—
遵义市	233.25	249.85	259.85	257.49	—	—	—
安顺市	67.15	73.25	74.80	75.49	10.89	9.92	-81.20
昆明市	77.26	52.02	65.60	—	69.81	71.31	3.93
丽江市	13.02	12.67	—	11.39	10.14	—	—
西安市	112.22	111.31	92.70	98.99	112.71	121.74	12.96
铜川市	24.29	23.90	25.34	25.62	25.29	—	—
咸阳市	88.32	86.95	—	85.79	72.19	71.56	—
渭南市	—	84.38	80.21	—	—	—	—
延安市	102.51	99.16	92.97	101.37	93.49	88.68	-14.24
汉中市	—	—	—	60.75	60.17	60.67	-19.59
榆林市	51.23	51.79	—	48.27	43.94	43.79	-30.68
安康市	—	73.45	75.53	74.62	73.72	72.49	—
商洛市	63.10	60.40	54.70	53.95	47.40	45.70	-25.08
兰州市	31.05	31.31	33.54	34.04	34.24	—	11.13
金昌市	4.97	5.41	5.63	5.79	6.03	—	29.12
白银市	20.38	20.65	20.88	21.01	21.30	—	7.04

续表

城市名称	2013年	2014年	2015年	2016年	2017年	2018年	总增长率
天水市	67.29	68.26	69.10	70.39	70.97	—	15.51
武威市	34.60	34.68	35.42	36.13	36.59	—	36.53
张掖市	27.20	28.27	28.50	28.65	28.11	—	19.26
平凉市	45.20	45.68	46.53	49.25	49.43	—	19.74
酒泉市	14.39	14.42	14.75	15.46	15.49	—	34.58
庆阳市	49.14	49.41	49.59	50.43	50.74	—	21.94
定西市	50.09	50.95	51.69	52.07	52.08	—	7.54
陇南市	55.82	56.59	57.94	58.78	58.96	—	45.29
西宁市	34.89	37.89	37.82	37.93	38.53	38.23	14.60

注：农业转移人口 = 乡村从业人员 - 农林牧渔业从业人员（乡村从业人员中从事第一产业的人员）；由于甘肃省各地级市2018年的农业转移人口数据不可得，表中甘肃省各地级市的总增长率为2013年至2017年的总增长率；"—"指相应数据不可得。

资料来源：根据各省统计年鉴、各市州统计年鉴、各省及各市州国民经济和社会发展统计公报相关数据计算而得。

第二节 西部七省市城镇承载力发展情况及趋势预测

一、城镇承载力发展情况分析

在第四章中，我们对西部七省市城镇承载力的影响因素开展了研究，研究发现以人均GDP为代表的经济发展水平和以人均水资源量为代表的自然资源对西部七省市城镇承载力的影响最大。因此，本部分将城镇承载力的承载对象定义在人口数量上，从经济承载力、土地资源承载力和水资源承载力三个方面重新考察西部七省市各地级市市辖区的城镇承载力情况。

（一）各城市经济承载力的情况

孔凡文等（2019）[①]指出，现有研究主要采用人口与经济资源的环境承

[①] 孔凡文，周莹，田坤. 基于城市综合承载能力的农业转移人口有序市民化研究 [M]. 北京：经济科学出版社，2019：48-49.

载能力概念模型法、就业人口承载能力模型法和国民财富测算法三种方法测算以人口为承载对象的城市经济承载力。其中，国民财富测算法相对较为复杂，本部分不予采用。人口与经济资源的环境承载能力概念模型法，一般以全国人均 GDP 作为参照标准，而这会导致经济相对发达的地区承载力偏高而经济相对落后地区承载力偏低的问题。要准确地测算某城市的经济承载力，需要找到与该城市类似的城市以确定其人均 GDP 标准，实现起来也存在相当的难度。因此，本部分采用就业人口承载能力模型法测算七省市各地级市市辖区的经济承载力。

根据就业人口承载能力模型法，可承载人口 = 就业需求量 × （1 + 平均抚养系数）。其中，就业需求量指城镇单位从业人员与城镇私营和个体从业人员之和。由于平均抚养系数一般是相对稳定的，本部分以各地级市 2013 年至 2018 年非就业人口数量总和与就业人口数量总和的比值作为该地级市的平均抚养系数。其中，非就业人口数量指除去就业人口的数量。依据各地级市城镇单位从业人员、城镇私营和个体从业人员以及平均抚养系数，测算各地级市的可承载人口如表 6 - 3 所示。总体来看，2018 年包括西安市在内的 23 个城市市辖区的可承载人口数超过了市辖区常住人口数。其中，西安市的人口差额最大，为 616.06 万人，经济承载力充裕；宜宾市、达州市、玉溪市的人口差额依次分列第二至第四位，人口差额均超过百万人。除去数据不可得的 8 个地级市外，剩余的 22 个地级市 2018 年的人口差额均为负数，可承载人口低于城市市辖区常住人口。其中，昆明、兰州以及西宁三个省会城市的市辖区常住人口均高于可承载人口，其人口差额分别为 -26.84 万人、-20.98 万人、-75.15 万人。

表 6 - 3　2018 年西部七省市各地级市经济承载力情况

城市名称	城镇单位从业人员（人）	城镇私营和个体从业人员（人）	平均抚养系数	可承载人口（万人）	人口差额（万人）
重庆市	3459688	—	—	—	—
成都市	—	—	0.55	—	—
自贡市	135625	282123	2.57	84.20	-77.40
攀枝花市	536600	—	1.02	—	—
泸州市	197775	207447	2.55	142.04	-5.36
德阳市	137031	—	2.51	—	—

续表

城市名称	城镇单位从业人员（人）	城镇私营和个体从业人员（人）	平均抚养系数	可承载人口（万人）	人口差额（万人）
绵阳市	243083	—	1.58	—	—
广元市	99758	158055	2.77	161.08	67.88
遂宁市	76282	156908	5.25	204.10	71.70
内江市	123777	33861	7.75	79.81	-52.99
乐山市	128408	133642	4.06	102.04	-19.76
南充市	186270	355794	2.89	268.25	72.55
眉山市	79784	76295	3.95	50.60	-65.20
宜宾市	243283	235217	2.24	411.21	287.21
广安市	62616	254312	7.59	185.59	96.89
达州市	232859	99536	4.86	317.74	134.94
雅安市	56289	11847	8.56	39.54	-23.86
巴中市	139419	90421	4.80	124.82	2.22
资阳市	100838	73510	4.43	49.86	-41.54
贵阳市	955082	—	1.86	—	—
六盘水市	87481	140694	4.47	154.62	43.09
遵义市	—	—	5.78	—	—
安顺市	123915	101006	3.71	51.74	-60.34
昆明市	1112402	300498	1.30	410.47	-26.84
曲靖市	196625	355404	1.91	102.00	-41.25
玉溪市	171453	173837	0.85	198.70	118.38
保山市	101078	61116	4.75	110.53	12.49
昭通市	75141	69839	5.81	34.14	-51.37
丽江市	40208	103641	1.36	31.26	9.21
普洱市	65181	90821	1.17	68.21	36.51
临沧市	40847	32473	3.37	16.27	-17.68
西安市	1921969	1982361	1.22	1401.02	616.06
铜川市	104117	—	2.59	—	—
宝鸡市	235422	113208	3.32	118.55	-27.35
咸阳市	154040	32871	2.40	108.41	52.00

续表

城市名称	城镇单位从业人员（人）	城镇私营和个体从业人员（人）	平均抚养系数	可承载人口（万人）	人口差额（万人）
渭南市	149969	42437	4.80	50.16	-72.86
延安市	92244	234978	1.61	91.44	24.58
汉中市	132575	200045	1.79	197.82	96.08
榆林市	104261	48000	4.95	95.42	-4.41
安康市	103175	126705	5.27	142.04	53.66
商洛市	62375	62375	5.18	26.27	-27.78
兰州市	654454	853242	1.11	248.31	-20.98
金昌市	78405	64281	0.65	47.15	23.77
白银市	98935	56960	2.30	76.80	26.77
天水市	139352	98237	3.93	118.03	-5.34
武威市	85914	149436	3.97	116.22	14.42
张掖市	51764	42623	3.94	46.22	-5.63
平凉市	52502	82084	3.90	53.98	0.66
酒泉市	49605	71407	3.01	25.89	-18.83
庆阳市	71313	125600	1.14	89.83	52.35
定西市	35661	38890	3.56	128.78	85.53
陇南市	17128	5203	16.27	5.36	-51.68
西宁市	274240	289752	1.40	56.40	-75.15

注：人口差额 = 可承载人口 - 市辖区常住人口；"—"指相应数据不可得。
资料来源：根据《中国城市统计年鉴（2014—2019）》相关数据计算而得。

（二）各城市土地资源承载力的情况

除经济发展水平外，自然资源也是各地级市城镇承载力的关键影响因素，其中尤以土地资源和水资源最为重要。在自然资源承载力部分，我们均采用单因素测算可承载人口数量。在土地资源承载力方面，我们从人均城市建设用地和人均居住用地两个方面考察各地级市的承载力情况。

1. 人均城市建设用地

从人均城市建设用地方面考察城镇承载力，我们采用如下公式：可承载人口 = 建成区城市建设用地面积/规划标准下的人均城市建设用地指标。

其中，规划标准下的人均城市建设用地指标参考《城市用地分类与规划建设用地标准（GB50137—2011）》，各地级市依据所属气候区的不同，适用不同的指标范围。依据《建筑气候区划标准（GB50178—1993）》，大致将陕西省、甘肃省和青海省的地级市划分至第Ⅰ、Ⅱ、Ⅵ或Ⅶ气候区，其适用的人均城市建设用地指标范围为 65~115m²/人；大致将重庆市、四川省、贵州省和云南省划分至第Ⅲ、Ⅳ或Ⅴ气候区，其适用的人均城市建设用地指标范围为 65~110m²/人。根据各地级市建设用地面积以及人均城市建设用地指标范围，计算对应的可承载人口及人口差额（见表6-4）。

根据各地级市的人均城市建设用地指标下限，2018年包括成都市在内的23个地级市市辖区的可承载人口均超过了市辖区常住人口，城市建设用地的承载力充足。从省会城市的情况来看，成都市、贵阳市、昆明市、西安市、兰州市、西宁市六个省会城市的可承载人口均超过常住人口的数量，仅重庆市的人口差额为负数。除去巴中市、遵义市和铜川市三个数据不可得的城市，剩余27个地级市2018年的人口差额均为负数，即城市建设用地不足以支撑其市辖区内的常住人口。类似地，考察人均城市建设用地指标上限条件下各城市的承载力情况。在人均城市建设用地指标上限条件下，仅泸州市、咸阳市、金昌市和白银市四个地级市的可承载人口超过市辖区常住人口。除去巴中市、遵义市和铜川市三个数据不可得的城市，其余46个地级市的城市建设用地均不足以支撑其市辖区内的常住人口，人口差额为负值。

表6-4 2018年西部七省市各地级市建设用地承载力情况

城市名称	建设用地面积（平方公里）	人均建设用地指标下限		人均建设用地指标上限	
		可承载人口（万人）	人口差额（万人）	可承载人口（万人）	人口差额（万人）
重庆市	1272	1956.92	-484.45	1156.36	-1285.01
成都市	848	1304.62	235.72	770.91	-297.99
自贡市	124	190.77	29.17	112.73	-48.87
攀枝花市	77	118.46	38.16	70.00	-10.30
泸州市	166	255.38	107.98	150.91	3.51
德阳市	89	136.92	38.12	80.91	-17.89
绵阳市	158	243.08	56.88	143.64	-42.56
广元市	59	90.77	-2.43	53.64	-39.56

第六章 农业转移人口市民化下西部城镇承载力发展趋势预测

续表

城市名称	建设用地面积（平方公里）	人均建设用地指标下限		人均建设用地指标上限	
		可承载人口（万人）	人口差额（万人）	可承载人口（万人）	人口差额（万人）
遂宁市	83	127.69	-4.71	75.45	-56.95
内江市	120	184.62	51.82	109.09	-23.71
乐山市	74	113.85	-7.95	67.27	-54.53
南充市	145	223.08	27.38	131.82	-63.88
眉山市	63	96.92	-18.88	57.27	-58.53
宜宾市	121	186.15	62.15	110.00	-14.00
广安市	52	80.00	-8.70	47.27	-41.43
达州市	114	175.38	-7.42	103.64	-79.16
雅安市	34	52.31	-11.09	30.91	-32.49
巴中市	—	—	—	—	—
资阳市	47	72.31	-19.09	42.73	-48.67
贵阳市	345	530.77	183.37	313.64	-33.76
六盘水市	54	83.08	-28.45	49.09	-62.44
遵义市	—	—	—	—	—
安顺市	69	106.15	-5.93	62.73	-49.35
昆明市	454	698.46	261.15	412.73	-24.58
曲靖市	100	153.85	10.60	90.91	-52.34
玉溪市	38	58.46	-21.86	34.55	-45.77
保山市	37	56.92	-41.12	33.64	-64.40
昭通市	36	55.38	-30.13	32.73	-52.78
丽江市	24	36.92	14.87	21.82	-0.23
普洱市	26	40.00	8.30	23.64	-8.06
临沧市	22	33.85	-0.10	20.00	-13.95
西安市	658	1012.31	227.35	572.17	-212.79
铜川市	—	—	—	—	—
宝鸡市	93	143.08	-2.82	80.87	-65.03
咸阳市	72	110.77	54.36	62.61	6.20
渭南市	73	112.31	-10.71	63.48	-59.54
延安市	41	63.08	-3.78	35.65	-31.21

续表

城市名称	建设用地面积（平方公里）	人均建设用地指标下限		人均建设用地指标上限	
		可承载人口（万人）	人口差额（万人）	可承载人口（万人）	人口差额（万人）
汉中市	56	86.15	-15.59	48.70	-53.04
榆林市	58	89.23	-10.60	50.43	-49.40
安康市	45	69.23	-19.15	39.13	-49.25
商洛市	20	30.77	-23.28	17.39	-36.66
兰州市	242	372.31	103.02	210.43	-58.86
金昌市	44	67.69	44.31	38.26	14.88
白银市	66	101.54	51.51	57.39	7.36
天水市	56	86.15	-37.22	48.70	-74.67
武威市	34	52.31	-49.49	29.57	-72.23
张掖市	22	33.85	-18.00	19.13	-32.72
平凉市	41	63.08	9.76	35.65	-17.67
酒泉市	48	73.85	29.13	41.74	-2.98
庆阳市	25	38.46	0.98	21.74	-15.74
定西市	25	38.46	-4.79	21.74	-21.51
陇南市	13	20.00	-37.04	11.30	-45.74
西宁市	118	181.54	49.99	102.61	-28.94

注：人口差额 = 可承载人口 - 市辖区常住人口；"—"指相应数据不可得。
资料来源：根据《中国城市统计年鉴（2019）》相关数据计算而得。

2. 人均居住用地

考察完城市建设用地的承载力，我们继续从人均居住用地方面考察城镇承载力，采用如下公式：可承载人口 = 建成区居住用地面积/规划标准下的人均居住用地指标。与城市建设用地的情况类似，规划标准下的人均城市建设用地指标同样参考《城市用地分类与规划建设用地标准（GB50137—2011）》，各城市依据所属气候区适用不同的人均居住用地指标范围。其中，陕西省、甘肃省和青海省的地级市大致属于第Ⅰ、Ⅱ、Ⅵ或Ⅶ气候区，其适用的人均居住用地指标范围为28～38m²/人；重庆市、四川省、贵州省和云南省大致属于第Ⅲ、Ⅳ或Ⅴ气候区，其适用的人均居住用地指标范围为23m²～36m²/人。根据各地级市的居住用地面积以及人均居住用地指标范围，计算对应的可承载人口及人口差额（见表6-5）。

第六章 农业转移人口市民化下西部城镇承载力发展趋势预测

根据各地级市的人均居住用地指标下限，包括成都市在内的16个地级市2018年的可承载人口超过市辖区的常住人口，城市居住用地足以承载市辖区的常住人口。其中，成都市、贵阳市和昆明市三个省会城市的人口差额为正，而重庆市、西安市、兰州市、西宁市四个省会城市的人口差额为负。此外，除去巴中市、遵义市和铜川市三个数据不可得的地级市，人口差额为负的地级市还有30个。在人均居住用地指标上限的条件下，仅昆明市的人口差额为正；其余49个数据可得地级市的人口差额均为负，2018年的居住用地面积不足以承载市辖区的常住人口。

表6-5 2018年西部七省市各地级市居住用地承载力情况

城市名称	居住用地面积（平方公里）	人均居住用地指标下限		人均居住用地指标上限	
		可承载人口（万人）	人口差额（万人）	可承载人口（万人）	人口差额（万人）
重庆市	397	1726.09	-715.28	1102.78	-1338.59
成都市	288	1252.17	183.27	800.00	-268.90
自贡市	41	178.26	16.66	113.89	-47.71
攀枝花市	21	91.30	11.00	58.33	-21.97
泸州市	38	165.22	17.82	105.56	-41.84
德阳市	26	113.04	14.24	72.22	-26.58
绵阳市	44	191.30	5.10	122.22	-63.98
广元市	14	60.87	-32.33	38.89	-54.31
遂宁市	23	100.00	-32.40	63.89	-68.51
内江市	32	139.13	6.33	88.89	-43.91
乐山市	24	104.35	-17.45	66.67	-55.13
南充市	53	230.43	34.73	147.22	-48.48
眉山市	24	104.35	-11.45	66.67	-49.13
宜宾市	24	104.35	-19.65	66.67	-57.33
广安市	23	100.00	11.30	63.89	-24.81
达州市	26	113.04	-69.76	72.22	-110.58
雅安市	9	39.13	-24.27	25.00	-38.40
巴中市	—	—	—	—	—
资阳市	10	43.48	-47.92	27.78	-63.62
贵阳市	96	417.39	69.99	266.67	-80.73
六盘水市	25	108.70	-2.83	69.44	-42.09

续表

城市名称	居住用地面积（平方公里）	人均居住用地指标下限		人均居住用地指标上限	
		可承载人口（万人）	人口差额（万人）	可承载人口（万人）	人口差额（万人）
遵义市	—	—	—	—	—
安顺市	24	104.35	-7.73	66.67	-45.41
昆明市	188	817.39	380.08	522.22	84.91
曲靖市	38	165.22	21.97	105.56	-37.69
玉溪市	8	34.78	-45.54	22.22	-58.10
保山市	10	43.48	-54.56	27.78	-70.26
昭通市	10	43.48	-42.03	27.78	-57.73
丽江市	5	21.74	-0.31	13.89	-8.16
普洱市	5	21.74	-9.96	13.89	-17.81
临沧市	8	34.78	0.83	22.22	-11.73
西安市	154	550.00	-234.96	405.26	-379.70
铜川市	—	—	—	—	—
宝鸡市	11	39.29	-106.61	28.95	-116.95
咸阳市	21	75.00	18.59	55.26	-1.15
渭南市	28	100.00	-23.02	73.68	-49.34
延安市	14	50.00	-16.86	36.84	-30.02
汉中市	12	42.86	-58.88	31.58	-70.16
榆林市	13	46.43	-53.40	34.21	-65.62
安康市	13	46.43	-41.95	34.21	-54.17
商洛市	3	10.71	-43.34	7.89	-46.16
兰州市	65	232.14	-37.15	171.05	-98.24
金昌市	8	28.57	5.19	21.05	-2.33
白银市	18	64.29	14.26	47.37	-2.66
天水市	11	39.29	-84.08	28.95	-94.42
武威市	14	50.00	-51.80	36.84	-64.96
张掖市	8	28.57	-23.28	21.05	-30.80
平凉市	14	50.00	-3.32	36.84	-16.48
酒泉市	11	39.29	-5.43	28.95	-15.77
庆阳市	5	17.86	-19.62	13.16	-24.32

续表

城市名称	居住用地面积（平方公里）	人均居住用地指标下限		人均居住用地指标上限	
		可承载人口（万人）	人口差额（万人）	可承载人口（万人）	人口差额（万人）
定西市	6	21.43	-21.82	15.79	-27.46
陇南市	7	25.00	-32.04	18.42	-38.62
西宁市	29	103.57	-27.98	76.32	-55.23

注：人口差额＝可承载人口－市辖区常住人口；"—"指相应数据不可得。
资料来源：根据《中国城市统计年鉴（2019）》相关数据计算而得。

（三）各城市水资源承载力的情况

与计算土地资源承载力的方法类似，本部分继续采用单因素测算可承载人口数量，基于如下公式计算水资源承载力：可承载人口＝居民生活用水量/城市居民生活用水量标准。其中，城市居民生活用水量标准参考《城市居民生活用水量标准（GB/T50331—2002）》（以下简称《标准》）的相关规定。《标准》规定，重庆市、四川省、贵州省以及云南省各地级市适用的城市居民生活用水量标准范围为100~140L/人·d，陕西和甘肃两省各地级市适用的城市居民生活用水量标准范围为85~140L/人·d，而青海省各地级市适用的城市居民生活用水量标准范围为75~125L/人·d。以一年365天计，将以上城市居民生活用水量标准范围转化为人均年生活用水量的范围，结合居民生活用水量，计算两种情况下各地级市的可承载人口（见表6-6）。

在居民生活用水标准下限条件下，仅成都市、泸州市、贵阳市、西安市、兰州市、白银市、西宁市七个城市的人口差额为正，即居民生活用水足以承载市辖区的常住人口。在这七个城市中，五个城市均为省会城市。相反地，同作为省会城市或直辖市的重庆市和昆明市的人口差额为负数，生活用水的可承载人口低于市辖区的常住人口。除这两个省会城市外，可获得数据的剩余40个地级市的人口差额均为负，水资源承载力亟须改善和提高。在居民生活用水标准上限条件下，仅成都市、贵阳市和西宁市三个省会城市的人口差额为正，其余可获得数据的46个地级市的生活用水量均难以承载市辖区的常住人口。

表 6-6 2018 年西部七省市各地级市城市居民生活用水承载力情况

城市名称	居民生活用水量（万吨）	居民生活用水标准下限		居民生活用水标准上限	
		可承载人口（万人）	人口差额（万人）	可承载人口（万人）	人口差额（万人）
重庆市	69091	1892.90	-548.47	1352.07	-1089.30
成都市	64080	1755.62	686.72	1254.01	185.11
自贡市	3669	100.52	-61.08	71.80	-89.80
攀枝花市	—	—	—	—	—
泸州市	5721	156.74	9.34	111.96	-35.44
德阳市	3025	82.88	-15.92	59.20	-39.60
绵阳市	6792	186.08	-0.12	132.92	-53.28
广元市	3037	83.21	-9.99	59.43	-33.77
遂宁市	3011	82.49	-49.91	58.92	-73.48
内江市	2900	79.45	-53.35	56.75	-76.05
乐山市	3845	105.34	-16.46	75.24	-46.56
南充市	5310	145.48	-50.22	103.91	-91.79
眉山市	2918	79.95	-35.85	57.10	-58.70
宜宾市	3892	106.63	-17.37	76.16	-47.84
广安市	1579	43.26	-45.44	30.90	-57.80
达州市	3875	106.16	-76.64	75.83	-106.97
雅安市	1484	40.66	-22.74	29.04	-34.36
巴中市	3041	83.32	-39.28	59.51	-63.09
资阳市	1324	36.27	-55.13	25.91	-65.49
贵阳市	18423	504.74	157.34	360.53	13.13
六盘水市	1899	52.03	-59.50	37.16	-74.37
遵义市	—	—	—	—	—
安顺市	1829	50.11	-61.97	35.79	-76.29
昆明市	13541	370.99	-66.32	264.99	-172.32
曲靖市	3427	93.89	-49.36	67.06	-76.19
玉溪市	1691	46.33	-33.99	33.09	-47.23
保山市	1039	28.47	-69.57	20.33	-77.71
昭通市	1929	52.85	-32.66	37.75	-47.76
丽江市	766	20.99	-1.06	14.99	-7.06

续表

城市名称	居民生活用水量（万吨）	居民生活用水标准下限		居民生活用水标准上限	
		可承载人口（万人）	人口差额（万人）	可承载人口（万人）	人口差额（万人）
普洱市	900	24.66	-7.04	17.61	-14.09
临沧市	—	—	—	—	—
西安市	38436	1238.87	453.91	752.17	-32.79
铜川市	1024	33.01	-27.00	20.04	-39.97
宝鸡市	3235	104.27	-41.63	63.31	-82.59
咸阳市	1625	52.38	-4.03	31.80	-24.61
渭南市	1762	56.79	-66.23	34.48	-88.54
延安市	1225	39.48	-27.38	23.97	-42.89
汉中市	2092	67.43	-34.31	40.94	-60.80
榆林市	—	—	—	—	—
安康市	1186	38.23	-50.15	23.21	-65.17
商洛市	645	20.79	-33.26	12.62	-41.43
兰州市	10183	328.22	58.93	199.28	-70.01
金昌市	451	14.54	-8.84	8.83	-14.55
白银市	1655	53.34	3.31	32.39	-17.64
天水市	2000	64.46	-58.91	39.14	-84.23
武威市	900	29.01	-72.79	17.61	-84.19
张掖市	1398	45.06	-6.79	27.36	-24.49
平凉市	643	20.73	-32.59	12.58	-40.74
酒泉市	1099	35.42	-9.30	21.51	-23.21
庆阳市	480	15.47	-22.01	9.39	-28.09
定西市	300	9.67	-33.58	5.87	-37.38
陇南市	353	11.38	-45.66	6.91	-50.13
西宁市	6150	224.66	93.11	134.79	3.24

注：人口差额＝可承载人口－市辖区常住人口；"—"指相应数据不可得。
资料来源：根据《中国城市统计年鉴（2019）》相关数据计算而得。

（四）基于短板效应法的城镇承载力评价

由于土地资源承载力和水资源承载力的测算均基于特定的标准范围，各地级市对应的可承载人口也是一个区间。由于各标准的下限是必须要达到的水平，因此本部分使用各标准下限条件下计算出的可承载人口，以便筛选各维度下可承载人口的最小值，从而估计各地级市2018年的城镇承载力。

从基于短板效应法的城镇承载力来看，仅成都市、贵阳市、攀枝花市和白银市的人口差额为正值，即经济承载力和自然资源承载力均足以承载其市辖区的常住人口；其余可获得数据的48个地级市的城镇承载力均为负，即其经济承载力或资源承载力不足以支撑市辖区的常住人口，需要进一步的改善和提高。从省会城市人口差额的大小来看，成都市的人口差额最大，为183.27万人，排第1位；贵阳市的人口差额为69.99万人，排第2位；兰州市的人口差额为-37.15万人，排第24位；昆明市的人口差额为-66.32万人，排第42位，可承载人口与常住人口的差额为-66.32万人；西宁市的人口差额为-75.15万人，排在第46位；西安市的人口差额为-234.96万人，排第51位；重庆市的人口差额最小，为-715.28万人，排第52位。

表6-7 2018年西部七省市各地级市基于短板效应法的城镇承载力情况

城市名称	城镇承载力（万人）	市辖区常住人口（万人）	人口差额（万人）	人口差额排序
重庆市	1726.09	2441.37	-715.28	52
成都市	1252.17	1068.90	183.27	1
自贡市	84.20	161.60	-77.40	48
攀枝花市	91.30	80.30	11.00	3
泸州市	142.04	147.40	-5.36	8
德阳市	82.88	98.80	-15.92	11
绵阳市	186.08	186.20	-0.12	5
广元市	60.87	93.20	-32.33	21
遂宁市	82.49	132.40	-49.91	30
内江市	79.45	132.80	-53.35	35
乐山市	102.04	121.80	-19.76	15
南充市	145.48	195.70	-50.22	32
眉山市	50.60	115.80	-65.20	41
宜宾市	104.35	124.00	-19.65	14
广安市	43.26	88.70	-45.44	27
达州市	106.16	182.80	-76.64	47
雅安市	39.13	63.40	-24.27	18

第六章 农业转移人口市民化下西部城镇承载力发展趋势预测

续表

城市名称	城镇承载力（万人）	市辖区常住人口（万人）	人口差额（万人）	人口差额排序
巴中市	83.32	122.60	-39.28	25
资阳市	36.27	91.40	-55.13	37
贵阳市	417.39	347.40	69.99	2
六盘水市	52.03	111.53	-59.50	39
遵义市	—	212.56	—	—
安顺市	50.11	112.08	-61.97	40
昆明市	370.99	437.31	-66.32	42
曲靖市	93.89	143.25	-49.36	29
玉溪市	34.78	80.32	-45.54	28
保山市	28.47	98.04	-69.57	43
昭通市	34.14	85.51	-51.37	33
丽江市	20.99	22.05	-1.06	6
普洱市	21.74	31.70	-9.96	10
临沧市	16.27	33.95	-17.68	12
西安市	550.00	784.96	-234.96	51
铜川市	33.01	60.01	-27.00	19
宝鸡市	39.29	145.90	-106.61	50
咸阳市	52.38	56.41	-4.03	7
渭南市	50.16	123.02	-72.86	45
延安市	39.48	66.86	-27.38	20
汉中市	42.86	101.74	-58.88	38
榆林市	46.43	99.83	-53.40	36
安康市	38.23	88.38	-50.15	31
商洛市	10.71	54.05	-43.34	26
兰州市	232.14	269.29	-37.15	24
金昌市	14.54	23.38	-8.84	9
白银市	53.34	50.03	3.31	4
天水市	39.29	123.37	-84.08	49
武威市	29.01	101.80	-72.79	44
张掖市	28.57	51.85	-23.28	17

续表

城市名称	城镇承载力（万人）	市辖区常住人口（万人）	人口差额（万人）	人口差额排序
平凉市	20.73	53.32	-32.59	22
酒泉市	25.89	44.72	-18.83	13
庆阳市	15.47	37.48	-22.01	16
定西市	9.67	43.25	-33.58	23
陇南市	5.36	57.04	-51.68	34
西宁市	56.40	131.55	-75.15	46

注：人口差额 = 可承载人口 - 市辖区常住人口；"—"指相应数据不可得。

资料来源：根据表6-3至表6-6相关数据计算而得。

从数据可得的52个地级市2018年的城镇承载力短板情况（见表6-8）来看，建设用地承载力并未成为制约各地级市城镇承载力的关键因素。相反地，2018年共计25个地级市的水资源所能承载的人口数量低于其他三个维度下测算出的可承载人口数量，水资源承载力成为制约绝大多数地级市城镇承载力的重要因素。在土地资源方面，居住用地承载力限制了包括重庆市在内的17个地级市2018年的城镇承载力，居住用地是影响这些城市承载力的重要因素。类似地，水资源承载力也极大地限制了包括西宁市在内的10个城市2018年的城镇承载力。总体来看，建设用地的可承载人口相对较高，而其余三个维度下的承载力则不同程度地制约着城镇承载力的提高。

表6-8 2018年西部七省市各地级市的短板承载力

短板承载力	样本城市
经济承载力	自贡市、泸州市、乐山市、眉山市、昭通市、临沧市、渭南市、酒泉市、陇南市、西宁市（共计10个）
建设用地承载力	无
居住用地承载力	重庆市、成都市、攀枝花市、广元市、宜宾市、雅安市、贵阳市、玉溪市、普洱市、西安市、宝鸡市、汉中市、榆林市、商洛市、兰州市、天水市、张掖市（共计17个）
水资源承载力	德阳市、绵阳市、遂宁市、内江市、南充市、广安市、达州市、巴中市、资阳市、六盘水市、安顺市、昆明市、曲靖市、保山市、丽江市、铜川市、咸阳市、延安市、安康市、金昌市、白银市、武威市、平凉市、庆阳市、定西市（共计25个）

资料来源：根据相关数据整理而得。

二、城镇承载力发展趋势分析与评价

为进一步讨论七省市各地级市未来的城镇承载力情况，本部分基于线性模型依次估计各城市 2020 年和 2025 年的经济承载力、建设用地承载力、居住用地承载力和水资源承载力四项子承载力，同时基于短板效应法得到各城市的城镇承载力。以经济承载力的预测为例，首先，利用 53 个城市 2013 年至 2018 年的就业需求量数据，分别估计各城市就业需求量的直线趋势方程；其次，通过各城市的直线趋势方程估计各城市 2020 年和 2025 年的就业需求量；最后，利用可承载人口 = 就业需求量 × （1 + 平均抚养系数）这一公式估计各城市 2020 年和 2025 年的经济承载力。其中，由于平均抚养系数相对稳定，本部分采用前文中的平均抚养系数进行估计。在建设用地承载力、居住用地承载力和水资源承载力的预测上，我们采用类似的方法分别估计各城市 2020 年和 2025 年的建设用地面积、居住用地面积以及居民生活用水量，而后利用相应标准的下限值，分别求得各城市 2020 年和 2025 年的建设用地承载力、居住用地承载力和水资源承载力。

（一）各城市四类子项承载力的发展趋势

通过经济承载力、建设用地承载力、居住用地承载力和水资源承载力的计算公式我们发现，某城市这四类承载力的大小分别与该城市的就业需求量、建设用地面积、居住用地面积以及居民生活用水量呈正相关关系。因此，通过各城市就业需求量、建设用地面积、居住用地面积以及居民生活用水量的直线趋势方程的相关系数，我们可以判断该城市各子项承载力的变动趋势（见表 6-9）。

总体来看，四类子项承载力均上升的城市占大多数，这类城市共计 27 个，其中包括贵阳市、西安市、兰州市三个省会城市。除经济承载力趋势不可估计外，重庆市和成都市两个省会城市或直辖市的其余各子项承载力也呈现上升的趋势。与前述省会城市的情况相反，昆明市和西宁市均存在两项呈下降趋势的子项承载力。

从经济承载力的变动趋势来看，包括昆明市在内的 12 个城市的经济承载力呈现下降的趋势。在建设用地承载力方面，共 8 个城市的建设用地承载力呈下降趋势，其中不包括任何省会城市或直辖市。在居住用地承载力方面，包括昆明市在内的 15 个城市的居住用地承载力呈下降趋势，其中包括昆明市和西宁市两个省会城市。在水资源承载力方面，仅6个城市的水资源承载力呈下降趋势，其中包含一个省会城市西宁市。

表6-9　西部七省市各地级市四类子项承载力的变动趋势

城市名称	经济承载力	建设用地承载力	居住用地承载力	水资源承载力
重庆市	—	Y	Y	Y
成都市	—	Y	Y	Y
自贡市	Y	Y	Y	Y
攀枝花市	Y	Y	Y	Y
泸州市	Y	Y	Y	Y
德阳市	N	Y	Y	Y
绵阳市	N	Y	Y	Y
广元市	Y	Y	Y	Y
遂宁市	Y	Y	Y	Y
内江市	Y	Y	Y	Y
乐山市	Y	Y	Y	Y
南充市	Y	Y	Y	Y
眉山市	N	Y	Y	Y
宜宾市	Y	Y	N	Y
广安市	Y	Y	Y	Y
达州市	Y	Y	Y	Y
雅安市	Y	Y	Y	Y
巴中市	Y	Y	Y	Y
资阳市	N	Y	N	Y
贵阳市	Y	Y	Y	Y
六盘水市	Y	Y	Y	Y
遵义市	Y	Y	Y	Y
安顺市	Y	Y	Y	Y
昆明市	N	Y	N	Y
曲靖市	Y	Y	Y	Y
玉溪市	Y	Y	Y	Y
保山市	Y	Y	Y	Y
昭通市	Y	N	Y	Y
丽江市	Y	Y	Y	Y

续表

城市名称	经济承载力	建设用地承载力	居住用地承载力	水资源承载力
普洱市	N	Y	Y	Y
临沧市	Y	Y	N	N
西安市	Y	Y	Y	Y
铜川市	Y	N	N	Y
宝鸡市	Y	N	N	Y
咸阳市	N	N	N	Y
渭南市	Y	Y	Y	Y
延安市	Y	Y	N	Y
汉中市	Y	Y	Y	Y
榆林市	Y	N	N	Y
安康市	Y	Y	N	Y
商洛市	Y	Y	N	Y
兰州市	Y	Y	Y	Y
金昌市	N	Y	Y	N
白银市	N	Y	Y	N
天水市	Y	Y	Y	Y
武威市	N	Y	Y	N
张掖市	N	N	N	Y
平凉市	Y	Y	Y	Y
酒泉市	Y	Y	Y	Y
庆阳市	Y	N	N	N
定西市	N	N	N	Y
陇南市	Y	N	Y	Y
西宁市	Y	Y	N	N

注:"Y"表示该城市该项承载力呈上升趋势;"N"表示该城市该项承载力呈下降趋势;"—"指相应数据不可得。

资料来源:根据相关数据整理而得。

(二) 各城市城镇承载力的发展趋势

基于2020年和2025年各城市的经济承载力、建设用地承载力、居住用地承载力和水资源承载力,采用短板效应法确定各城市的城镇承载力(见表6-10)。

从城镇承载力的变动方向来看（见表6-10），2018年至2020年间城镇承载力下降的城市包括攀枝花市、德阳市、绵阳市、宜宾市、巴中市、丽江市、临沧市、铜川市、宝鸡市、咸阳市、榆林市、安康市、商洛市、金昌市、白银市、武威市、庆阳市共计17个城市，并未包含省会城市；2018年至2025年期间城镇承载力下降的城市包括德阳市、绵阳市、宜宾市、巴中市、昆明市、临沧市、铜川市、宝鸡市、咸阳市、榆林市、安康市、商洛市、金昌市、白银市、武威市、庆阳市、西宁市共计17个城市，与2018年至2020年间城镇承载力下降的城市范围大同小异。值得一提的是，由于昆明市和西宁市的个别子项承载力呈下降趋势，其城镇承载力在2018年至2025年间也相对有所下降。

表6-10 2018年、2020年、2025年各地级市城镇承载力情况比较

城市名称	2018年		2020年		2025年	
	城镇承载力（万人）	短板承载力	城镇承载力（万人）	短板承载力	城镇承载力（万人）	短板承载力
重庆市	1726.09	居住用地	1902.91	居住用地	2315.96	居住用地
成都市	1252.17	居住用地	1476.43	居住用地	1988.85	居住用地
自贡市	84.20	经济	117.27	水资源	156.51	水资源
攀枝花市	91.30	居住用地	90.51	经济	104.82	居住用地
泸州市	142.04	经济	149.54	经济	155.65	经济
德阳市	82.88	水资源	71.01	经济	68.16	经济
绵阳市	186.08	水资源	104.70	经济	87.39	经济
广元市	60.87	居住用地	65.80	居住用地	74.49	居住用地
遂宁市	82.49	水资源	102.90	居住用地	102.90	居住用地
内江市	79.45	水资源	92.99	水资源	119.88	水资源
乐山市	102.04	经济	110.85	居住用地	124.51	居住用地
南充市	145.48	水资源	158.39	水资源	195.24	水资源
眉山市	50.60	经济	98.71	水资源	95.31	经济
宜宾市	104.35	居住用地	82.90	居住用地	65.51	居住用地
广安市	43.26	水资源	52.48	水资源	71.07	水资源
达州市	106.16	水资源	126.57	水资源	153.92	水资源
雅安市	39.13	居住用地	39.57	水资源	46.25	水资源
巴中市	83.32	水资源	57.85	建设用地	63.23	建设用地
资阳市	36.27	水资源	39.16	水资源	42.11	居住用地

续表

城市名称	2018年 城镇承载力（万人）	2018年 短板承载力	2020年 城镇承载力（万人）	2020年 短板承载力	2025年 城镇承载力（万人）	2025年 短板承载力
贵阳市	417.39	居住用地	533.95	居住用地	666.18	经济
六盘水市	52.03	水资源	62.57	水资源	77.68	水资源
遵义市	—	—	153.48	居住用地	155.65	居住用地
安顺市	50.11	水资源	58.45	水资源	75.06	水资源
昆明市	370.99	水资源	409.38	经济	304.49	经济
曲靖市	93.89	水资源	96.04	水资源	127.60	水资源
玉溪市	34.78	居住用地	38.72	居住用地	51.14	居住用地
保山市	28.47	水资源	33.07	水资源	40.75	水资源
昭通市	34.14	经济	45.51	居住用地	41.03	建设用地
丽江市	20.99	水资源	20.91	居住用地	24.02	居住用地
普洱市	21.74	居住用地	21.74	居住用地	21.74	居住用地
临沧市	16.27	经济	13.75	水资源	9.72	水资源
西安市	550.00	居住用地	609.54	居住用地	788.11	居住用地
铜川市	33.01	水资源	0.00	居住用地	−53.57	居住用地
宝鸡市	39.29	居住用地	13.36	居住用地	−23.37	居住用地
咸阳市	52.38	水资源	48.40	经济	13.59	经济
渭南市	50.16	经济	63.70	水资源	78.92	水资源
延安市	39.48	水资源	42.70	水资源	47.90	居住用地
汉中市	42.86	居住用地	44.70	居住用地	64.59	居住用地
榆林市	46.43	居住用地	−2.72	居住用地	−81.80	居住用地
安康市	38.23	水资源	29.42	水资源	3.91	水资源
商洛市	10.71	居住用地	9.01	居住用地	6.46	居住用地
兰州市	232.14	居住用地	263.95	居住用地	322.61	水资源
金昌市	14.54	水资源	10.81	水资源	−4.10	水资源
白银市	53.34	水资源	26.93	水资源	−50.15	水资源
天水市	39.29	居住用地	44.12	居住用地	52.79	居住用地
武威市	29.01	水资源	24.33	水资源	14.78	水资源
张掖市	28.57	居住用地	42.96	居住用地	29.18	居住用地
平凉市	20.73	水资源	29.25	水资源	37.25	水资源

续表

城市名称	2018年 城镇承载力（万人）	2018年 短板承载力	2020年 城镇承载力（万人）	2020年 短板承载力	2025年 城镇承载力（万人）	2025年 短板承载力
酒泉市	25.89	经济	36.86	水资源	44.66	居住用地
庆阳市	15.47	水资源	11.69	建设用地	-28.31	建设用地
定西市	9.67	水资源	10.86	水资源	13.77	水资源
陇南市	5.36	经济	12.06	水资源	15.96	水资源
西宁市	56.40	经济	91.12	居住用地	39.59	居住用地

资料来源：根据相关数据整理而得。

从各城市短板承载力的变动情况来看（见表6-10），绝大多数的短板承载力相对稳定，且多以居住用地承载力和水资源承载力为主。从短板承载力的类别分布来看，以经济承载力为短板承载力的2018年、2020年和2025年的城市数量分别为10个、6个、7个，数量相对较少；以建设用地承载力为短板承载力的2018年、2020年和2025年的城市数量分别为0个、2个、3个，其数量更少；以居住用地承载力为短板承载力的2018年、2020年和2025年的城市数量分别为17个、23个、24个，其数量占样本城市半数左右，且各年数量略有上升；以水资源承载力为短板承载力的2018年、2020年和2025年的城市数量分别为25个、22个、19个，其数量也占样本城市半数左右，但略有下降的趋势。总体来看，水资源承载力和居住用地承载力是制约各省市2020年和2025年城镇承载力的关键因素，且居住用地承载力的限制作用有所加强。

第七章 以城镇承载力提升推动农业转移人口市民化的对策建议

第一节 着力提升西部城镇承载力

一、转变经济增长方式，加快城镇经济结构调整

西部地区的城镇承载力水平整体上偏低，除了社会承载力以外，资源承载力、环境承载力和经济承载力三个方面在很大程度上限制了西部地区城镇承载力水平的提高。因此，西部地区城镇承载力提升的关键在于转变经济增长方式，实现资源环境的高效开发利用和保护。

首先，转变经济增长方式，加快城镇经济结构调整。与东部地区相比，西部地区长期以来粗放型的经济发展方式一方面对资源环境造成了极大的浪费和破坏，另一方面粗放型、低水平的发展方式在很大程度上决定了产业结构的不合理。西部地区城镇在未来经济发展的过程中需要依托自身丰富的资源优势加快承接产业转移，通过产业引进带动资金、技术和人才的引进，提高固定资产投资和对外资的利用，建立起完善的西部地区城镇工业体系，从而扩大西部地区城镇的经济规模。

其次，加快产业结构调整与升级。依托国家新一轮"西部大开发"和"一带一路"建设的政策优势，西部地区省会城市要进一步发挥经济增长极的带动作用，坚定推进供给侧结构性改革的方针政策，淘汰落后的产业形态，积极地引进和发展与省会城市定位相协调的新型产业形态，实现产业结构的调整与升级，并形成对辐射城市的强力带动作用。其他地级市要根据自身的资源优势和区位特征，加快配套产业的培育，提高自身优势资源利用产业的技术水平和产业影响力，围绕国家中心城市的总体布局，因循利导，配套发展的适合于自身资源禀赋的产业格局。

第三，保护资源环境，坚持可持续发展。西部地区城镇环境承载力和

资源承载力的不足源于西部地区丰富的自然资源并没有转化为提升西部地区城镇承载力的有效因素，这也是提升西部地区城镇承载力水平的重点所在。但随着未来资源环境的进一步开发利用和西部地区城镇的资源承载力和环境承载力不断提升，对资源环境的保护性开发和保护性利用的可持续发展原则必须成为西部地区城镇经济发展中坚持的基本原则。相对于东中部地区而言，西部地区资源环境优势在未来的经济竞争中将不断凸显其独特的价值，将成为未来西部地区城镇经济可持续发展的重要支撑。

二、增强城市规划布局的合理性

城镇规划合理与否在很大程度上决定了城镇承载力的强弱。西部地区城镇在规划布局的过程中要坚持以人为本的原则，实现人与城镇和人与人的和谐发展。

首先，在城镇布局的过程中要增强城市布局的合理性，提升城市的通透性和循环能力。城镇在布局城市交通、垃圾处理、能源、电信、供排水、供热等基础设施时既要充分考虑城镇居民生产生活的便利性，也要兼顾绿色低碳和节能环保。根据城镇建设过程中永久基本农田和生态保护要求，水体保护要求，历史文化保护要求，绿地保护要求，基础设施建设要求等调控城市开发强度。从长远利益出发，贯穿可持续发展理念，合理配置资源，最大程度地发挥城市聚集效益和辐射效益，增强城市的辐射力和带动力。

其次，科学确定城市发展规模和目标。根据城市的经济发展水平、资源禀赋条件、区位特点以及环境基础等客观条件来合理确定各城镇发展规模和目标。转变城市发展理念，将城市发展从只重视外延扩张转变为更加重视城市内涵的提升。在科学划定城市开发建设边界的基础上，树立和坚持集约发展的理念。将城市综合承载力和城市环境容量作为城市规模与发展定位确定的依据，更加强调城市的历史传承，更加强调尊重自然和坚持绿色低碳发展的理念。坚持统一规划、统筹发展，整合城市群，进一步促进大中小城镇的协调发展和实现可持续发展。

最后，全面提升城市品质。树立城市宜居性发展的基本理念，以为新老市民创造优良的人居环境为目标，科学把握生活空间，生产空间和生态空间三者之间的内在联系，实现生活空间宜居，生产空间高效，生态空间优美，人与自然和谐相处的城市新面貌。

三、加快完善基础设施建设布局

西部地区城镇承载力分析表明,大部分城镇表现出结构性承载力不足,这种由于承载力短板决定的承载力不足的情况只有通过加快交通、文教卫生、城市生产生活设施等基础设施建设来实现城镇承载力的结构性提升。

首先,提高城镇内部和城镇之间的交通规模和质量。相对于东部发达地区而言,西部地区交通基础设施建设相对落后,铁路、公路、航空运输能力难以满足市民的通达要求,城镇之间以及城镇内部的交通便利性不足。因此,提高城镇交通的承载力成为提升城镇承载力的基础。未来提升交通承载力需要在两个方面同时发力,一方面提升城镇内部交通质量,提高道路建设等级以及公共交通工程的建设。另一方面提高西部地区之间以及西部地区和东中部地区城镇之间的交通连接程度,扩大城镇之间交通连接的方式和质量。

其次,提高西部地区城镇文教卫生基础设施的服务能力和水平。文教卫生基础设施水平在很大程度上决定了城镇对人口的吸引力和吸纳程度。西部地区城镇表现出的结构性承载力不足在很大程度上源于文教卫生事业的落后,因此提高西部地区结构性承载力的关键在于通过扩大文教卫生基础设施的建设数量,提高文教卫生事业的服务水平,从而为农业转移人口在内的外来人口提供更加便利和高质量的生存环境。

最后,对城市生产生活设施进行远景规划。城市水循环处理设施、城市垃圾废物处理设施以及城市电信网络基础设施等城市生产生活基础设施是城市良性运转的基础,城市规模的扩大以及城市人口的增加都需要城市生产生活基础设施的与之配套,只有对城市生产生活基础设施进行具有前瞻性的远景规划,才能为城镇吸纳农业转移人口和外来人口提供条件。

四、强化城镇群的功能作用

当经济社会发展达到一定阶段后,城镇群将在城镇化的推进过程中扮演重要角色。为了增强西部地区城镇承载力,应该进一步完善城乡统筹发展规划,将城镇群的作用功能与推进城镇化建设有机结合起来。

城镇的发展应注重与周边的联系,突出城镇群的理念,建设城镇群体系。发展城镇群能够更好地发挥城镇化过程中城市对城市周边地区的辐射带动作用，有利于统筹城乡社会经济发展。西部地区在推动城镇化时，一定要将单一城镇的发展与其所处的城镇群相结合，统筹规划，促进城镇群中的城镇之间实现功能分化，形成功能互补的城镇网络群，从而进一步增强城镇化对于城乡经济社会结构的调整作用，提高城镇对于农业转移人口的吸纳能力。在城镇化推进过程中，要注意区域联动，使城镇发展规划同周边城镇或农村发展规划的有效协调，增强所在城镇群对区域发展的辐射带动能力。

五、提高土地利用和管理水平

当前，西部土地使用中，以农业用地为主，但建设用地所占比重不断提高。处理好农业用地与建设用地之间的矛盾，是平衡农业发展与城镇化发展的应有之义。从使用方式上讲，建设用地有以下几个划分，即居民区际工矿建设用地、水利设施用地和交通运输用地等。我国西部地区幅员辽阔，但山地、高原等特殊地貌占比较高，实际能利用的土地面积较为有限。因此，在空间布局上留足未来城镇化发展的需要，是现阶段提高西部承载力水平的有效途径。耕地红线是着眼于战略角度，对我国粮食安全的有力支撑。在新冠肺炎疫情影响下，国际粮价会出现大幅波动，而耕地红线的确立，能够确保我国的水稻、玉米等口粮的供应，保证国民经济的稳定运行。因此，这一红线不可偏废。而在确保耕地红线不受影响的前提下，就应当对城镇建设用地采取更为集约有效的管理。

城市建设用地是城镇化发展的基础性因素，应当加速现有存量建设用地消化，严密管控部分非重点城镇的用地指标扩大，将更多指标向国家中心城市等大中型城市进行集中。积极提高城市更新速度，提高市场对城市建设用地的配置水平。城市规划和管理当局也应当采取灵活多元的土地使用政策，向高新科技和先进制造业等支柱性产业做适当倾斜，优先保障本地区重点扶持的大型企业；保障耕地红线也并非形成对城市发展的限制，应当加大宏观调控力度，科学调配土地使用指标，并对建设用地使用开展中后期绩效评价。在各省尝试建立土地动态数据库，运用卫星照片、遥感测绘等技术手段，及时掌握基层用地情况，对不符合用地规范的单位进行惩罚。

六、集约化利用水资源

承载力的提高还需解决水资源使用问题,降低用水调度消耗,确保大中型城市的用水安全。在非城镇地区,应当配合减少不必要的水资源浪费,在农业技术投入和水利设施建设领域继续发力,完善现有农业用水体系。提高农业用水效率,增加有效灌溉面积,及时调节水资源季节性供应,做到未雨绸缪。提高气象预报的准确性,根据汛旱两期的时间分布,完善蓄水平衡等工作。减少水源性污染,提高对城镇地区的供水能力。虽然通过调水系统能够缓解部分区域的用水紧张,但其背后所耗费的成本较高,不利于城镇地区用水效率的整体提升。应当进一步宣传节水文化,将节约和降耗举措渗透到城镇运行的方方面面。兴建城市综合管网系统,整合排污、雨水收集、废水回收处理等各项功能,大力普及地下管道,减少水分蒸发和无效渗透。全面推行梯度水价,并根据大数据分析等新兴技术手段,对城市居民用水进行精细化管理。逐步完善城镇地区用水节水管理体系,探索设立超额用水的惩罚性收费体制,用市场化方式为基础,构建城镇节水体制。

第二节 有序推进农业转移人口市民化

一、为农业转移人口市民化创造制度条件

在户籍制度层面,逐步放开城市户籍管制,为有意愿且有能力在城镇稳定就业和生活的农业转移人口及其家庭创造落户条件和提供落户便利,实现农业转移人口与城镇居民共担义务、共享权利和实现政治、经济、社会、文化权利的属地化。除超大城市和特大城市以外,省会及以下城市要全面放开对农业转移人口的落户限制。

深化推进户籍制度改革,统一城乡户口登记制度,开辟农业转移人口市民化的新渠道。全面放开大中小城市和建制镇落户限制。在除特大城市外的大中小城市和建制镇,应当对国民所拥有的落户权力进行确认,只要有合法稳定住所(含租赁)的人员,地方可根据自身情况出台实施细则,尝试在当地申请登记常住户口。

建立统筹城乡社会保障机制。实现社会保障制度全覆盖和五大社会保险的统筹、城乡居民养老保险和合作医疗保险一体化、农民工养老保险和城镇职工养老保险待遇统一，实现跨区域、跨险种的衔接。降低农业转移人口市民化过程中的复杂程序，提高市民化的便利性。

二、强化公共服务供给

保障农业转移人口住房需求。加强对于农业转移人口保障住房的建设力度，从安置房、公租房、廉租房、企业员工宿舍、经济适用房和人才房等方面构建农业转移人口住房保障体系，以地方财政配套中央财政扶持的方式，满足农业转移人口基本且合理的住房需求。降低农业转移人口保障住房申请门槛，在安置房购买方面，研究制定农业转移人口同等享受的按揭购房方案，为农业转移人口购买安置房创造条件，能够在城镇落户居住。

保障农业转移人口社会和医疗卫生服务需求。让农业转移人口平等享受证件办理、卫生保健和急等救基本公共服务，给予农业转移人口参加医疗保险、各项社会保险和职工医疗互助等社保待遇。

保障农业转移人口随迁子女接受公平且合理的教育资源。落实平等教育待遇，坚持以输入地政府管理为主，以公办全日制中小学为主、纳入区域教育发展规划，纳入教育经费保障范围原则，妥善安排流动人口随迁子女接受义务教育。

三、提高农业转移人口对城市管理的参与程度

农业转移人口作为城市中的一员，同样享有对城市中各项事务的知情权、参与权和监督权。在推动农业转移人口市民化的过程中，要积极的搭建容纳农业转移人口的全体人员沟通交流平台。引导和鼓励农业转移人口参与社区文化体育活动和参与城市管理，增加农业转移人口城市活动的参与度，增加农业转移人口与不同社会群体之间的交流，促进不同社会群体之间相互尊重、和睦相处，提高农业转移人口城市生活的参与感和认同感。

加强社会舆论宣传和引导，增强城市居民对农业转移人口作为城市一员对城市贡献的认识，提高对农业转移人口的接受程度。以城乡文化融合和情感融入为抓手，落实到政治待遇、工作待遇和生活水平等各个方面，切实增强农业转移人口对城市的认同感和归属感。

四、提高农业转移人口劳动技能

我国农业转移人口受教育程度普遍偏低，缺乏专业劳动技能，在城市就业过程中缺少专业技能培训，使得大部分农业转移人口难以适应城市发展中紧迫的社会分工需求，只能间接从事简单的体力劳动。针对农业转移人口劳动技能缺乏的情况需要从两个方面开展农业转移人口劳动技能培训，提高农业转移人口劳动技能和增加其在城市中寻找工作的机会。

首先，政府应该广泛开展福利性农业转移人口职业技能培训，在生源招录机制、专业建设、教学范式、考核标准及指标等方面进行创新改进，以构建起一套行之有效的教学体系，以适应农业转移人口职业培训特点。通过提供职业技能介绍及职业发展信息，由农业转移工人根据自身需要自由选择培训项目。此外，在基础培训的基础上，建立动态持续培训教育体系，针对某些工作和行业对劳动技能要求不断提高的现状，为农业转移人口提供连续的、有针对性的高技能培训，满足其不断适应工作岗位的要求。

其次，建立企业和政府培训学校之间的人才合作关系。通过建立用人单位和培训学校之间的合作为农业转移人口建立起订单式培养机制，减少培训和选择的盲目性。鼓励用人企业在政府开展的福利性培训基础上结合自身企业需要开展农业转移人口劳动技能培训，通过针对性的培训提高农业转移人口专业劳动技能。

五、建立更加公正透明的劳动力市场

建立普惠性、保基本、均等化、可持续的公共就业服务体系，增加公共服务供给，提高公共服务共享水平，尤其是就业服务。通过建立更加公平、高效、透明的劳动力市场，尽可能整合城乡劳动力资源，提升农业转移人口的就业质量。

通过司法、执法和监察等多部门的联动，建立劳动力市场违法行为防控机制，切实维护农业转移人口的合法权益，对于劳动纠纷要积极处理，及时回馈，精简办事程序，最大限度地为农业转移人口在劳动力市场维权提供便利，对于维权费用要进行分担，最大限度地为农业转移人口在劳动力市场维权降低成本。同时，完善举报投诉制度，鼓励公众参与劳动力市场监督，让农业转移人口在城市中放心工作，舒心工作。

主要参考文献

[1] [法] 托克维尔（Tocqueville, O. de）著；董果良译. 论美国的民主 [M]. 北京：商务印书馆，1988.

[2] 陈文魁. 城镇化建设与可持续发展 [M]. 北京：国家行政学院出版社，2013.

[3] 樊纲，马蔚华. 农业转移人口市民化与中国产业升级 [M]. 北京：中国经济出版社，2013.

[4] 樊雅丽. 新型城镇化与生态文明建设研究 [M]. 石家庄：河北人民出版社，2013.

[5] 国务院发展研究中心课题组. 中国新型城镇化道路、模式和政策 [M]. 北京：中国发展出版社，2014.

[6] 金三林. 内需增长的支撑农业转移人口消费特点及发展趋势 [M]. 北京：中国发展出版社，2014.

[7] 金三林. 扎根城市之路 农业转移人口就近市民化的路径与政策研究 [M]. 北京：中国发展出版社，2015.

[8] 孔凡文，周莹，田坤. 基于城市综合承载能力的农业转移人口有序市民化研究 [M]. 北京：经济科学出版社，2019.

[9] 李旭. 社会系统动力学：政策研究的原理、方法和应用 [M]. 上海：复旦大学出版社，2009.

[10] 吕炜等. 农业转移人口市民化理论思辨与实践认知 [M]. 沈阳：东北财经大学出版社，2016.

[11] 欧阳南江，陈明辉，黎夏，艾彬，黎明海波. 快速城镇化与资源环境协调发展理论、方法及实证研究 [M]. 北京：中国城市出版社，2014.

[12] 汪一鸣. 资源·环境·经济·城镇化——汪一鸣地理研究文集 [M]. 北京：阳光出版社，2015.

[13] 王克忠，周泽红，孙仲彝，朱惠霖. 论中国特色城镇化道路 [M]. 上海：复旦大学出版社，2009.

[14] 吴柏钧，潘春阳. 中国城镇化的经验与理论研究长三角地区的发

展格局与未来道路 [M]. 上海：上海人民出版社, 2015.

[15] 吴季松. 新型城镇化的顶层设计、路线图和时间表百国城镇化实地考察 [M]. 北京：北京航空航天大学出版社, 2013.

[16] 叶连松, 靳新彬, 叶秀庭. 再论新型城镇化着力提高城镇化质量 [M]. 北京：中国经济出版社, 2014.

[17] 俞贺楠. 新型城镇化下农业转移人口养老保险问题研究 [M]. 北京：中国言实出版社, 2016.

[18] 朱健. 农业转移人口市民化问题研究 [M]. 湖南：湘潭大学出版社, 2017.

[19] Allan W. The Africanhusbandman [M]. Münster: LIT Verlag, 1965.

[20] Bishop A B. Carrying capacity in regional environmental management [M]. Washington: For sale by the Supt. of Docs., US Govt. Print. Off., 1974.

[21] Meadows D, Randers J, Meadows D. Limits to growth: The 30 – year update [M]. London: Chelsea Green Publishing, 2004.

[22] Odum E P, Barrett G W. Fundamentals of ecology [M]. Philadelphia: Saunders, 1971.

[23] Park R E, Burgess E W. Introduction to thescience of sociology [M]. Chicago: University of Chicago Press, 1921.

[24] Schneider D M, Godschalk D R, Axler N. The carrying capacity concept as a planning tool [M]. California: American Planning Association, 1978.

其他参考文献

[1] 白素苹,陈银蓉,甘臣林.武汉市城镇化发展水平与土地承载力状态测度[J].城市问题,2019(12):49-56.

[2] 蔡莉,穆光宗.人口承载力指标系的建立及量化[J].人口学刊,2008(5):18-24.

[3] 蔡瑞林.农业转移人口市民化进程中农地非农化增值收益分配研究[D].南京航空航天大学,2016.

[4] 陈斌.长三角城镇化、产业集聚与区域创新承载力的耦合关系[J].南通大学学报(社会科学版),2020,36(1):42-49.

[5] 成前,王晓宇,刘金伟.城镇化进程中农业转移人口市民化的健康效应分析[J].人口学刊,2020,42(1):42-54.

[6] 崔宝玉,霍梦婷.流动特征、政府服务与农业转移人口市民化意愿[J].农村经济,2019(7):127-134.

[7] 邓秀勤.农业转移人口市民化进程中的地方依恋研究:影响因素与实证[D].福建农林大学,2017.

[8] 丁静.农业转移人口市民化政策运行的逻辑起点与理性回归[J].求实,2018(6):85-96+110.

[9] 丁学森,邬志辉.新型城镇化背景下大城市义务教育资源承载力的学术思考[J].现代教育管理,2016(4):19-24.

[10] 董越,徐琳瑜.一种城市综合承载力双向复合动态评价方法及实证研究[J].环境科学学报,2019,39(9):3171-3179.

[11] 杜忠潮.黄土高原河谷型城镇水环境承载力实证研究[J].水土保持研究,2012,19(5):238-242.

[12] 付标,李凌,刘彬,李光,翟丹丹.河南省夏邑县相对承载力分析与国土资源可持续发展研究[J].安徽农业科学,2010,38(29):81-83.

[13] 付小鹏,许岩,梁平.市民化让农业转移人口更幸福吗?[J].人口与经济,2019(6):28-41.

[14] 付云鹏,马树才.城市资源环境承载力及其评价[J].城市问

题, 2016 (2): 36-40.

[15] 高飞. 基于缩小城乡收入差异目标下我国农业转移人口市民化政策研究 [D]. 东北财经大学, 2014.

[16] 广德福. 中国特色城市化发展问题研究 [D]. 吉林大学, 2008.

[17] 何文举, 罗畅, 李国峰. 湖南省新型城镇化的土地承载力与生态安全分析 [J]. 湖南商学院学报, 2016, 23 (1): 18-23.

[18] 胡雯, 陈昭玖, 滕玉华. 农民工市民化程度: 基于制度供求视角的实证分析 [J]. 农业技术经济, 2016 (11): 66-75.

[19] 胡祖才. 以改革创新推动新型城镇化高质量发展 [J]. 宏观经济管理, 2019 (8): 1-4+10.

[20] 黄磊, 邵超峰, 鞠美庭, 关杨, 白雪. 西北地区小城镇水资源承载力评估及发展模式设计——以国家生态移民扶贫开发区红寺堡区为例 [J]. 生态经济, 2015, 31 (5): 146-149+169.

[21] 靳晓艳, 裴宗平. 小城镇环境承载力评价——以江苏省铜山县为例 [J]. 环境科学与管理, 2009, 34 (3): 177-182.

[22] 雷斌. 湖北省农业转移人口市民化基本公共服务均等化配置研究 [D]. 武汉大学, 2017.

[23] 雷军, 张小雷, 张敬东. 新疆区域小城镇相对资源承载力探析 [J]. 干旱区地理, 2004, 27 (3): 442-446.

[24] 李爱梅, 康蓉, 杨海真. 城镇生态承载力评价方法构建与应用 [J]. 环境污染与防治, 2013, 35 (3): 89-94.

[25] 李爱梅, 康蓉, 杨海真. 快速城镇化地域生态承载力评价模型构建与分析 [J]. 环境科学与管理, 2013, 38 (2): 139-143.

[26] 李斌, 张贵生. 农业转移人口身份认同的分化逻辑 [J]. 社会学研, 2019, 34 (3): 146-169+245.

[27] 李东序. 城市综合承载力理论与实证研究 [D]. 武汉理工大学, 2008.

[28] 李芬, 毛洪伟, 夏春海, 韩青苗, 呼静, 曹晓昌. 资源型城镇生态承载力研究——以攀枝花市盐边县为例 [J]. 生态经济, 2011 (5): 35-39.

[29] 李琳, 卢佳佳. 中国省域城镇化的资源环境承载力响应及影响因素 [J]. 经济经纬, 2018, 35 (3): 8-15.

[30] 李鹏. 中国农业劳动节约型技术进步对农业人口转移数量的影响 [J]. 统计与决策, 2019, 35 (20): 99-102.

[31] 李向宇. 农业转移人口市民化导向下的社会医疗保险整合研究 [D]. 华中师范大学, 2018.

[32] 李霄锋. 农业转移人口基本公共服务保障问题研究 [J]. 广西社会科学, 2018 (12): 170-175.

[33] 李新刚, 王双进, 孙钰. 城市土地综合承载力因子的动态影响效应分析 [J]. 统计与决策, 2018, 34 (7): 114-118.

[34] 李新磊. 市民化对经济增长的机理研究 [D]. 东北财经大学, 2015.

[35] 李旭东. 贵州乌蒙山区资源相对承载力的时空变化 [J]. 地理研究, 2013 (2): 233-238.

[36] 李长亮. 新型城镇化下西部城镇承载力评价 [J]. 统计与决策, 2015 (15): 63-66.

[37] 李周. 农民流动: 70年历史变迁与未来30年展望 [J]. 中国农村观察, 2019 (5): 2-16.

[38] 刘传江, 程建林. 第二代农民工市民化: 现状分析与进程测度 [J]. 人口研究, 2008, (5): 48-57.

[39] 刘海龙, 石培基, 杨勃, 刘海猛, 魏伟. 基于生态承载力的黄土高原地区城镇体系等级规模结构演化研究——以庆阳市为例 [J]. 干旱区地理, 2015, 38 (1): 173-181.

[40] 刘家强, 刘昌宇, 唐代盛. 新中国70年城市化演进逻辑、基本经验与改革路径 [J]. 经济学家, 2020 (1): 33-43.

[41] 刘洁, 苏杨, 魏方欣. 基于区域人口承载力的超大城市人口规模调控研究 [J]. 中国软科学, 2013 (10): 147-156.

[42] 刘晶, 林琳. 长江生态经济区城市群综合承载力的实证分析 [J]. 统计与决策, 2018, 34 (17): 94-97.

[43] 刘婧, 李红军. 省级区域相对资源承载力的实证分析 [J]. 统计与决策, 2010 (14): 115-118.

[44] 刘凯, 任建兰, 程钰, 王泽楠. 中国城镇化的资源环境承载力响应演变与驱动因素 [J]. 城市发展研究, 2016, 23 (1): 27-33.

[45] 刘凯, 任建兰, 张理娟, 王泽楠. 人地关系视角下城镇化资源环境承载力响应 [J]. 经济地理, 2016, 36 (9): 77-84.

[46] 刘凯, 邹荟霞, 任建兰, 赵琳, 孙雪. 中国城镇化与资源环境承载力耦合关系演变 [J]. 生态经济, 2017, 33 (9): 126-129.

[47] 刘明,高林. 基于城镇化科学发展的京津冀区域土地资源承载力研究[J]. 城市发展研究,2015,22(4):6-8.

[48] 刘松林,黄世为. 我国农民工市民化进程指标体系的构建与测度[J]. 统计与决策,2014(13):29-32.

[49] 刘晓,宋世杰,蒋武燕. 安康市相对资源承载力与可持续发展研究[J]. 研究与探讨,2008(4):19-21.

[50] 刘洵,苏美玲. 云南省区域经济可持续发展研究——基于改进的资源相对承载力[J]. 中国市场,2016(21):15-17+21.

[51] 刘颖,何士青. 农业转移人口市民化权益保障的理论基础与实现路径[J]. 海南大学学报(人文社会科学版),2019,37(5):152-159.

[52] 龙建辉. 改革进程中农业转移人口的利与弊研究——兼评《内需增长的支撑:农业转移人口消费特点及发展趋势》[J]. 农业经济问题,2018(9):141-142.

[53] 卢超,王蕾娜,张东山,张亚雷. 水资源承载力约束下小城镇经济发展的系统动力学仿真[J]. 资源科学,2011,33(8):1498-1504.

[54] 卢小君. 就近迁移与异地迁移对农业转移人口社会融合的影响——基于倾向得分匹配方法的反事实估计[J]. 农业技术经济,2019(7):68-78.

[55] 罗元青,刘珺,胡民. 基于二元经济转换的整体视角探寻农业转移人口市民化动力[J]. 农村经济,2019(8):1-9.

[56] 罗源昆,王大伟,刘洁,苏杨. 大城市的人口只能主要靠行政手段调控吗?——基于区域人口承载力研究[J]. 人口与经济,2013(1):52-60.

[57] 吕光明,何强. 可持续发展观下的城市综合承载能力研究[J]. 城市发展研究,2009,16(4):157-159.

[58] 马红梅,陈典. 农业转移人口城市融入的困境与出路:基于内生资本视角[J]. 改革,2018(12):123-130.

[59] 梅建明,陈汉芳. 户籍制度对农业转移人口市民化的影响[J]. 中南民族大学学报(人文社会科学版),2019,39(5):67-71.

[60] 梅艳,刘友兆,梁流涛. 基于相对承载力的区域可持续发展研究[J]. 长江流域资源与环境,2008(3):341-345.

[61] 莫小莎,刘深. 广西瑶族地区资源相对承载力评估分析[J]. 经济与社会发展,2007(12):77-82.

[62] 穆薛颖,刘凯,任建兰. 山东省县域经济承载力空间格局研究

[J]. 华东经济管理, 2016, 30 (12): 14-19.

[63] 穆学英, 刘凯, 任建兰. 新型城镇化背景下中国地级以上城市综合承载力空间格局研究 [J]. 干旱区地理, 2017, 40 (3): 671-679.

[64] 宁光杰, 刘丽丽. 市民化意愿对农业转移人口消费行为的影响研究 [J]. 中国人口科学, 2018 (6): 55-68+127.

[65] 欧文汉. 积极发挥财政政策作用着力推动经济高质量发展 [J]. 宏观经济管理, 2020 (2): 10-12.

[66] 欧阳鹭霞, 邹佳旻. 绿色城镇化视角下城市综合承载力评价研究 [J]. 城市, 2016 (3): 32-34.

[67] 潘泽泉. 中国农业转移人口市民化: 理论争辩、经验比较与跨学科范式建构 [J]. 中国农业大学学报 (社会科学版), 2017, 34 (1): 46-58.

[68] 齐勇. 新型城镇化背景下农业转移人口价值观研究 [D]. 北京科技大学, 2019.

[69] 秦松, 南忠仁. 白银市相对资源承载力演化过程分析 [J]. 水土保持研究, 2007, 14 (5): 138-141.

[70] 权泉, 朱佳玲, 刘云强, 王芳, 彭岚. 四川省城市群综合承载力、驱动因子与空间演化 [J]. 中国农业资源与区划, 2018, 39 (8): 218-229.

[71] 任家强, 孔凡文, 孙萍. 城镇化进程中的城市建设用地承载力测算研究——以辽宁省为例 [J]. 资源开发与市场, 2014, 30 (3): 295-296+320.

[72] 尚勇敏, 王振. 长江经济带城市资源环境承载力评价及影响因素 [J]. 上海经济研究, 2019 (7): 14-25+44.

[73] 沈君, 高志刚. 新疆相对资源承载力与可持续发展问题研究 [J]. 农业现代化研究, 2006 (3): 210-213.

[74] 沈威, 鲁丰先, 秦耀辰, 谢志祥, 李阳. 长江中游城市群城市生态承载力时空格局及其影响因素 [J]. 生态学报, 2019, 39 (11): 3937-3951.

[75] 石忆邵, 尹昌应, 王贺封, 谭文垦. 城市综合承载力的研究进展及展望 [J]. 地理研究, 2013, 32 (1): 133-145.

[76] 宋伟. 基于农村人口承载力的乡村振兴多维路径 [J]. 农业经济问题, 2019 (5): 85-89.

[77] 苏红键. 城市承载力评价研究述评与展望 [J]. 江淮论坛, 2017 (1): 86-94.

[78] 田明, 李辰, 赖德胜. 户籍制度改革与农业转移人口落户——悖

论及解释[J]. 人口与经济, 2019 (6): 1-13.

[79] 童玉芬, 齐明珠. 制约北京市人口承载力的主要因素、问题与对策分析[J]. 北京社会科学, 2009 (6): 25-31.

[80] 汪自书, 苑魁魁, 吕春英, 王敬. 资源环境约束下的北京市人口承载力研究[J]. 中国人口·资源与环境, 2016, 26 (S1): 351-354.

[81] 王琛. 基于利益相关者视角农业转移人口市民化研究[D]. 中共中央党校, 2014.

[82] 王赣华, 秦艳辉. 新型城镇化进程中城市综合承载力评价及测算研究进展与启示[J]. 桂林理工大学学报, 2014, 34 (4): 673-678.

[83] 王伶, 梅建明. 我国农民工市民化进程测度方法与实证研究——基于29个省(区、市)4275份调查问卷[J]. 农村经济, 2015, (11): 108-113.

[84] 王录仓, 王航. 基于水资源承载力的内陆河流域城镇发展及其生态效应研究框架——以黑河流域为例[J]. 干旱区资源与环境, 2006 (5): 32-37.

[85] 王文举, 田永杰. 河南省新型城镇化质量与生态环境承载力耦合分析[J]. 中国农业资源与区划, 2020, 41 (4): 21-26.

[86] 王晓红. 农业转移人口市民化成本及其分担机制研究[D]. 东北农业大学, 2016.

[87] 王亚文, 曹明明. 西安市相对资源承载力与可持续发展研究[J]. 人文地理, 2005 (4): 15-17.

[88] 王振坡, 朱丹, 王丽艳. 区域协同下京津冀城市群城市综合承载力评价[J]. 首都经济贸易大学学报, 2018, 20 (6): 73-81.

[89] 卫思夷, 居祥, 荀文会. 区域国土开发强度与资源环境承载力时空耦合关系研究——以沈阳经济区为例[J]. 中国土地科学, 2018, 32 (7): 58-65.

[90] 魏后凯, 李劲, 年猛. "十四五"时期中国城镇化战略与政策[J]. 中共中央党校(国家行政学院)学报, 2020, 24 (4): 5-21.

[91] 魏后凯, 苏红键. 中国农业转移人口市民化进程研究[J]. 中国人口科学, 2013, (5): 21-29+126.

[92] 魏晋. 成都平原人地系统协同性研究[D]. 四川农业大学, 2012.

[93] 魏丽波, 刘养洁. 太原市相对资源承载力与可持续发展研究[J]. 中国人口·资源与环境, 2013, 23 (11): 54-57.

[94] 文乐. 城镇化进程中的土地供给、房价与农业转移人口市民化研究 [D]. 华中科技大学, 2017.

[95] 吴宾, 夏艳霞. 地方政府对农业人口市民化注意力的时空差异及演变——基于18个省市政府工作报告的文本分析 [J]. 地域研究与开发, 2019, 38 (1): 162-169.

[96] 席旭文. 新型城镇化、福利约束与市民化问题研究 [D]. 吉林大学, 2017.

[97] 向希, 段汉明. 基于突变理论的北疆城镇区域相对资源承载力评价研究 [J]. 西北人口, 2015, 36 (2): 33-36.

[98] 谢国根, 蒋诗泉, 赵春艳. 财政分权、政绩考核与资源环境承载力 [J]. 统计与决策, 2020 (15): 133-137.

[99] 辛宝英. 农业转移人口市民化程度测评指标体系研究 [J]. 经济社会体制比较, 2016 (4): 156-165.

[100] 邢朝国. 中国农业转移人口的城市落户意愿——以城市落户能力为分析框架 [J]. 调研世界, 2020 (6): 49-54.

[101] 徐晓红, 高明, 王洪丽, 田子玉, 杨双. 1978—2003年吉林省相对资源承载力的测算与分析 [J]. 农业现代化研究, 2006 (3): 210-213.

[102] 许光. 农业转移人口市民化公共成本测算及分担机制优化建议——基于江浙沪省域面板数据的横向比较 [J]. 农村经济, 2018 (9): 114-120.

[103] 亚森·排吐力, 程胜高. 乌鲁木齐市相对资源承载力与可持续发展问题研究 [J]. 环境科学与管理, 2011, 36 (1): 148-154.

[104] 杨丽, 孙之淳. 基于熵值法的西部新型城镇化发展水平测评 [J]. 经济问题, 2015 (3): 115-119.

[105] 杨沫. 农业转移人口市民化研究: 现实困境、福利效应以及路径选择 [D]. 东北财经大学, 2017.

[106] 杨宇. 多指标综合评价中赋权方法评析 [J]. 统计与决策, 2006 (13): 17-19.

[107] 姚德超. "共生"视域下农业转移人口市民化问题治理研究 [D]. 华中师范大学, 2014.

[108] 姚明明. 新型城镇化进程中我国农业转移人口市民化成本分担机制研究 [D]. 辽宁大学, 2015.

[109] 余茹, 成金华. 2003—2017年京津冀资源环境承载力评价——

基于熵权法的13个城市面板数据研究［J］．技术经济与管理研究，2019（2）：109－115．

［110］张海娜．人力资本、网络和制度：农业转移人口市民化的比较研究［D］．华东师范大学，2018．

［111］张虹，李月臣，汪洋．2001—2010三峡库区（重庆段）相对资源承载力时空格局动态演变研究［J］．资源开发与市场，2014，30（5）：532－536．

［112］张林波，李文华，刘孝富，王维．承载力理论的起源、发展与展望［J］．生态学报，2009，（2）：878－888．

［113］张书海，阮端斌．资源跨区域流动视角下的承载力评价———一个动态评价框架及其应用［J/OL］．自然资源学报：1－11［2020－08－30］．http://kns.cnki.net/kcms/detail/11.1912.N.20200806.1142.002.html．

［114］张韦萍，石培基，赵武生，冯涛，付春雨．西北区域城镇化与资源环境承载力协调发展的时空特征———以兰西城市群为例［J］．生态学杂志，2020，39（7）：2337－2347．

［115］张协嵩．重点镇吸纳农业转移人口实证研究［D］．福建农林大学，2014．

［116］张学浪，笪晨．农业转移人口市民化社会风险源分析及防范策略［J］．农村经济，2020（1）：137－144．

［117］张学良．新型城镇化背景下城市边界调整与城市综合承载力提升［J］．探索与争鸣，2015（6）：28－30．

［118］张引，杨庆媛，闵婕．重庆市新型城镇化质量与生态环境承载力耦合分析［J］．地理学报，2016，71（5）：817－828．

［119］赵培红．城市承载力研究评述［J］．城市，2012（9）：24－28．

［120］赵智．权益保障、公平感知与市民化倾向［D］．四川农业大学，2016．

［121］郑玲玲．中国农业转移人口市民化的政策与路径研究［D］．东北师范大学，2017．

［122］郑云．中国农业转移人口市民化研究新进展［J］．福建论坛（人文社会科学版），2019（11）：55－63．

［123］周密，张广胜，黄利．新生代农民工市民化程度的测度［J］．农业技术经济，2012，（1）：90－98．

［124］朱健，陈盼．农业转移人口市民化水平评价指标体系构建及实

证——基于 2017 年全国流动人口动态监测数据的分析 [J]. 湘潭大学学报（哲学社会科学版），2020，44（4）：98-103.

[125] Allan J A. Water deficits and management options in arid regions with special reference to the Middle East and North Africa [J]. Water Resources Management in Arid Countries，1995：1-8.

[126] Bach R L, Schraml L A. Migration, crisis and theoretical conflict [J]. International Migration Review，1982：320-341.

[127] Buckley R. An ecological perspective on carrying capacity [J]. Annals of Tourism Research，1999，26（3）：705-708.

[128] Choldin H M. Kinship networks in the migration process [J]. The International Migration Review，1973，7（2）：163-175.

[129] Cohen J E. Population, economics, environment and culture：an introduction to human carrying capacity [J]. Journal of Applied Ecology，1997，34（6）：1325-1333.

[130] Daily G C, Ehrlich P R. Socioeconomic equity, sustainability, and Earth's carrying capacity [J]. Ecological Applications，1996，6（4）：991-1001.

[131] Dewar R E. Environmental productivity, population regulation, and carrying capacity [J]. American Anthropologist，1984，86（3）：601-614.

[132] Gaffney M. Economic aspects of water resource policy [J]. The American Journal of Economics and Sociology，1969，28（2）：131-144.

[133] Hardin G. Cultural carrying capacity：a biological approach to human problems [J]. Focus，1992，2（3）：16-24.

[134] Harris J R, Todaro M P. Migration, unemployment and development：a two-sector analysis [J]. The American economic review，1970，60（1）：126-142.

[135] Harris Jonathan M. Carrying capacity in Agriculture：Globe and regional issue [J]. Ecological Economics，1999，129（3）：443-461.

[136] Jorgenson D W. Surplus agricultural labour and the development of a dual economy [J]. Oxford economic papers，1967，19（3）：288-312.

[137] Kallen H M. Democracy versus the melting pot [J]. The Nation，1915，100（2590）：190-194.

[138] Lewis W A. Economic development with unlimited supplies of labour [J]. The manchester school，1954，22（2）：139-191.

[139] Macunovich D J. A conversation with Richard Easterlin [J]. Journal

of Population Economics, 1997, 10 (2): 119 – 136.

[140] Malthus T R. An Essay on the Principle of Population. 6th edn. 2 vols [J]. London. [Eggs of fish], 1826.

[141] Massey D S, Arango J, Hugo G, et al. Theories of international migration: A review and appraisal [J]. Population and development review, 1993: 431 – 466.

[142] Massey D S. The social and economic origins of immigration [J]. The Annals of the American Academy of Political and Social Science, 1990, 510 (1): 60 – 72.

[143] Millington R, Gifford R. Energy and how we live [C] //Australian UNESCO seminar, Committee for man and biosphere. 1973.

[144] Oh K, Jeong Y, Lee D, et al. An integrated framework for the assessment of urban carrying capacity [J]. Korea Plan Assoc, 2002, 37 (5): 7 – 26.

[145] Oh K, Jeong Y, Lee D, et al. Determining development density using the urban carrying capacity assessment system [J]. Landscape and urban planning, 2005, 73 (1): 1 – 15.

[146] Piore M. The Dual Labor Market: Theory and Implications [J]. Problems in Political Economy: An Urban Perspective, edited by DM Gordon. Lexington, Massachusetts: DC Heath and Company, 1971.

[147] Ranis G, Fei J C H. A theory of economic development [J]. The american economic review, 1961: 533 – 565.

[148] Rees W E. Ecological footprints and appropriated carrying capacity: what urban economics leaves out [J]. Environment and urbanization, 1992, 4 (2): 121 – 130.

[149] Rice J. Ecological unequal exchange: international trade and uneven utilization of environmental space in the world system [J]. Social Forces, 2007, 85 (3): 1369 – 1392.

[150] Sagoff M. Carrying capacity and ecological economics [J]. BioScience, 1995, 45 (9): 610 – 620.

[151] Sagoff M. Carrying capacity and ecological economics [J]. BioScience, 1995, 45 (9): 610 – 620.

[152] Sawunyama T, Senzanje A, Mhizha A. Estimation of small reservoir storage capacities in Limpopo River Basin using geographical information systems

(GIS) and remotely sensed surface areas: Case of Mzingwane catchment [J]. Physics and Chemistry of the Earth, Parts A/B/C, 2006, 31 (15 – 16): 935 – 943.

[153] Stark O, Taylor J E. Migration incentives, migration types: The role of relative deprivation [J]. The economic journal, 1991, 101 (408): 1163 – 1178.

[154] Stark O. Migration in LDCs: risk, remittances, and the family [J]. Finance and Development, 1991, 28 (4): 39.

[155] Todaro M P. A model of labor migration and urban unemployment in less developed countries [J]. The American economic review, 1969, 59 (1): 138 – 148.

[156] UNESCO FAO. Carrying capacity assessment with a pilot study of Kenya: A resource accounting methodology for sustainable development [J]. Paris and Rome, 1985.

[157] using geographical information systems (GIS) and remotely sensed surface areas: Case of Mzingwane catchment [J]. Physics and Chemistry of the Earth, Parts A/B/C, 2006, 31 (15): 935 – 943.

[158] Verhulst P F. Notice sur la loi que la population suit dans son accroissement. correspondance mathématique et physique publiée par a [J]. Quetelet, 1838, 10: 113 – 121.

[159] Vogt W, Baruch B M, Freeman S I. Road to survival [R]. New York: W. Sloane Associates, 1948.

[160] Wackernagel M, Onisto L, Bello P, et al. National natural capital accounting with the ecological footprint concept [J]. Ecological economics, 1999, 29 (3): 375 – 390.

附 录

附表1　2004—2017年西部各省市基于户籍人口测算的城镇承载力

年份	省市名称	经济承载力	社会承载力	资源承载力	环境承载力	城镇承载力
2004	重庆市	0.0462	0.0423	0.0822	0.0471	0.2178
2004	四川省	0.0334	0.0385	0.0513	0.0370	0.1602
2004	贵州省	0.0284	0.0388	0.0298	0.0363	0.1333
2004	云南省	0.0303	0.0371	0.0306	0.0360	0.1340
2004	陕西省	0.0337	0.0383	0.0367	0.0370	0.1457
2004	甘肃省	0.0335	0.0385	0.0313	0.0369	0.1402
2004	青海省	0.0261	0.0346	0.0119	0.0271	0.0997
2005	重庆市	0.0423	0.0442	0.1348	0.0741	0.2954
2005	四川省	0.0346	0.0390	0.0401	0.0371	0.1508
2005	贵州省	0.0290	0.0393	0.0266	0.0367	0.1316
2005	云南省	0.0297	0.0369	0.0289	0.0385	0.1339
2005	陕西省	0.0363	0.0384	0.0442	0.0400	0.1588
2005	甘肃省	0.0344	0.0402	0.0293	0.0336	0.1374
2005	青海省	0.0270	0.0356	0.0114	0.0194	0.0933
2006	重庆市	0.0435	0.0437	0.0813	0.0503	0.2188
2006	四川省	0.0350	0.0397	0.0366	0.0397	0.1509
2006	贵州省	0.0306	0.0394	0.0257	0.0393	0.1351
2006	云南省	0.0326	0.0371	0.0312	0.0399	0.1407
2006	陕西省	0.0358	0.0385	0.0355	0.0343	0.1442
2006	甘肃省	0.0358	0.0384	0.0313	0.0302	0.1356
2006	青海省	0.0484	0.0424	0.0762	0.0503	0.2172
2007	重庆市	0.0414	0.0453	0.0964	0.0311	0.2141
2007	四川省	0.0360	0.0407	0.0327	0.0425	0.1519
2007	贵州省	0.0328	0.0395	0.0229	0.0403	0.1355
2007	云南省	0.0354	0.0398	0.0433	0.0378	0.1563

续表

年份	省市名称	经济承载力	社会承载力	资源承载力	环境承载力	城镇承载力
2007	陕西省	0.0367	0.0393	0.0359	0.0431	0.1550
2007	甘肃省	0.0385	0.0399	0.0362	0.0391	0.1537
2007	青海省	0.0442	0.0442	0.1122	0.0718	0.2725
2008	重庆市	0.0340	0.0416	0.0172	0.0463	0.1389
2008	四川省	0.0378	0.0403	0.0330	0.0442	0.1553
2008	贵州省	0.0367	0.0393	0.0281	0.0466	0.1507
2008	云南省	0.0373	0.0388	0.0502	0.0418	0.1680
2008	陕西省	0.0388	0.0387	0.0326	0.0439	0.1539
2008	甘肃省	0.0390	0.0402	0.0431	0.0455	0.1678
2008	青海省	0.0423	0.0447	0.0813	0.0544	0.2227
2009	重庆市	0.0293	0.0348	0.0121	0.0405	0.1167
2009	四川省	0.0412	0.0412	0.0361	0.0463	0.1648
2009	贵州省	0.0354	0.0372	0.0267	0.0441	0.1435
2009	云南省	0.0395	0.0404	0.0391	0.0423	0.1612
2009	陕西省	0.0428	0.0411	0.0360	0.0509	0.1708
2009	甘肃省	0.0412	0.0407	0.0530	0.0447	0.1795
2009	青海省	0.0430	0.0457	0.0905	0.0317	0.2109
2010	重庆市	0.0357	0.0386	0.0201	0.0428	0.1372
2010	四川省	0.0441	0.0408	0.0399	0.0465	0.1712
2010	贵州省	0.0417	0.0385	0.0359	0.0462	0.1622
2010	云南省	0.0444	0.0414	0.0407	0.0460	0.1725
2010	陕西省	0.0428	0.0408	0.0302	0.0484	0.1623
2010	甘肃省	0.0440	0.0411	0.0502	0.0470	0.1822
2010	青海省	0.0364	0.0415	0.0167	0.0444	0.1389
2011	重庆市	0.0401	0.0376	0.0200	0.0435	0.1411
2011	四川省	0.0472	0.0420	0.0467	0.0517	0.1876
2011	贵州省	0.0443	0.0390	0.0347	0.0483	0.1662
2011	云南省	0.0506	0.0424	0.0420	0.0472	0.1821
2011	陕西省	0.0460	0.0415	0.0355	0.0481	0.1711
2011	甘肃省	0.0451	0.0414	0.0474	0.0489	0.1828
2011	青海省	0.0309	0.0351	0.0922	0.0377	0.1959

续表

年份	省市名称	经济承载力	社会承载力	资源承载力	环境承载力	城镇承载力
2012	重庆市	0.0468	0.0377	0.0292	0.0554	0.1690
2012	四川省	0.0489	0.0428	0.0470	0.0520	0.1907
2012	贵州省	0.0403	0.0400	0.0269	0.0483	0.1555
2012	云南省	0.0625	0.0434	0.0461	0.0479	0.1999
2012	陕西省	0.0481	0.0428	0.0378	0.0513	0.1801
2012	甘肃省	0.0474	0.0417	0.0388	0.0502	0.1781
2012	青海省	0.0369	0.0407	0.0222	0.0465	0.1464
2013	重庆市	0.0487	0.0483	0.0232	0.0520	0.1723
2013	四川省	0.0510	0.0428	0.0448	0.0525	0.1912
2013	贵州省	0.0395	0.0419	0.0243	0.0484	0.1541
2013	云南省	0.0662	0.0434	0.0469	0.0491	0.2056
2013	陕西省	0.0515	0.0434	0.0378	0.0530	0.1856
2013	甘肃省	0.0470	0.0426	0.0402	0.0516	0.1814
2013	青海省	0.0365	0.0401	0.0212	0.0509	0.1486
2014	重庆市	0.0342	0.0481	0.0092	0.0431	0.1346
2014	四川省	0.0559	0.0420	0.0490	0.0530	0.1999
2014	贵州省	0.0492	0.0432	0.0348	0.0460	0.1732
2014	云南省	0.0596	0.0421	0.0438	0.0451	0.1906
2014	陕西省	0.0573	0.0424	0.0462	0.0560	0.2020
2014	甘肃省	0.0493	0.0425	0.0379	0.0541	0.1837
2014	青海省	0.0486	0.0411	0.0285	0.0566	0.1747
2015	重庆市	0.0329	0.0387	0.0047	0.0191	0.0955
2015	四川省	0.0593	0.0481	0.0494	0.0568	0.2136
2015	贵州省	0.0602	0.0445	0.0353	0.0524	0.1925
2015	云南省	0.0613	0.0436	0.0437	0.0557	0.2043
2015	陕西省	0.0582	0.0415	0.0425	0.0581	0.2004
2015	甘肃省	0.0529	0.0432	0.0381	0.0586	0.1928
2015	青海省	0.0491	0.0481	0.0191	0.0468	0.1631
2016	重庆市	0.0996	0.0421	0.1218	0.0576	0.3211
2016	四川省	0.0585	0.0439	0.0460	0.0533	0.2017
2016	贵州省	0.0676	0.0431	0.0554	0.0568	0.2230

续表

年份	省市名称	经济承载力	社会承载力	资源承载力	环境承载力	城镇承载力
2016	云南省	0.0618	0.0444	0.0415	0.0544	0.2021
2016	陕西省	0.0612	0.0414	0.0405	0.0544	0.1975
2016	甘肃省	0.0555	0.0443	0.0375	0.0599	0.1972
2016	青海省	0.0353	0.0499	0.0085	0.0430	0.1368
2017	重庆市	0.0662	0.0424	0.0376	0.0483	0.1945
2017	四川省	0.0645	0.0408	0.0421	0.0537	0.2011
2017	贵州省	0.0696	0.0444	0.0637	0.0707	0.2485
2017	云南省	0.0648	0.0438	0.0362	0.0508	0.1956
2017	陕西省	0.0586	0.0407	0.0623	0.0484	0.2100
2017	甘肃省	0.0551	0.0440	0.0337	0.0526	0.1854
2017	青海省	0.0339	0.0367	0.0059	0.0331	0.1096

资料来源：根据相关数据计算而得。

附表2 2004—2017年西部各地级市基于户籍人口测算的城镇承载力

年份	城市名称	经济承载力	社会承载力	资源承载力	环境承载力	城镇承载力
2004	重庆市	0.0462	0.0423	0.0822	0.0471	0.2178
2004	成都市	0.0413	0.0440	0.1370	0.0733	0.2955
2004	自贡市	0.0403	0.0419	0.1289	0.0378	0.2488
2004	攀枝花市	0.0376	0.0441	0.1048	0.0308	0.2174
2004	泸州市	0.0320	0.0359	0.0146	0.0369	0.1194
2004	德阳市	0.0258	0.0315	0.0098	0.0336	0.1008
2004	绵阳市	0.0265	0.0343	0.0164	0.0349	0.1121
2004	广元市	0.0321	0.0351	0.0102	0.0343	0.1117
2004	遂宁市	0.0283	0.0351	0.0282	0.0281	0.1197
2004	内江市	0.0331	0.0344	0.0255	0.0429	0.1359
2004	乐山市	0.0230	0.0379	0.0042	0.0361	0.1012
2004	南充市	0.0223	0.0369	0.0007	0.0164	0.0762
2004	眉山市	0.0386	0.0394	0.1076	0.0397	0.2253
2004	宜宾市	0.0375	0.0403	0.0429	0.0337	0.1544
2004	广安市	0.0451	0.0391	0.0922	0.0532	0.2295
2004	达州市	0.0332	0.0389	0.0427	0.0344	0.1493
2004	雅安市	0.0404	0.0470	0.0643	0.0334	0.1851

续表

年份	城市名称	经济承载力	社会承载力	资源承载力	环境承载力	城镇承载力
2004	巴中市	0.0319	0.0386	0.0351	0.0344	0.1399
2004	资阳市	0.0328	0.0387	0.0586	0.0313	0.1614
2004	贵阳市	0.0346	0.0385	0.0476	0.0358	0.1565
2004	六盘水市	0.0280	0.0397	0.0283	0.0374	0.1335
2004	遵义市	0.0238	0.0383	0.0223	0.0453	0.1298
2004	安顺市	0.0272	0.0388	0.0209	0.0265	0.1134
2004	昆明市	0.0333	0.0402	0.0297	0.0387	0.1419
2004	曲靖市	0.0298	0.0375	0.0251	0.0339	0.1263
2004	玉溪市	0.0294	0.0360	0.0298	0.0382	0.1335
2004	保山市	0.0371	0.0399	0.0374	0.0398	0.1542
2004	昭通市	0.0257	0.0280	0.0140	0.0309	0.0986
2004	丽江市	0.0353	0.0397	0.0534	0.0328	0.1612
2004	临沧市	0.0320	0.0366	0.0417	0.0571	0.1675
2004	思茅市	0.0196	0.0386	0.0138	0.0167	0.0887
2004	西安市	0.0264	0.0358	0.0122	0.0376	0.1121
2004	铜川市	0.0406	0.0423	0.1108	0.0830	0.2768
2004	宝鸡市	0.0369	0.0440	0.0532	0.0232	0.1572
2004	咸阳市	0.0353	0.0370	0.0541	0.0457	0.1721
2004	渭南市	0.0278	0.0374	0.0102	0.0231	0.0985
2004	延安市	0.0488	0.0429	0.0502	0.0427	0.1846
2004	汉中市	0.0328	0.0372	0.0247	0.0208	0.1155
2004	榆林市	0.0361	0.0331	0.0348	0.0328	0.1369
2004	安康市	0.0221	0.0370	0.0062	0.0324	0.0977
2004	商洛市	0.0302	0.0360	0.0106	0.0287	0.1056
2004	兰州市	0.0345	0.0347	0.0313	0.0345	0.1350
2004	金昌市	0.0243	0.0358	0.0113	0.0421	0.1135
2004	白银市	0.0345	0.0419	0.0190	0.0265	0.1219
2004	天水市	0.0422	0.0385	0.0455	0.0441	0.1703
2004	武威市	0.0323	0.0419	0.0180	0.0375	0.1297
2004	张掖市	0.0408	0.0417	0.0556	0.0415	0.1796
2004	平凉市	0.0350	0.0406	0.0875	0.0420	0.2052

续表

年份	城市名称	经济承载力	社会承载力	资源承载力	环境承载力	城镇承载力
2004	酒泉市	0.0265	0.0382	0.0202	0.0224	0.1073
2004	庆阳市	0.0359	0.0374	0.0118	0.0368	0.1219
2004	定西市	0.0326	0.0357	0.0388	0.0205	0.1275
2004	陇南市	0.0301	0.0373	0.0049	0.0577	0.1300
2004	西宁市	0.0261	0.0346	0.0119	0.0271	0.0997
2005	重庆市	0.0423	0.0442	0.1348	0.0741	0.2954
2005	成都市	0.0424	0.0430	0.0434	0.0333	0.1622
2005	自贡市	0.0387	0.0436	0.0965	0.0317	0.2106
2005	攀枝花市	0.0331	0.0390	0.0212	0.0405	0.1338
2005	泸州市	0.0268	0.0316	0.0071	0.0362	0.1018
2005	德阳市	0.0281	0.0349	0.0138	0.0309	0.1078
2005	绵阳市	0.0323	0.0388	0.0107	0.0366	0.1185
2005	广元市	0.0293	0.0349	0.0282	0.0554	0.1478
2005	遂宁市	0.0307	0.0363	0.0261	0.0303	0.1234
2005	内江市	0.0233	0.0399	0.0039	0.0370	0.1041
2005	乐山市	0.0235	0.0374	0.0012	0.0280	0.0901
2005	南充市	0.0445	0.0401	0.0916	0.0416	0.2178
2005	眉山市	0.0406	0.0407	0.0488	0.0385	0.1686
2005	宜宾市	0.0502	0.0390	0.0956	0.0535	0.2383
2005	广安市	0.0345	0.0388	0.0344	0.0302	0.1379
2005	达州市	0.0420	0.0464	0.0656	0.0333	0.1873
2005	雅安市	0.0317	0.0395	0.0323	0.0395	0.1429
2005	巴中市	0.0341	0.0396	0.0507	0.0324	0.1568
2005	资阳市	0.0366	0.0384	0.0503	0.0391	0.1644
2005	贵阳市	0.0299	0.0394	0.0305	0.0399	0.1397
2005	六盘水市	0.0239	0.0382	0.0230	0.0459	0.1310
2005	遵义市	0.0280	0.0393	0.0197	0.0249	0.1120
2005	安顺市	0.0342	0.0403	0.0332	0.0360	0.1436
2005	昆明市	0.0292	0.0382	0.0256	0.0461	0.1391
2005	曲靖市	0.0295	0.0365	0.0325	0.0411	0.1395
2005	玉溪市	0.0380	0.0397	0.0389	0.0293	0.1459

续表

年份	城市名称	经济承载力	社会承载力	资源承载力	环境承载力	城镇承载力
2005	保山市	0.0261	0.0298	0.0154	0.0305	0.1018
2005	昭通市	0.0364	0.0400	0.0548	0.0456	0.1768
2005	丽江市	0.0313	0.0357	0.0382	0.0568	0.1620
2005	临沧市	0.0194	0.0394	0.0136	0.0204	0.0926
2005	思茅市	0.0275	0.0356	0.0124	0.0381	0.1136
2005	西安市	0.0420	0.0432	0.1025	0.0908	0.2786
2005	铜川市	0.0410	0.0448	0.0561	0.0265	0.1685
2005	宝鸡市	0.0389	0.0396	0.0682	0.0518	0.1985
2005	咸阳市	0.0275	0.0356	0.0128	0.0252	0.1011
2005	渭南市	0.0507	0.0446	0.0732	0.0422	0.2107
2005	延安市	0.0343	0.0377	0.0344	0.0241	0.1305
2005	汉中市	0.0406	0.0338	0.0385	0.0403	0.1533
2005	榆林市	0.0238	0.0353	0.0134	0.0340	0.1065
2005	安康市	0.0289	0.0350	0.0119	0.0282	0.1039
2005	商洛市	0.0350	0.0343	0.0307	0.0365	0.1365
2005	兰州市	0.0238	0.0337	0.0123	0.0421	0.1119
2005	金昌市	0.0327	0.0409	0.0189	0.0237	0.1161
2005	白银市	0.0457	0.0391	0.0450	0.0422	0.1720
2005	天水市	0.0331	0.0411	0.0155	0.0419	0.1315
2005	武威市	0.0470	0.0427	0.0594	0.0432	0.1923
2005	张掖市	0.0368	0.0411	0.0825	0.0471	0.2074
2005	平凉市	0.0286	0.0649	0.0200	0.0225	0.1360
2005	酒泉市	0.0376	0.0358	0.0187	0.0437	0.1358
2005	庆阳市	0.0333	0.0330	0.0297	0.0212	0.1172
2005	定西市	0.0320	0.0355	0.0074	0.0139	0.0887
2005	陇南市	0.0278	0.0347	0.0125	0.0277	0.1027
2005	西宁市	0.0270	0.0356	0.0114	0.0194	0.0933
2006	重庆市	0.0435	0.0437	0.0813	0.0503	0.2188
2006	成都市	0.0399	0.0460	0.0931	0.0334	0.2124
2006	自贡市	0.0334	0.0398	0.0169	0.0414	0.1315
2006	攀枝花市	0.0280	0.0341	0.0097	0.0363	0.1081

续表

年份	城市名称	经济承载力	社会承载力	资源承载力	环境承载力	城镇承载力
2006	泸州市	0.0281	0.0359	0.0164	0.0382	0.1187
2006	德阳市	0.0335	0.0395	0.0106	0.0407	0.1242
2006	绵阳市	0.0317	0.0350	0.0273	0.0579	0.1519
2006	广元市	0.0344	0.0386	0.0259	0.0424	0.1414
2006	遂宁市	0.0235	0.0431	0.0040	0.0335	0.1041
2006	内江市	0.0226	0.0397	0.0010	0.0159	0.0791
2006	乐山市	0.0469	0.0415	0.0927	0.0480	0.2291
2006	南充市	0.0377	0.0404	0.0286	0.0355	0.1422
2006	眉山市	0.0516	0.0385	0.0925	0.0544	0.2370
2006	宜宾市	0.0359	0.0394	0.0282	0.0304	0.1339
2006	广安市	0.0438	0.0463	0.0647	0.0399	0.1947
2006	达州市	0.0334	0.0404	0.0290	0.0433	0.1461
2006	雅安市	0.0355	0.0399	0.0450	0.0326	0.1529
2006	巴中市	0.0381	0.0386	0.0442	0.0490	0.1699
2006	资阳市	0.0311	0.0384	0.0285	0.0415	0.1395
2006	贵阳市	0.0256	0.0386	0.0235	0.0487	0.1365
2006	六盘水市	0.0300	0.0408	0.0155	0.0269	0.1131
2006	遵义市	0.0359	0.0399	0.0383	0.0400	0.1542
2006	安顺市	0.0310	0.0382	0.0256	0.0418	0.1366
2006	昆明市	0.0309	0.0364	0.0260	0.0444	0.1376
2006	曲靖市	0.0394	0.0405	0.0333	0.0334	0.1466
2006	玉溪市	0.0277	0.0314	0.0105	0.0287	0.0983
2006	保山市	0.0379	0.0389	0.0555	0.0489	0.1812
2006	昭通市	0.0326	0.0354	0.0375	0.0549	0.1603
2006	丽江市	0.0203	0.0371	0.0079	0.0238	0.0891
2006	临沧市	0.0291	0.0355	0.0129	0.0422	0.1198
2006	思茅市	0.0431	0.0415	0.0659	0.0425	0.1931
2006	西安市	0.0425	0.0429	0.0538	0.0273	0.1664
2006	铜川市	0.0403	0.0392	0.0689	0.0503	0.1987
2006	宝鸡市	0.0286	0.0373	0.0128	0.0138	0.0925
2006	咸阳市	0.0538	0.0444	0.0879	0.0442	0.2304

续表

年份	城市名称	经济承载力	社会承载力	资源承载力	环境承载力	城镇承载力
2006	渭南市	0.0361	0.0388	0.0269	0.0262	0.1280
2006	延安市	0.0409	0.0336	0.0336	0.0416	0.1497
2006	汉中市	0.0244	0.0364	0.0138	0.0349	0.1096
2006	榆林市	0.0296	0.0369	0.0098	0.0231	0.0993
2006	安康市	0.0362	0.0367	0.0338	0.0547	0.1614
2006	商洛市	0.0260	0.0392	0.0134	0.0272	0.1058
2006	兰州市	0.0350	0.0409	0.0251	0.0400	0.1409
2006	金昌市	0.0472	0.0399	0.0438	0.0462	0.1772
2006	白银市	0.0341	0.0414	0.0201	0.0220	0.1177
2006	天水市	0.0491	0.0436	0.0481	0.0445	0.1853
2006	武威市	0.0381	0.0392	0.1088	0.0493	0.2354
2006	张掖市	0.0281	0.0401	0.0201	0.0141	0.1024
2006	平凉市	0.0388	0.0361	0.0181	0.0417	0.1346
2006	酒泉市	0.0343	0.0346	0.0285	0.0229	0.1203
2006	庆阳市	0.0333	0.0347	0.0071	0.0154	0.0904
2006	定西市	0.0277	0.0343	0.0127	0.0226	0.0973
2006	陇南市	0.0278	0.0371	0.0120	0.0134	0.0904
2006	西宁市	0.0484	0.0424	0.0762	0.0503	0.2172
2007	重庆市	0.0414	0.0453	0.0964	0.0311	0.2141
2007	成都市	0.0340	0.0402	0.0173	0.0443	0.1358
2007	自贡市	0.0284	0.0340	0.0116	0.0386	0.1126
2007	攀枝花市	0.0299	0.0373	0.0126	0.0410	0.1207
2007	泸州市	0.0344	0.0386	0.0110	0.0492	0.1332
2007	德阳市	0.0338	0.0373	0.0237	0.0586	0.1534
2007	绵阳市	0.0355	0.0421	0.0274	0.0418	0.1467
2007	广元市	0.0257	0.0467	0.0042	0.0347	0.1113
2007	遂宁市	0.0237	0.0496	0.0014	0.0155	0.0901
2007	内江市	0.0497	0.0380	0.0847	0.0492	0.2216
2007	乐山市	0.0403	0.0419	0.0294	0.0407	0.1523
2007	南充市	0.0594	0.0402	0.1156	0.0595	0.2748
2007	眉山市	0.0371	0.0411	0.0239	0.0374	0.1395

续表

年份	城市名称	经济承载力	社会承载力	资源承载力	环境承载力	城镇承载力
2007	宜宾市	0.0454	0.0472	0.0663	0.0423	0.2011
2007	广安市	0.0350	0.0420	0.0274	0.0282	0.1326
2007	达州市	0.0370	0.0409	0.0461	0.0296	0.1536
2007	雅安市	0.0393	0.0410	0.0467	0.0485	0.1754
2007	巴中市	0.0325	0.0355	0.0222	0.0571	0.1472
2007	资阳市	0.0267	0.0396	0.0165	0.0488	0.1315
2007	贵阳市	0.0305	0.0411	0.0160	0.0277	0.1154
2007	六盘水市	0.0372	0.0407	0.0258	0.0415	0.1452
2007	遵义市	0.0318	0.0395	0.0237	0.0468	0.1418
2007	安顺市	0.0317	0.0368	0.0259	0.0452	0.1395
2007	昆明市	0.0408	0.0422	0.0346	0.0358	0.1533
2007	曲靖市	0.0284	0.0343	0.0113	0.0331	0.1072
2007	玉溪市	0.0399	0.0390	0.0561	0.0548	0.1898
2007	保山市	0.0339	0.0352	0.0472	0.0421	0.1584
2007	昭通市	0.0209	0.0390	0.0094	0.0279	0.0973
2007	丽江市	0.0300	0.0364	0.0133	0.0425	0.1222
2007	临沧市	0.0461	0.0452	0.0759	0.0452	0.2124
2007	思茅市	0.0432	0.0470	0.0989	0.0206	0.2096
2007	西安市	0.0419	0.0402	0.0912	0.0603	0.2335
2007	铜川市	0.0298	0.0384	0.0143	0.0392	0.1217
2007	宝鸡市	0.0583	0.0459	0.0743	0.0451	0.2236
2007	咸阳市	0.0367	0.0390	0.0380	0.0330	0.1467
2007	渭南市	0.0441	0.0363	0.0343	0.0395	0.1541
2007	延安市	0.0248	0.0393	0.0175	0.0348	0.1164
2007	汉中市	0.0298	0.0353	0.0098	0.0300	0.1049
2007	榆林市	0.0379	0.0379	0.0334	0.0595	0.1687
2007	安康市	0.0264	0.0393	0.0214	0.0391	0.1262
2007	商洛市	0.0371	0.0417	0.0251	0.0505	0.1544
2007	兰州市	0.0511	0.0417	0.0484	0.0497	0.1910
2007	金昌市	0.0349	0.0425	0.0105	0.0346	0.1226
2007	白银市	0.0507	0.0448	0.0419	0.0459	0.1833

续表

年份	城市名称	经济承载力	社会承载力	资源承载力	环境承载力	城镇承载力
2007	天水市	0.0396	0.0398	0.1108	0.0505	0.2407
2007	武威市	0.0316	0.0394	0.0247	0.0288	0.1245
2007	张掖市	0.0382	0.0393	0.0174	0.0459	0.1408
2007	平凉市	0.0356	0.0357	0.0330	0.0475	0.1519
2007	酒泉市	0.0344	0.0362	0.0104	0.0164	0.0974
2007	庆阳市	0.0287	0.0357	0.0160	0.0429	0.1233
2007	定西市	0.0278	0.0401	0.0141	0.0221	0.1041
2007	陇南市	0.0511	0.0432	0.0710	0.0454	0.2108
2007	西宁市	0.0442	0.0442	0.1122	0.0718	0.2725
2008	重庆市	0.0340	0.0416	0.0172	0.0463	0.1389
2008	成都市	0.0271	0.0350	0.0111	0.0392	0.1124
2008	自贡市	0.0316	0.0375	0.0137	0.0446	0.1273
2008	攀枝花市	0.0348	0.0374	0.0136	0.0533	0.1390
2008	泸州市	0.0399	0.0366	0.0289	0.0556	0.1610
2008	德阳市	0.0371	0.0410	0.0275	0.0461	0.1516
2008	绵阳市	0.0277	0.0452	0.0054	0.0337	0.1120
2008	广元市	0.0275	0.0378	0.0014	0.0154	0.0821
2008	遂宁市	0.0530	0.0378	0.0750	0.0429	0.2087
2008	内江市	0.0426	0.0415	0.0285	0.0616	0.1743
2008	乐山市	0.0655	0.0424	0.1241	0.0607	0.2927
2008	南充市	0.0388	0.0403	0.0252	0.0397	0.1441
2008	眉山市	0.0482	0.0469	0.0679	0.0430	0.2060
2008	宜宾市	0.0370	0.0423	0.0268	0.0374	0.1435
2008	广安市	0.0390	0.0399	0.0494	0.0373	0.1656
2008	达州市	0.0397	0.0420	0.0456	0.0515	0.1788
2008	雅安市	0.0306	0.0424	0.0163	0.0544	0.1438
2008	巴中市	0.0281	0.0399	0.0167	0.0492	0.1338
2008	资阳市	0.0320	0.0394	0.0170	0.0297	0.1180
2008	贵阳市	0.0392	0.0396	0.0264	0.0427	0.1479
2008	六盘水市	0.0332	0.0391	0.0239	0.0486	0.1448
2008	遵义市	0.0320	0.0365	0.0280	0.0445	0.1410

续表

年份	城市名称	经济承载力	社会承载力	资源承载力	环境承载力	城镇承载力
2008	安顺市	0.0424	0.0420	0.0342	0.0507	0.1693
2008	昆明市	0.0295	0.0329	0.0127	0.0335	0.1086
2008	曲靖市	0.0422	0.0392	0.0570	0.0592	0.1975
2008	玉溪市	0.0373	0.0351	0.0485	0.0393	0.1601
2008	保山市	0.0207	0.0402	0.0087	0.0347	0.1043
2008	昭通市	0.0307	0.0360	0.0150	0.0463	0.1280
2008	丽江市	0.0488	0.0456	0.0712	0.0455	0.2110
2008	临沧市	0.0454	0.0418	0.0945	0.0281	0.2098
2008	思茅市	0.0436	0.0392	0.0937	0.0475	0.2242
2008	西安市	0.0293	0.0384	0.0151	0.0449	0.1277
2008	铜川市	0.0573	0.0428	0.0798	0.0516	0.2315
2008	宝鸡市	0.0381	0.0386	0.0388	0.0346	0.1501
2008	咸阳市	0.0457	0.0344	0.0298	0.0382	0.1481
2008	渭南市	0.0260	0.0409	0.0184	0.0382	0.1234
2008	延安市	0.0310	0.0355	0.0094	0.0291	0.1049
2008	汉中市	0.0405	0.0388	0.0339	0.0601	0.1733
2008	榆林市	0.0276	0.0344	0.0147	0.0357	0.1123
2008	安康市	0.0372	0.0414	0.0271	0.0552	0.1608
2008	商洛市	0.0550	0.0413	0.0594	0.0512	0.2068
2008	兰州市	0.0361	0.0451	0.0109	0.0347	0.1269
2008	金昌市	0.0457	0.0424	0.0331	0.0409	0.1622
2008	白银市	0.0427	0.0384	0.1328	0.0524	0.2664
2008	天水市	0.0328	0.0393	0.0242	0.0313	0.1275
2008	武威市	0.0399	0.0404	0.0192	0.0489	0.1485
2008	张掖市	0.0377	0.0368	0.0343	0.0515	0.1605
2008	平凉市	0.0371	0.0363	0.0139	0.0591	0.1464
2008	酒泉市	0.0299	0.0369	0.0160	0.0428	0.1257
2008	庆阳市	0.0292	0.0391	0.0137	0.0216	0.1036
2008	定西市	0.0543	0.0432	0.0728	0.0425	0.2129
2008	陇南市	0.0439	0.0443	0.1033	0.0744	0.2659
2008	西宁市	0.0423	0.0447	0.0813	0.0544	0.2227

续表

年份	城市名称	经济承载力	社会承载力	资源承载力	环境承载力	城镇承载力
2009	重庆市	0.0293	0.0348	0.0121	0.0405	0.1167
2009	成都市	0.0329	0.0391	0.0187	0.0364	0.1271
2009	自贡市	0.0362	0.0385	0.0129	0.0509	0.1384
2009	攀枝花市	0.0430	0.0364	0.0291	0.0572	0.1657
2009	泸州市	0.0396	0.0411	0.0175	0.0390	0.1371
2009	德阳市	0.0288	0.0440	0.0055	0.0345	0.1128
2009	绵阳市	0.0278	0.0376	0.0014	0.0347	0.1014
2009	广元市	0.0598	0.0470	0.0977	0.0508	0.2554
2009	遂宁市	0.0468	0.0407	0.0327	0.0732	0.1934
2009	内江市	0.0715	0.0434	0.1259	0.0592	0.3001
2009	乐山市	0.0408	0.0402	0.0280	0.0414	0.1505
2009	南充市	0.0504	0.0479	0.0688	0.0405	0.2076
2009	眉山市	0.0390	0.0435	0.0302	0.0411	0.1539
2009	宜宾市	0.0409	0.0422	0.0548	0.0441	0.1820
2009	广安市	0.0433	0.0428	0.0453	0.0565	0.1879
2009	达州市	0.0356	0.0403	0.0176	0.0463	0.1398
2009	雅安市	0.0302	0.0404	0.0152	0.0497	0.1356
2009	巴中市	0.0341	0.0375	0.0228	0.0325	0.1269
2009	资阳市	0.0415	0.0396	0.0254	0.0453	0.1518
2009	贵阳市	0.0356	0.0403	0.0251	0.0498	0.1508
2009	六盘水市	0.0349	0.0360	0.0288	0.0436	0.1433
2009	遵义市	0.0450	0.0427	0.0396	0.0408	0.1681
2009	安顺市	0.0264	0.0298	0.0132	0.0423	0.1116
2009	昆明市	0.0448	0.0391	0.0585	0.0449	0.1873
2009	曲靖市	0.0377	0.0347	0.0238	0.0324	0.1287
2009	玉溪市	0.0259	0.0407	0.0061	0.0399	0.1125
2009	保山市	0.0326	0.0377	0.0157	0.0481	0.1341
2009	昭通市	0.0525	0.0451	0.0741	0.0455	0.2172
2009	丽江市	0.0447	0.0463	0.0804	0.0297	0.2011
2009	临沧市	0.0469	0.0387	0.0384	0.0564	0.1804
2009	思茅市	0.0307	0.0406	0.0157	0.0412	0.1281

续表

年份	城市名称	经济承载力	社会承载力	资源承载力	环境承载力	城镇承载力
2009	西安市	0.0698	0.0466	0.0878	0.0640	0.2681
2009	铜川市	0.0392	0.0404	0.0366	0.0590	0.1752
2009	宝鸡市	0.0485	0.0354	0.0348	0.0549	0.1736
2009	咸阳市	0.0270	0.0441	0.0176	0.0375	0.1261
2009	渭南市	0.0334	0.0377	0.0101	0.0273	0.1085
2009	延安市	0.0438	0.0396	0.0477	0.0587	0.1898
2009	汉中市	0.0298	0.0385	0.0193	0.0469	0.1345
2009	榆林市	0.0391	0.0429	0.0297	0.0674	0.1791
2009	安康市	0.0602	0.0418	0.0619	0.0527	0.2165
2009	商洛市	0.0376	0.0438	0.0141	0.0406	0.1361
2009	兰州市	0.0425	0.0426	0.0320	0.0402	0.1574
2009	金昌市	0.0434	0.0400	0.1319	0.0519	0.2672
2009	白银市	0.0354	0.0387	0.0236	0.0390	0.1367
2009	天水市	0.0418	0.0411	0.0188	0.0512	0.1530
2009	武威市	0.0403	0.0371	0.0354	0.0388	0.1517
2009	张掖市	0.0374	0.0374	0.0155	0.0559	0.1462
2009	平凉市	0.0319	0.0389	0.0294	0.0429	0.1430
2009	酒泉市	0.0310	0.0387	0.0149	0.0219	0.1065
2009	庆阳市	0.0589	0.0432	0.0839	0.0464	0.2325
2009	定西市	0.0443	0.0443	0.0938	0.0716	0.2540
2009	陇南市	0.0464	0.0450	0.1032	0.0316	0.2262
2009	西宁市	0.0430	0.0457	0.0905	0.0317	0.2109
2010	重庆市	0.0357	0.0386	0.0201	0.0428	0.1372
2010	成都市	0.0381	0.0368	0.0128	0.0431	0.1309
2010	自贡市	0.0418	0.0366	0.0281	0.0601	0.1666
2010	攀枝花市	0.0479	0.0409	0.0196	0.0439	0.1523
2010	泸州市	0.0302	0.0434	0.0064	0.0335	0.1135
2010	德阳市	0.0290	0.0375	0.0014	0.0369	0.1048
2010	绵阳市	0.0583	0.0453	0.1028	0.0465	0.2528
2010	广元市	0.0497	0.0413	0.0374	0.0532	0.1817
2010	遂宁市	0.0798	0.0432	0.1536	0.0623	0.3388

续表

年份	城市名称	经济承载力	社会承载力	资源承载力	环境承载力	城镇承载力
2010	内江市	0.0440	0.0384	0.0328	0.0474	0.1626
2010	乐山市	0.0546	0.0474	0.0728	0.0403	0.2151
2010	南充市	0.0416	0.0434	0.0341	0.0432	0.1622
2010	眉山市	0.0438	0.0424	0.0579	0.0513	0.1954
2010	宜宾市	0.0479	0.0432	0.0521	0.0540	0.1972
2010	广安市	0.0383	0.0375	0.0180	0.0466	0.1404
2010	达州市	0.0314	0.0377	0.0158	0.0482	0.1331
2010	雅安市	0.0370	0.0399	0.0178	0.0354	0.1302
2010	巴中市	0.0434	0.0399	0.0270	0.0458	0.1561
2010	资阳市	0.0366	0.0393	0.0272	0.0451	0.1482
2010	贵阳市	0.0368	0.0369	0.0221	0.0450	0.1407
2010	六盘水市	0.0479	0.0428	0.0494	0.0417	0.1818
2010	遵义市	0.0326	0.0349	0.0095	0.0474	0.1245
2010	安顺市	0.0495	0.0393	0.0625	0.0505	0.2018
2010	昆明市	0.0405	0.0327	0.0570	0.0384	0.1686
2010	曲靖市	0.0275	0.0415	0.0064	0.0405	0.1158
2010	玉溪市	0.0346	0.0378	0.0153	0.0495	0.1371
2010	保山市	0.0564	0.0456	0.0689	0.0507	0.2215
2010	昭通市	0.0515	0.0472	0.0519	0.0257	0.1762
2010	丽江市	0.0391	0.0381	0.0368	0.0504	0.1644
2010	临沧市	0.0317	0.0416	0.0124	0.0517	0.1374
2010	思茅市	0.0742	0.0467	0.0769	0.0612	0.2591
2010	西安市	0.0439	0.0413	0.0389	0.0486	0.1726
2010	铜川市	0.0505	0.0351	0.0292	0.0420	0.1568
2010	宝鸡市	0.0283	0.0442	0.0176	0.0397	0.1299
2010	咸阳市	0.0347	0.0387	0.0105	0.0281	0.1119
2010	渭南市	0.0485	0.0405	0.0548	0.0645	0.2083
2010	延安市	0.0316	0.0410	0.0184	0.0472	0.1382
2010	汉中市	0.0379	0.0405	0.0242	0.0706	0.1732
2010	榆林市	0.0670	0.0411	0.0577	0.0536	0.2195
2010	安康市	0.0377	0.0434	0.0146	0.0495	0.1451

续表

年份	城市名称	经济承载力	社会承载力	资源承载力	环境承载力	城镇承载力
2010	商洛市	0.0484	0.0420	0.0362	0.0406	0.1672
2010	兰州市	0.0459	0.0392	0.0669	0.0516	0.2036
2010	金昌市	0.0350	0.0397	0.0280	0.0361	0.1389
2010	白银市	0.0442	0.0424	0.0175	0.0529	0.1571
2010	天水市	0.0438	0.0364	0.0287	0.0379	0.1469
2010	武威市	0.0406	0.0359	0.0182	0.0546	0.1493
2010	张掖市	0.0340	0.0390	0.0158	0.0434	0.1321
2010	平凉市	0.0319	0.0382	0.0156	0.0216	0.1073
2010	酒泉市	0.0666	0.0436	0.0800	0.0478	0.2380
2010	庆阳市	0.0477	0.0440	0.0778	0.0783	0.2479
2010	定西市	0.0482	0.0479	0.1119	0.0577	0.2657
2010	陇南市	0.0457	0.0456	0.0920	0.0346	0.2179
2010	西宁市	0.0364	0.0415	0.0167	0.0444	0.1389
2011	重庆市	0.0401	0.0376	0.0200	0.0435	0.1411
2011	成都市	0.0456	0.0375	0.0285	0.0597	0.1713
2011	自贡市	0.0436	0.0362	0.0283	0.0486	0.1567
2011	攀枝花市	0.0313	0.0441	0.0066	0.0480	0.1301
2011	泸州市	0.0297	0.0398	0.0757	0.0368	0.1820
2011	德阳市	0.0739	0.0554	0.1157	0.0581	0.3031
2011	绵阳市	0.0537	0.0423	0.0353	0.0516	0.1830
2011	广元市	0.0876	0.0444	0.1375	0.0624	0.3319
2011	遂宁市	0.0477	0.0397	0.0348	0.0523	0.1745
2011	内江市	0.0599	0.0502	0.0726	0.0443	0.2270
2011	乐山市	0.0436	0.0441	0.0375	0.0526	0.1778
2011	南充市	0.0469	0.0433	0.0662	0.0575	0.2139
2011	眉山市	0.0507	0.0442	0.0604	0.0568	0.2121
2011	宜宾市	0.0413	0.0415	0.0198	0.0523	0.1548
2011	广安市	0.0336	0.0383	0.0186	0.0647	0.1552
2011	达州市	0.0372	0.0383	0.0182	0.0431	0.1369
2011	雅安市	0.0460	0.0396	0.0263	0.0430	0.1549
2011	巴中市	0.0385	0.0395	0.0288	0.0483	0.1551

续表

年份	城市名称	经济承载力	社会承载力	资源承载力	环境承载力	城镇承载力
2011	资阳市	0.0391	0.0367	0.0304	0.0506	0.1567
2011	贵阳市	0.0467	0.0448	0.0276	0.0515	0.1706
2011	六盘水市	0.0340	0.0358	0.0111	0.0484	0.1293
2011	遵义市	0.0534	0.0405	0.0655	0.0483	0.2077
2011	安顺市	0.0431	0.0349	0.0344	0.0448	0.1572
2011	昆明市	0.0295	0.0393	0.0079	0.0440	0.1207
2011	曲靖市	0.0359	0.0377	0.0163	0.0448	0.1346
2011	玉溪市	0.0624	0.0473	0.0698	0.0508	0.2302
2011	保山市	0.0553	0.0439	0.0606	0.0317	0.1915
2011	昭通市	0.0564	0.0398	0.0465	0.0575	0.2003
2011	丽江市	0.0329	0.0454	0.0167	0.0409	0.1359
2011	普洱市	0.0855	0.0455	0.0796	0.0547	0.2653
2011	临沧市	0.0466	0.0402	0.0386	0.0529	0.1782
2011	西安市	0.0537	0.0356	0.0331	0.0367	0.1592
2011	铜川市	0.0304	0.0453	0.0097	0.0354	0.1209
2011	宝鸡市	0.0355	0.0376	0.0149	0.0303	0.1182
2011	咸阳市	0.0533	0.0439	0.0541	0.0670	0.2182
2011	渭南市	0.0396	0.0410	0.0242	0.0578	0.1626
2011	延安市	0.0350	0.0428	0.0187	0.0470	0.1434
2011	汉中市	0.0737	0.0427	0.0583	0.0560	0.2307
2011	榆林市	0.0391	0.0436	0.0175	0.0509	0.1512
2011	安康市	0.0509	0.0420	0.0292	0.0451	0.1673
2011	商洛市	0.0489	0.0405	0.0954	0.0548	0.2396
2011	兰州市	0.0374	0.0394	0.0290	0.0506	0.1563
2011	金昌市	0.0461	0.0424	0.0184	0.0542	0.1610
2011	白银市	0.0463	0.0365	0.0307	0.0346	0.1481
2011	天水市	0.0405	0.0365	0.0210	0.0558	0.1537
2011	武威市	0.0357	0.0390	0.0095	0.0460	0.1302
2011	张掖市	0.0329	0.0390	0.0088	0.0240	0.1047
2011	平凉市	0.0670	0.0436	0.0917	0.0543	0.2566
2011	酒泉市	0.0538	0.0449	0.0950	0.0848	0.2784

续表

年份	城市名称	经济承载力	社会承载力	资源承载力	环境承载力	城镇承载力
2011	庆阳市	0.0503	0.0475	0.1056	0.0534	0.2569
2011	定西市	0.0486	0.0453	0.0948	0.0395	0.2281
2011	陇南市	0.0381	0.0413	0.0166	0.0403	0.1363
2011	西宁市	0.0309	0.0351	0.0922	0.0377	0.1959
2012	重庆市	0.0468	0.0377	0.0292	0.0554	0.1690
2012	成都市	0.0452	0.0465	0.0313	0.0518	0.1747
2012	自贡市	0.0329	0.0485	0.0069	0.0427	0.1310
2012	攀枝花市	0.0311	0.0331	0.0791	0.0230	0.1663
2012	泸州市	0.0632	0.0408	0.0945	0.0575	0.2561
2012	德阳市	0.0568	0.0464	0.0361	0.0544	0.1937
2012	绵阳市	0.0957	0.0463	0.1490	0.0603	0.3514
2012	广元市	0.0496	0.0408	0.0376	0.0560	0.1840
2012	遂宁市	0.0628	0.0496	0.0754	0.0451	0.2330
2012	内江市	0.0457	0.0447	0.0421	0.0528	0.1853
2012	乐山市	0.0487	0.0428	0.0586	0.0647	0.2148
2012	南充市	0.0530	0.0455	0.0568	0.0582	0.2134
2012	眉山市	0.0424	0.0438	0.0204	0.0530	0.1596
2012	宜宾市	0.0350	0.0367	0.0210	0.0659	0.1585
2012	广安市	0.0383	0.0393	0.0187	0.0417	0.1379
2012	达州市	0.0484	0.0416	0.0270	0.0500	0.1669
2012	雅安市	0.0403	0.0418	0.0320	0.0518	0.1658
2012	巴中市	0.0413	0.0372	0.0269	0.0544	0.1598
2012	资阳市	0.0494	0.0451	0.0326	0.0534	0.1805
2012	贵阳市	0.0350	0.0368	0.0119	0.0480	0.1318
2012	六盘水市	0.0566	0.0396	0.0651	0.0499	0.2111
2012	遵义市	0.0397	0.0360	0.0221	0.0516	0.1495
2012	安顺市	0.0299	0.0475	0.0086	0.0438	0.1298
2012	昆明市	0.0366	0.0397	0.0171	0.0439	0.1373
2012	曲靖市	0.0672	0.0477	0.0836	0.0521	0.2506
2012	玉溪市	0.0588	0.0453	0.0516	0.0352	0.1909
2012	保山市	0.0606	0.0396	0.0472	0.0591	0.2066

续表

年份	城市名称	经济承载力	社会承载力	资源承载力	环境承载力	城镇承载力
2012	昭通市	0.0340	0.0452	0.0182	0.0351	0.1324
2012	丽江市	0.0944	0.0452	0.0688	0.0595	0.2680
2012	普洱市	0.0874	0.0447	0.0389	0.0546	0.2256
2012	临沧市	0.0609	0.0398	0.0435	0.0435	0.1877
2012	西安市	0.0321	0.0473	0.0106	0.0376	0.1276
2012	铜川市	0.0369	0.0344	0.0157	0.0254	0.1124
2012	宝鸡市	0.0575	0.0457	0.0569	0.0716	0.2317
2012	咸阳市	0.0476	0.0450	0.0367	0.0619	0.1912
2012	渭南市	0.0383	0.0438	0.0183	0.0459	0.1463
2012	延安市	0.0794	0.0442	0.0661	0.0563	0.2461
2012	汉中市	0.0410	0.0452	0.0181	0.0562	0.1605
2012	榆林市	0.0560	0.0428	0.0322	0.0491	0.1802
2012	安康市	0.0522	0.0416	0.0900	0.0577	0.2415
2012	商洛市	0.0397	0.0380	0.0337	0.0516	0.1631
2012	兰州市	0.0496	0.0437	0.0196	0.0456	0.1585
2012	金昌市	0.0488	0.0382	0.0345	0.0399	0.1614
2012	白银市	0.0425	0.0369	0.0212	0.0591	0.1597
2012	天水市	0.0370	0.0405	0.0102	0.0417	0.1293
2012	武威市	0.0339	0.0391	0.0100	0.0269	0.1100
2012	张掖市	0.0763	0.0447	0.0837	0.0589	0.2637
2012	平凉市	0.0556	0.0450	0.0642	0.0996	0.2644
2012	酒泉市	0.0534	0.0480	0.0573	0.0493	0.2080
2012	庆阳市	0.0517	0.0450	0.0989	0.0473	0.2429
2012	定西市	0.0398	0.0427	0.0161	0.0422	0.1408
2012	陇南市	0.0324	0.0352	0.0110	0.0421	0.1207
2012	西宁市	0.0369	0.0407	0.0222	0.0465	0.1464
2013	重庆市	0.0487	0.0483	0.0232	0.0520	0.1723
2013	成都市	0.0336	0.0469	0.0092	0.0375	0.1272
2013	自贡市	0.0250	0.0320	0.0042	0.0190	0.0802
2013	攀枝花市	0.0846	0.0446	0.1184	0.0643	0.3118
2013	泸州市	0.0594	0.0467	0.0389	0.0552	0.2002

续表

年份	城市名称	经济承载力	社会承载力	资源承载力	环境承载力	城镇承载力
2013	德阳市	0.1034	0.0423	0.1374	0.0640	0.3472
2013	绵阳市	0.0521	0.0417	0.0359	0.0547	0.1843
2013	广元市	0.0665	0.0510	0.0787	0.0479	0.2441
2013	遂宁市	0.0472	0.0466	0.0452	0.0567	0.1958
2013	内江市	0.0511	0.0427	0.0643	0.0646	0.2228
2013	乐山市	0.0556	0.0451	0.0595	0.0608	0.2211
2013	南充市	0.0437	0.0433	0.0239	0.0545	0.1653
2013	眉山市	0.0371	0.0405	0.0242	0.0670	0.1688
2013	宜宾市	0.0387	0.0420	0.0226	0.0442	0.1476
2013	广安市	0.0500	0.0410	0.0298	0.0533	0.1740
2013	达州市	0.0413	0.0443	0.0334	0.0472	0.1663
2013	雅安市	0.0421	0.0393	0.0283	0.0546	0.1643
2013	巴中市	0.0510	0.0440	0.0372	0.0554	0.1876
2013	资阳市	0.0356	0.0373	0.0153	0.0438	0.1321
2013	贵阳市	0.0518	0.0407	0.0455	0.0588	0.1969
2013	六盘水市	0.0392	0.0355	0.0232	0.0408	0.1386
2013	遵义市	0.0299	0.0477	0.0109	0.0464	0.1350
2013	安顺市	0.0371	0.0438	0.0174	0.0475	0.1458
2013	昆明市	0.0735	0.0478	0.0683	0.0690	0.2586
2013	曲靖市	0.0646	0.0437	0.0579	0.0301	0.1962
2013	玉溪市	0.0640	0.0400	0.0545	0.0596	0.2180
2013	保山市	0.0360	0.0439	0.0204	0.0383	0.1387
2013	昭通市	0.1036	0.0449	0.0769	0.0620	0.2874
2013	丽江市	0.0915	0.0437	0.0413	0.0513	0.2279
2013	普洱市	0.0635	0.0388	0.0447	0.0388	0.1858
2013	临沧市	0.0330	0.0443	0.0112	0.0433	0.1318
2013	西安市	0.0374	0.0378	0.0147	0.0252	0.1152
2013	铜川市	0.0605	0.0453	0.0498	0.0806	0.2361
2013	宝鸡市	0.0446	0.0413	0.0243	0.0482	0.1583
2013	咸阳市	0.0409	0.0458	0.0181	0.0497	0.1544
2013	渭南市	0.0852	0.0442	0.0755	0.0588	0.2636

续表

年份	城市名称	经济承载力	社会承载力	资源承载力	环境承载力	城镇承载力
2013	延安市	0.0429	0.0452	0.0167	0.0551	0.1598
2013	汉中市	0.0594	0.0442	0.0313	0.0475	0.1825
2013	榆林市	0.0556	0.0420	0.0887	0.0572	0.2435
2013	安康市	0.0383	0.0385	0.0372	0.0528	0.1669
2013	商洛市	0.0504	0.0493	0.0214	0.0546	0.1757
2013	兰州市	0.0514	0.0386	0.0366	0.0423	0.1689
2013	金昌市	0.0508	0.0395	0.0236	0.0601	0.1740
2013	白银市	0.0390	0.0409	0.0119	0.0501	0.1420
2013	天水市	0.0337	0.0412	0.0106	0.0282	0.1136
2013	武威市	0.0737	0.0435	0.0790	0.0453	0.2415
2013	张掖市	0.0506	0.0452	0.0667	0.1101	0.2727
2013	平凉市	0.0524	0.0470	0.0600	0.0526	0.2120
2013	酒泉市	0.0524	0.0459	0.1009	0.0520	0.2512
2013	庆阳市	0.0401	0.0423	0.0161	0.0352	0.1336
2013	定西市	0.0329	0.0430	0.0132	0.0426	0.1317
2013	陇南市	0.0402	0.0421	0.0232	0.0485	0.1540
2013	西宁市	0.0365	0.0401	0.0212	0.0509	0.1486
2014	重庆市	0.0342	0.0481	0.0092	0.0431	0.1346
2014	成都市	0.0327	0.0383	0.0047	0.0189	0.0946
2014	自贡市	0.0897	0.0480	0.1287	0.0589	0.3254
2014	攀枝花市	0.0614	0.0357	0.0390	0.0555	0.1915
2014	泸州市	0.1160	0.0451	0.1549	0.0638	0.3797
2014	德阳市	0.0544	0.0412	0.0389	0.0539	0.1884
2014	绵阳市	0.0710	0.0490	0.0860	0.0479	0.2538
2014	广元市	0.0509	0.0471	0.0425	0.0577	0.1982
2014	遂宁市	0.0575	0.0419	0.0678	0.0658	0.2329
2014	内江市	0.0679	0.0446	0.0623	0.0631	0.2380
2014	乐山市	0.0466	0.0434	0.0260	0.0555	0.1714
2014	南充市	0.0402	0.0385	0.0268	0.0663	0.1718
2014	眉山市	0.0405	0.0410	0.0258	0.0486	0.1558
2014	宜宾市	0.0535	0.0404	0.0316	0.0539	0.1794

续表

年份	城市名称	经济承载力	社会承载力	资源承载力	环境承载力	城镇承载力
2014	广安市	0.0425	0.0421	0.0347	0.0538	0.1731
2014	达州市	0.0451	0.0394	0.0283	0.0537	0.1665
2014	雅安市	0.0544	0.0437	0.0384	0.0527	0.1891
2014	巴中市	0.0405	0.0370	0.0172	0.0348	0.1294
2014	资阳市	0.0414	0.0398	0.0284	0.0493	0.1590
2014	贵阳市	0.0433	0.0345	0.0239	0.0494	0.1512
2014	六盘水市	0.0381	0.0480	0.0134	0.0448	0.1443
2014	遵义市	0.0394	0.0414	0.0180	0.0504	0.1492
2014	安顺市	0.0761	0.0489	0.0839	0.0394	0.2483
2014	昆明市	0.0684	0.0428	0.0624	0.0354	0.2090
2014	曲靖市	0.0677	0.0414	0.0576	0.0572	0.2240
2014	玉溪市	0.0359	0.0428	0.0221	0.0469	0.1476
2014	保山市	0.1093	0.0456	0.0887	0.0636	0.3071
2014	昭通市	0.0529	0.0434	0.0442	0.0507	0.1912
2014	丽江市	0.0686	0.0396	0.0451	0.0393	0.1925
2014	普洱市	0.0364	0.0439	0.0118	0.0401	0.1321
2014	临沧市	0.0380	0.0372	0.0185	0.0276	0.1214
2014	西安市	0.0631	0.0458	0.0571	0.0806	0.2466
2014	铜川市	0.0513	0.0414	0.0512	0.0550	0.1988
2014	宝鸡市	0.0421	0.0444	0.0303	0.0495	0.1663
2014	咸阳市	0.0956	0.0422	0.0793	0.0581	0.2752
2014	渭南市	0.0454	0.0442	0.0166	0.0552	0.1613
2014	延安市	0.0638	0.0437	0.0308	0.0493	0.1876
2014	汉中市	0.0587	0.0409	0.0922	0.0581	0.2499
2014	榆林市	0.0438	0.0398	0.0391	0.0532	0.1757
2014	安康市	0.0548	0.0436	0.0266	0.0567	0.1816
2014	商洛市	0.0548	0.0381	0.0390	0.0446	0.1764
2014	兰州市	0.0583	0.0406	0.0285	0.0659	0.1934
2014	金昌市	0.0390	0.0386	0.0117	0.0488	0.1381
2014	白银市	0.0355	0.0413	0.0110	0.0288	0.1166
2014	天水市	0.0796	0.0442	0.0790	0.0469	0.2497

续表

年份	城市名称	经济承载力	社会承载力	资源承载力	环境承载力	城镇承载力
2014	武威市	0.0547	0.0438	0.0583	0.0993	0.2561
2014	张掖市	0.0580	0.0465	0.0577	0.0588	0.2211
2014	平凉市	0.0563	0.0464	0.1016	0.0598	0.2641
2014	酒泉市	0.0421	0.0430	0.0164	0.0382	0.1398
2014	庆阳市	0.0339	0.0426	0.0115	0.0441	0.1321
2014	定西市	0.0440	0.0383	0.0234	0.0484	0.1540
2014	陇南市	0.0411	0.0419	0.0175	0.0560	0.1564
2014	西宁市	0.0486	0.0411	0.0285	0.0566	0.1747
2015	重庆市	0.0329	0.0387	0.0047	0.0191	0.0955
2015	成都市	0.0949	0.0467	0.1279	0.0582	0.3277
2015	自贡市	0.0631	0.0354	0.0384	0.0547	0.1917
2015	攀枝花市	0.1092	0.0436	0.1175	0.0617	0.3320
2015	泸州市	0.0578	0.0410	0.0412	0.0565	0.1965
2015	德阳市	0.0777	0.0469	0.0800	0.0502	0.2549
2015	绵阳市	0.0541	0.0464	0.0443	0.0613	0.2062
2015	广元市	0.0626	0.0407	0.0709	0.0650	0.2391
2015	遂宁市	0.0728	0.0448	0.0685	0.0642	0.2503
2015	内江市	0.0493	0.0422	0.0283	0.0551	0.1749
2015	乐山市	0.0440	0.0384	0.0297	0.0673	0.1795
2015	南充市	0.0424	0.0434	0.0291	0.0518	0.1667
2015	眉山市	0.0575	0.0409	0.0347	0.0547	0.1879
2015	宜宾市	0.0456	0.0424	0.0355	0.0548	0.1784
2015	广安市	0.0474	0.1583	0.0326	0.0554	0.2936
2015	达州市	0.0580	0.0438	0.0383	0.0602	0.2003
2015	雅安市	0.0426	0.0382	0.0182	0.0476	0.1466
2015	巴中市	0.0427	0.0403	0.0273	0.0531	0.1635
2015	资阳市	0.0454	0.0323	0.0267	0.0503	0.1548
2015	贵阳市	0.0353	0.0493	0.0195	0.0426	0.1467
2015	六盘水市	0.0407	0.0395	0.0183	0.0508	0.1493
2015	遵义市	0.0877	0.0455	0.0316	0.0383	0.2031
2015	安顺市	0.0773	0.0438	0.0718	0.0780	0.2708

续表

年份	城市名称	经济承载力	社会承载力	资源承载力	环境承载力	城镇承载力
2015	昆明市	0.0731	0.0428	0.0598	0.0561	0.2317
2015	曲靖市	0.0361	0.0476	0.0186	0.0626	0.1649
2015	玉溪市	0.1079	0.0451	0.0929	0.0623	0.3083
2015	保山市	0.0562	0.0431	0.0485	0.0606	0.2085
2015	昭通市	0.0720	0.0395	0.0436	0.0436	0.1987
2015	丽江市	0.0386	0.0437	0.0125	0.0416	0.1364
2015	普洱市	0.0393	0.0394	0.0149	0.0407	0.1344
2015	临沧市	0.0671	0.0480	0.0586	0.0779	0.2515
2015	西安市	0.0552	0.0423	0.0437	0.0627	0.2039
2015	铜川市	0.0446	0.0421	0.0220	0.0518	0.1605
2015	宝鸡市	0.0978	0.0419	0.0818	0.0598	0.2814
2015	咸阳市	0.0472	0.0450	0.0158	0.0572	0.1652
2015	渭南市	0.0548	0.0434	0.0340	0.0453	0.1775
2015	延安市	0.0621	0.0398	0.0909	0.0578	0.2506
2015	汉中市	0.0456	0.0401	0.0428	0.0539	0.1824
2015	榆林市	0.0598	0.0411	0.0244	0.0585	0.1838
2015	安康市	0.0580	0.0396	0.0418	0.0702	0.2097
2015	商洛市	0.0565	0.0400	0.0280	0.0643	0.1888
2015	兰州市	0.0411	0.0398	0.0122	0.0495	0.1425
2015	金昌市	0.0372	0.0417	0.0109	0.0273	0.1171
2015	白银市	0.0977	0.0458	0.0905	0.0502	0.2843
2015	天水市	0.0663	0.0426	0.0578	0.1158	0.2825
2015	武威市	0.0625	0.0460	0.0645	0.0638	0.2368
2015	张掖市	0.0595	0.0473	0.0828	0.0612	0.2509
2015	平凉市	0.0453	0.0440	0.0164	0.0434	0.1491
2015	酒泉市	0.0355	0.0439	0.0142	0.0608	0.1544
2015	庆阳市	0.0435	0.0380	0.0234	0.0498	0.1547
2015	定西市	0.0447	0.0445	0.0154	0.0588	0.1634
2015	陇南市	0.0483	0.0421	0.0304	0.0640	0.1848
2015	西宁市	0.0491	0.0481	0.0191	0.0468	0.1631
2016	重庆市	0.0996	0.0421	0.1218	0.0576	0.3211

续表

年份	城市名称	经济承载力	社会承载力	资源承载力	环境承载力	城镇承载力
2016	成都市	0.0638	0.0365	0.0375	0.0521	0.1899
2016	自贡市	0.1152	0.0422	0.1372	0.0580	0.3526
2016	攀枝花市	0.0609	0.0402	0.0447	0.0564	0.2022
2016	泸州市	0.0832	0.0451	0.0828	0.0627	0.2738
2016	德阳市	0.0570	0.0468	0.0487	0.0645	0.2170
2016	绵阳市	0.0670	0.0407	0.0741	0.0571	0.2389
2016	广元市	0.0703	0.0437	0.0516	0.0580	0.2236
2016	遂宁市	0.0519	0.0433	0.0300	0.0547	0.1799
2016	内江市	0.0455	0.0373	0.0309	0.0711	0.1849
2016	乐山市	0.0441	0.0420	0.0313	0.0525	0.1699
2016	南充市	0.0606	0.0395	0.0354	0.0532	0.1887
2016	眉山市	0.0483	0.0417	0.0384	0.0510	0.1794
2016	宜宾市	0.0487	0.0394	0.0525	0.0437	0.1843
2016	广安市	0.0617	0.0915	0.0375	0.0494	0.2402
2016	达州市	0.0440	0.0354	0.0212	0.0479	0.1486
2016	雅安市	0.0451	0.0408	0.0274	0.0441	0.1573
2016	巴中市	0.0479	0.0346	0.0243	0.0465	0.1533
2016	资阳市	0.0369	0.0493	0.0232	0.0365	0.1458
2016	贵阳市	0.0417	0.0390	0.0192	0.0460	0.1460
2016	六盘水市	0.0910	0.0474	0.0828	0.0361	0.2572
2016	遵义市	0.0850	0.0451	0.0939	0.0975	0.3215
2016	安顺市	0.0529	0.0408	0.0258	0.0478	0.1672
2016	昆明市	0.0372	0.0436	0.0211	0.0670	0.1688
2016	曲靖市	0.1233	0.0472	0.0960	0.0712	0.3377
2016	玉溪市	0.0600	0.0421	0.0487	0.0561	0.2069
2016	保山市	0.0612	0.0439	0.0285	0.0414	0.1750
2016	昭通市	0.0403	0.0458	0.0140	0.0427	0.1428
2016	丽江市	0.0442	0.0406	0.0151	0.0309	0.1308
2016	普洱市	0.0697	0.0482	0.0579	0.0738	0.2495
2016	临沧市	0.0583	0.0439	0.0504	0.0523	0.2050
2016	西安市	0.0472	0.0417	0.0261	0.0540	0.1690

续表

年份	城市名称	经济承载力	社会承载力	资源承载力	环境承载力	城镇承载力
2016	铜川市	0.1043	0.0419	0.0852	0.0604	0.2918
2016	宝鸡市	0.0503	0.0455	0.0170	0.0574	0.1702
2016	咸阳市	0.0741	0.0431	0.0334	0.0496	0.2002
2016	渭南市	0.0655	0.0400	0.0826	0.0500	0.2381
2016	延安市	0.0487	0.0398	0.0440	0.0545	0.1870
2016	汉中市	0.0594	0.0424	0.0240	0.0572	0.1830
2016	榆林市	0.0623	0.0395	0.0444	0.0509	0.1971
2016	安康市	0.0578	0.0399	0.0332	0.0649	0.1959
2016	商洛市	0.0426	0.0401	0.0147	0.0452	0.1426
2016	兰州市	0.0372	0.0411	0.0115	0.0405	0.1302
2016	金昌市	0.1036	0.0462	0.0902	0.0566	0.2966
2016	白银市	0.0670	0.0426	0.0565	0.1148	0.2810
2016	天水市	0.0651	0.0455	0.0512	0.0648	0.2266
2016	武威市	0.0630	0.0471	0.0730	0.0623	0.2454
2016	张掖市	0.0471	0.0452	0.0165	0.0407	0.1495
2016	平凉市	0.0368	0.0468	0.0121	0.0444	0.1401
2016	酒泉市	0.0457	0.0383	0.0238	0.0673	0.1751
2016	庆阳市	0.0429	0.0429	0.0242	0.0624	0.1723
2016	定西市	0.0503	0.0432	0.0340	0.0567	0.1842
2016	陇南市	0.0515	0.0485	0.0192	0.0488	0.1680
2016	西宁市	0.0353	0.0499	0.0085	0.0430	0.1368
2017	重庆市	0.0662	0.0424	0.0376	0.0483	0.1945
2017	成都市	0.1169	0.0453	0.1311	0.0653	0.3585
2017	自贡市	0.0650	0.0400	0.0465	0.0511	0.2026
2017	攀枝花市	0.0901	0.0445	0.0407	0.0570	0.2323
2017	泸州市	0.0607	0.0437	0.0503	0.0591	0.2138
2017	德阳市	0.0645	0.0391	0.0523	0.0531	0.2089
2017	绵阳市	0.0765	0.0432	0.0527	0.0622	0.2347
2017	广元市	0.0553	0.0431	0.0307	0.0507	0.1798
2017	遂宁市	0.0471	0.0371	0.0353	0.0693	0.1887
2017	内江市	0.0465	0.0393	0.0387	0.0504	0.1750

续表

年份	城市名称	经济承载力	社会承载力	资源承载力	环境承载力	城镇承载力
2017	乐山市	0.0652	0.0385	0.0387	0.0546	0.1970
2017	南充市	0.1292	0.0410	0.0412	0.0555	0.2669
2017	眉山市	0.0508	0.0397	0.0322	0.0473	0.1700
2017	宜宾市	0.0664	0.0438	0.0383	0.0566	0.2051
2017	广安市	0.0465	0.0353	0.0235	0.0506	0.1559
2017	达州市	0.0482	0.0422	0.0265	0.0447	0.1616
2017	雅安市	0.0509	0.0339	0.0275	0.0458	0.1581
2017	巴中市	0.0384	0.0472	0.0313	0.0500	0.1669
2017	资阳市	0.0438	0.0376	0.0204	0.0429	0.1447
2017	贵阳市	0.0968	0.0479	0.1016	0.0801	0.3265
2017	六盘水市	0.0878	0.0451	0.0755	0.1013	0.3096
2017	遵义市	0.0556	0.0392	0.0319	0.0524	0.1791
2017	安顺市	0.0384	0.0456	0.0458	0.0490	0.1787
2017	昆明市	0.1270	0.0459	0.0761	0.0608	0.3099
2017	曲靖市	0.0535	0.0431	0.0344	0.0417	0.1727
2017	玉溪市	0.0655	0.0425	0.0311	0.0540	0.1931
2017	保山市	0.0427	0.0461	0.0147	0.0356	0.1391
2017	昭通市	0.0423	0.0428	0.0156	0.0366	0.1373
2017	丽江市	0.0754	0.0464	0.0585	0.0624	0.2426
2017	普洱市	0.0629	0.0424	0.0396	0.0674	0.2122
2017	临沧市	0.0488	0.0414	0.0198	0.0480	0.1580
2017	西安市	0.1014	0.0396	0.0661	0.0648	0.2718
2017	铜川市	0.0291	0.0449	0.0701	0.0488	0.1928
2017	宝鸡市	0.0809	0.0434	0.0306	0.0553	0.2103
2017	咸阳市	0.0695	0.0388	0.2130	0.0694	0.3908
2017	渭南市	0.0550	0.0397	0.0327	0.0430	0.1705
2017	延安市	0.0532	0.0405	0.0262	0.0381	0.1580
2017	汉中市	0.0520	0.0384	0.0226	0.0333	0.1464
2017	榆林市	0.0612	0.0398	0.1301	0.0633	0.2943
2017	安康市	0.0450	0.0407	0.0166	0.0275	0.1298
2017	商洛市	0.0386	0.0407	0.0153	0.0404	0.1350

续表

年份	城市名称	经济承载力	社会承载力	资源承载力	环境承载力	城镇承载力
2017	兰州市	0.1086	0.0457	0.0881	0.0579	0.3002
2017	金昌市	0.0455	0.0414	0.0434	0.0374	0.1677
2017	白银市	0.0670	0.0447	0.0429	0.0812	0.2358
2017	天水市	0.0638	0.0480	0.0440	0.0617	0.2175
2017	武威市	0.0476	0.0461	0.0178	0.0465	0.1580
2017	张掖市	0.0352	0.0437	0.0124	0.0417	0.1331
2017	平凉市	0.0490	0.0383	0.0295	0.0673	0.1840
2017	酒泉市	0.0460	0.0459	0.0269	0.0514	0.1702
2017	庆阳市	0.0532	0.0396	0.0341	0.0612	0.1881
2017	定西市	0.0539	0.0424	0.0221	0.0490	0.1673
2017	陇南市	0.0365	0.0480	0.0100	0.0233	0.1178
2017	西宁市	0.0339	0.0367	0.0059	0.0331	0.1096

资料来源：根据相关数据计算而得。

附表3　2013—2017年西部各省市基于常住人口测算的城镇承载力

年份	省市名称	经济承载力	社会承载力	资源承载力	环境承载力	城镇承载力
2013	重庆市	0.0700	0.0504	0.0436	0.0282	0.1921
2013	四川省	0.0553	0.0422	0.0478	0.0315	0.1768
2013	贵州省	0.0651	0.0444	0.0449	0.0272	0.1816
2013	云南省	0.0652	0.0444	0.0343	0.0261	0.1700
2013	陕西省	0.0623	0.0433	0.0423	0.0299	0.1778
2013	甘肃省	0.0540	0.0437	0.0425	0.0267	0.1668
2013	青海省	0.0814	0.0426	0.1205	0.0340	0.2785
2014	重庆市	0.0746	0.0393	0.0442	0.0282	0.1863
2014	四川省	0.0574	0.0417	0.0489	0.0316	0.1797
2014	贵州省	0.0674	0.0445	0.0522	0.0274	0.1915
2014	云南省	0.0634	0.0443	0.0418	0.0261	0.1756
2014	陕西省	0.0656	0.0424	0.0446	0.0302	0.1828
2014	甘肃省	0.0567	0.0435	0.0385	0.0273	0.1660
2014	青海省	0.0867	0.0478	0.1240	0.0341	0.2926
2015	重庆市	0.0770	0.0395	0.0436	0.0279	0.1880
2015	四川省	0.0605	0.0516	0.0492	0.0326	0.1939

续表

年份	省市名称	经济承载力	社会承载力	资源承载力	环境承载力	城镇承载力
2015	贵州省	0.0707	0.0464	0.0453	0.0288	0.1912
2015	云南省	0.0670	0.0453	0.0407	0.0290	0.1819
2015	陕西省	0.0671	0.0427	0.0456	0.0303	0.1857
2015	甘肃省	0.0586	0.0450	0.0364	0.0284	0.1684
2015	青海省	0.0886	0.0523	0.1343	0.0304	0.3057
2016	重庆市	0.0809	0.0404	0.0448	0.0279	0.1940
2016	四川省	0.0624	0.0443	0.0542	0.0311	0.1921
2016	贵州省	0.0701	0.0433	0.0553	0.0292	0.1978
2016	云南省	0.0684	0.0456	0.0401	0.0413	0.1954
2016	陕西省	0.0673	0.0422	0.0433	0.0300	0.1828
2016	甘肃省	0.0610	0.0462	0.0360	0.0284	0.1716
2016	青海省	0.0930	0.0456	0.1337	0.0300	0.3023
2017	重庆市	0.0705	0.0434	0.0396	0.0273	0.1808
2017	四川省	0.0679	0.0405	0.0496	0.0316	0.1896
2017	贵州省	0.0731	0.0433	0.0617	0.0281	0.2062
2017	云南省	0.0706	0.0451	0.0345	0.0267	0.1768
2017	陕西省	0.0707	0.0419	0.0646	0.0269	0.2041
2017	甘肃省	0.0619	0.0448	0.0342	0.0284	0.1693
2017	青海省	0.0976	0.0408	0.1388	0.0305	0.3077

资料来源：根据相关数据计算而得。

附表4 2013—2017年西部各地级市基于常住人口测算的城镇承载力

年份	城市名称	经济承载力	社会承载力	资源承载力	环境承载力	城镇承载力
2013	重庆市	0.0700	0.0504	0.0436	0.0282	0.1921
2013	成都市	0.0983	0.0461	0.1496	0.0338	0.3279
2013	自贡市	0.0632	0.0410	0.0484	0.0329	0.1856
2013	攀枝花市	0.0933	0.0491	0.1229	0.0228	0.2882
2013	泸州市	0.0551	0.0457	0.0570	0.0321	0.1900
2013	德阳市	0.0599	0.0400	0.0777	0.0354	0.2130
2013	绵阳市	0.0643	0.0462	0.0692	0.0338	0.2135
2013	广元市	0.0495	0.0449	0.0253	0.0344	0.1542
2013	遂宁市	0.0435	0.0359	0.0336	0.0373	0.1503

续表

年份	城市名称	经济承载力	社会承载力	资源承载力	环境承载力	城镇承载力
2013	内江市	0.0440	0.0414	0.0264	0.0281	0.1399
2013	乐山市	0.0560	0.0388	0.0310	0.0304	0.1562
2013	南充市	0.0454	0.0442	0.0396	0.0285	0.1577
2013	眉山市	0.0489	0.0402	0.0329	0.0342	0.1562
2013	宜宾市	0.0583	0.0426	0.0451	0.0329	0.1789
2013	广安市	0.0465	0.0392	0.0212	0.0292	0.1362
2013	达州市	0.0421	0.0398	0.0240	0.0330	0.1389
2013	雅安市	0.0434	0.0366	0.0238	0.0245	0.1282
2013	巴中市	0.0363	0.0471	0.0101	0.0324	0.1259
2013	资阳市	0.0468	0.0412	0.0222	0.0314	0.1417
2013	贵阳市	0.0810	0.0488	0.0597	0.0295	0.2190
2013	六盘水市	0.0570	0.0426	0.0436	0.0201	0.1633
2013	遵义市	0.0699	0.0410	0.0524	0.0334	0.1966
2013	安顺市	0.0527	0.0450	0.0240	0.0257	0.1475
2013	昆明市	0.0953	0.0491	0.0750	0.0254	0.2447
2013	曲靖市	0.0892	0.0429	0.0470	0.0282	0.2073
2013	玉溪市	0.0827	0.0373	0.0456	0.0189	0.1846
2013	保山市	0.0400	0.0446	0.0087	0.0300	0.1233
2013	昭通市	0.0448	0.0395	0.0146	0.0167	0.1157
2013	丽江市	0.0645	0.0517	0.0418	0.0355	0.1936
2013	普洱市	0.0560	0.0423	0.0248	0.0249	0.1481
2013	临沧市	0.0493	0.0477	0.0164	0.0291	0.1425
2013	西安市	0.0881	0.0466	0.0876	0.0332	0.2554
2013	铜川市	0.0576	0.0450	0.0203	0.0341	0.1571
2013	宝鸡市	0.0686	0.0435	0.0357	0.0256	0.1735
2013	咸阳市	0.0713	0.0408	0.1158	0.0332	0.2611
2013	渭南市	0.0470	0.0401	0.0538	0.0333	0.1741
2013	延安市	0.0628	0.0493	0.0208	0.0305	0.1634
2013	汉中市	0.0619	0.0393	0.0444	0.0251	0.1708
2013	榆林市	0.0704	0.0422	0.0227	0.0335	0.1688
2013	安康市	0.0517	0.0431	0.0132	0.0326	0.1406

续表

年份	城市名称	经济承载力	社会承载力	资源承载力	环境承载力	城镇承载力
2013	商洛市	0.0435	0.0431	0.0086	0.0178	0.1130
2013	兰州市	0.0815	0.0450	0.0964	0.0254	0.2482
2013	金昌市	0.0661	0.0432	0.0749	0.0203	0.2045
2013	白银市	0.0625	0.0449	0.1174	0.0267	0.2516
2013	天水市	0.0483	0.0434	0.0168	0.0236	0.1322
2013	武威市	0.0401	0.0438	0.0112	0.0293	0.1244
2013	张掖市	0.0507	0.0437	0.0253	0.0288	0.1485
2013	平凉市	0.0417	0.0431	0.0242	0.0290	0.1380
2013	酒泉市	0.0573	0.0405	0.0318	0.0290	0.1586
2013	庆阳市	0.0549	0.0464	0.0378	0.0337	0.1727
2013	定西市	0.0448	0.0510	0.0060	0.0300	0.1317
2013	陇南市	0.0460	0.0361	0.0252	0.0175	0.1247
2013	西宁市	0.0814	0.0426	0.1205	0.0340	0.2785
2014	重庆市	0.0746	0.0393	0.0442	0.0282	0.1863
2014	成都市	0.1060	0.0484	0.1661	0.0336	0.3541
2014	自贡市	0.0636	0.0403	0.0534	0.0317	0.1889
2014	攀枝花市	0.0770	0.0475	0.0918	0.0211	0.2374
2014	泸州市	0.0589	0.0461	0.0528	0.0326	0.1905
2014	德阳市	0.0651	0.0400	0.0823	0.0357	0.2231
2014	绵阳市	0.0707	0.0456	0.0711	0.0347	0.2220
2014	广元市	0.0516	0.0450	0.0279	0.0345	0.1590
2014	遂宁市	0.0458	0.0334	0.0376	0.0368	0.1535
2014	内江市	0.0462	0.0400	0.0308	0.0304	0.1474
2014	乐山市	0.0578	0.0390	0.0333	0.0307	0.1608
2014	南充市	0.0444	0.0421	0.0416	0.0328	0.1609
2014	眉山市	0.0459	0.0390	0.0253	0.0333	0.1435
2014	宜宾市	0.0605	0.0427	0.0463	0.0296	0.1791
2014	广安市	0.0512	0.0385	0.0257	0.0221	0.1375
2014	达州市	0.0449	0.0394	0.0315	0.0326	0.1485
2014	雅安市	0.0499	0.0357	0.0252	0.0323	0.1430
2014	巴中市	0.0446	0.0478	0.0144	0.0313	0.1380

续表

年份	城市名称	经济承载力	社会承载力	资源承载力	环境承载力	城镇承载力
2014	资阳市	0.0501	0.0394	0.0235	0.0333	0.1464
2014	贵阳市	0.0821	0.0508	0.0793	0.0260	0.2382
2014	六盘水市	0.0601	0.0404	0.0465	0.0222	0.1691
2014	遵义市	0.0745	0.0426	0.0559	0.0316	0.2046
2014	安顺市	0.0530	0.0441	0.0270	0.0300	0.1541
2014	昆明市	0.0947	0.0503	0.0885	0.0251	0.2587
2014	曲靖市	0.0671	0.0423	0.0513	0.0282	0.1889
2014	玉溪市	0.0887	0.0393	0.0467	0.0201	0.1947
2014	保山市	0.0431	0.0441	0.0096	0.0273	0.1242
2014	昭通市	0.0451	0.0360	0.0204	0.0184	0.1199
2014	丽江市	0.0642	0.0531	0.0481	0.0358	0.2012
2014	普洱市	0.0561	0.0431	0.0403	0.0244	0.1639
2014	临沧市	0.0480	0.0462	0.0296	0.0297	0.1535
2014	西安市	0.0947	0.0442	0.0920	0.0325	0.2634
2014	铜川市	0.0571	0.0445	0.0200	0.0340	0.1555
2014	宝鸡市	0.0715	0.0429	0.0345	0.0266	0.1755
2014	咸阳市	0.0739	0.0395	0.1182	0.0338	0.2654
2014	渭南市	0.0539	0.0418	0.0551	0.0332	0.1840
2014	延安市	0.0680	0.0468	0.0262	0.0319	0.1728
2014	汉中市	0.0653	0.0386	0.0478	0.0260	0.1776
2014	榆林市	0.0758	0.0427	0.0296	0.0345	0.1827
2014	安康市	0.0498	0.0402	0.0127	0.0315	0.1343
2014	商洛市	0.0458	0.0432	0.0093	0.0182	0.1166
2014	兰州市	0.0872	0.0461	0.0933	0.0255	0.2522
2014	金昌市	0.0725	0.0428	0.0711	0.0239	0.2103
2014	白银市	0.0665	0.0453	0.1186	0.0312	0.2617
2014	天水市	0.0523	0.0443	0.0168	0.0253	0.1387
2014	武威市	0.0411	0.0438	0.0096	0.0307	0.1251
2014	张掖市	0.0510	0.0366	0.0272	0.0293	0.1440
2014	平凉市	0.0509	0.0424	0.0206	0.0344	0.1483
2014	酒泉市	0.0585	0.0425	0.0314	0.0292	0.1615

续表

年份	城市名称	经济承载力	社会承载力	资源承载力	环境承载力	城镇承载力
2014	庆阳市	0.0571	0.0492	0.0258	0.0318	0.1639
2014	定西市	0.0434	0.0495	0.0092	0.0262	0.1283
2014	陇南市	0.0430	0.0365	0.0000	0.0124	0.0919
2014	西宁市	0.0867	0.0478	0.1240	0.0341	0.2926
2015	重庆市	0.0770	0.0395	0.0436	0.0279	0.1880
2015	成都市	0.1127	0.0461	0.1357	0.0335	0.3280
2015	自贡市	0.0669	0.0401	0.0558	0.0333	0.1961
2015	攀枝花市	0.0815	0.0470	0.0836	0.0219	0.2340
2015	泸州市	0.0625	0.0459	0.0548	0.0345	0.1978
2015	德阳市	0.0693	0.0390	0.0855	0.0349	0.2288
2015	绵阳市	0.0738	0.0442	0.0778	0.0347	0.2306
2015	广元市	0.0537	0.0443	0.0299	0.0338	0.1617
2015	遂宁市	0.0520	0.0338	0.0426	0.0374	0.1658
2015	内江市	0.0476	0.0423	0.0349	0.0326	0.1573
2015	乐山市	0.0626	0.0393	0.0365	0.0311	0.1695
2015	南充市	0.0483	0.0430	0.0419	0.0329	0.1661
2015	眉山市	0.0479	0.2176	0.0298	0.0332	0.3285
2015	宜宾市	0.0643	0.0430	0.0458	0.0326	0.1857
2015	广安市	0.0544	0.0399	0.0272	0.0316	0.1531
2015	达州市	0.0448	0.0409	0.0293	0.0345	0.1495
2015	雅安市	0.0510	0.0352	0.0279	0.0307	0.1448
2015	巴中市	0.0436	0.0493	0.0228	0.0299	0.1456
2015	资阳市	0.0514	0.0384	0.0239	0.0334	0.1471
2015	贵阳市	0.0882	0.0485	0.0464	0.0254	0.2084
2015	六盘水市	0.0631	0.0412	0.0610	0.0266	0.1919
2015	遵义市	0.0779	0.0456	0.0505	0.0277	0.2017
2015	安顺市	0.0536	0.0502	0.0235	0.0353	0.1625
2015	昆明市	0.0968	0.0494	0.0928	0.0243	0.2632
2015	曲靖市	0.0723	0.0423	0.0566	0.0340	0.2053
2015	玉溪市	0.0894	0.0392	0.0453	0.0228	0.1967
2015	保山市	0.0459	0.0439	0.0109	0.0283	0.1290

续表

年份	城市名称	经济承载力	社会承载力	资源承载力	环境承载力	城镇承载力
2015	昭通市	0.0467	0.0427	0.0154	0.0280	0.1328
2015	丽江市	0.0723	0.0564	0.0492	0.0339	0.2118
2015	普洱市	0.0594	0.0443	0.0333	0.0307	0.1678
2015	临沧市	0.0531	0.0441	0.0220	0.0296	0.1489
2015	西安市	0.0973	0.0436	0.0951	0.0331	0.2691
2015	铜川市	0.0584	0.0449	0.0185	0.0345	0.1563
2015	宝鸡市	0.0679	0.0425	0.0380	0.0233	0.1718
2015	咸阳市	0.0764	0.0384	0.1161	0.0335	0.2643
2015	渭南市	0.0553	0.0423	0.0606	0.0333	0.1916
2015	延安市	0.0725	0.0452	0.0236	0.0329	0.1742
2015	汉中市	0.0684	0.0417	0.0519	0.0298	0.1919
2015	榆林市	0.0741	0.0426	0.0301	0.0333	0.1801
2015	安康市	0.0525	0.0419	0.0132	0.0319	0.1394
2015	商洛市	0.0477	0.0438	0.0092	0.0178	0.1185
2015	兰州市	0.0926	0.0484	0.0963	0.0256	0.2629
2015	金昌市	0.0684	0.0427	0.0713	0.0234	0.2059
2015	白银市	0.0679	0.0469	0.0955	0.0320	0.2423
2015	天水市	0.0555	0.0454	0.0168	0.0279	0.1456
2015	武威市	0.0432	0.0441	0.0129	0.0335	0.1338
2015	张掖市	0.0522	0.0359	0.0271	0.0298	0.1451
2015	平凉市	0.0546	0.0458	0.0147	0.0349	0.1501
2015	酒泉市	0.0581	0.0442	0.0347	0.0339	0.1710
2015	庆阳市	0.0595	0.0484	0.0214	0.0289	0.1582
2015	定西市	0.0443	0.0511	0.0093	0.0285	0.1332
2015	陇南市	0.0480	0.0422	0.0005	0.0138	0.1045
2015	西宁市	0.0886	0.0523	0.1343	0.0304	0.3057
2016	重庆市	0.0809	0.0404	0.0448	0.0279	0.1940
2016	成都市	0.1118	0.0413	0.1521	0.0296	0.3348
2016	自贡市	0.0689	0.0398	0.0591	0.0327	0.2006
2016	攀枝花市	0.0875	0.0441	0.0857	0.0318	0.2491
2016	泸州市	0.0647	0.0472	0.0600	0.0354	0.2074

续表

年份	城市名称	经济承载力	社会承载力	资源承载力	环境承载力	城镇承载力
2016	德阳市	0.0752	0.0374	0.0889	0.0289	0.2304
2016	绵阳市	0.0724	0.0425	0.0585	0.0329	0.2064
2016	广元市	0.0562	0.0455	0.0322	0.0330	0.1669
2016	遂宁市	0.0525	0.0331	0.0434	0.0385	0.1675
2016	内江市	0.0504	0.0433	0.0374	0.0328	0.1638
2016	乐山市	0.0663	0.0380	0.0375	0.0300	0.1718
2016	南充市	0.0520	0.0428	0.0456	0.0303	0.1708
2016	眉山市	0.0572	0.0390	0.0907	0.0285	0.2154
2016	宜宾市	0.0516	0.1011	0.0462	0.0294	0.2282
2016	广安市	0.0551	0.0369	0.0316	0.0317	0.1552
2016	达州市	0.0499	0.0416	0.0292	0.0298	0.1506
2016	雅安市	0.0532	0.0356	0.0253	0.0276	0.1416
2016	巴中市	0.0453	0.0500	0.0271	0.0271	0.1495
2016	资阳市	0.0538	0.0389	0.0250	0.0298	0.1475
2016	贵阳市	0.0917	0.0451	0.0745	0.0238	0.2351
2016	六盘水市	0.0666	0.0397	0.0922	0.0300	0.2284
2016	遵义市	0.0670	0.0429	0.0275	0.0255	0.1629
2016	安顺市	0.0550	0.0454	0.0269	0.0373	0.1647
2016	昆明市	0.1052	0.0472	0.0922	0.0316	0.2762
2016	曲靖市	0.0626	0.0388	0.0396	0.0294	0.1703
2016	玉溪市	0.1004	0.0472	0.0424	0.1346	0.3245
2016	保山市	0.0475	0.0461	0.0124	0.0290	0.1351
2016	昭通市	0.0408	0.0450	0.0158	0.0201	0.1218
2016	丽江市	0.0743	0.0528	0.0508	0.0328	0.2108
2016	普洱市	0.0620	0.0444	0.0396	0.0220	0.1681
2016	临沧市	0.0544	0.0437	0.0276	0.0307	0.1564
2016	西安市	0.1023	0.0424	0.0989	0.0327	0.2763
2016	铜川市	0.0609	0.0464	0.0199	0.0345	0.1617
2016	宝鸡市	0.0782	0.0422	0.0376	0.0266	0.1847
2016	咸阳市	0.0806	0.0386	0.1070	0.0279	0.2541
2016	渭南市	0.0516	0.0409	0.0490	0.0327	0.1741

续表

年份	城市名称	经济承载力	社会承载力	资源承载力	环境承载力	城镇承载力
2016	延安市	0.0621	0.0443	0.0160	0.0310	0.1534
2016	汉中市	0.0718	0.0413	0.0547	0.0291	0.1968
2016	榆林市	0.0634	0.0406	0.0239	0.0311	0.1591
2016	安康市	0.0542	0.0426	0.0164	0.0284	0.1417
2016	商洛市	0.0481	0.0431	0.0096	0.0257	0.1265
2016	兰州市	0.0973	0.0462	0.0984	0.0282	0.2702
2016	金昌市	0.0701	0.0419	0.0586	0.0238	0.1944
2016	白银市	0.0717	0.0472	0.0831	0.0328	0.2348
2016	天水市	0.0576	0.0471	0.0172	0.0258	0.1477
2016	武威市	0.0452	0.0486	0.0116	0.0309	0.1363
2016	张掖市	0.0548	0.0377	0.0260	0.0341	0.1526
2016	平凉市	0.0559	0.0450	0.0314	0.0355	0.1677
2016	酒泉市	0.0593	0.0451	0.0382	0.0280	0.1706
2016	庆阳市	0.0647	0.0499	0.0224	0.0305	0.1675
2016	定西市	0.0455	0.0539	0.0084	0.0285	0.1363
2016	陇南市	0.0491	0.0454	0.0010	0.0140	0.1094
2016	西宁市	0.0930	0.0456	0.1337	0.0300	0.3023
2017	重庆市	0.0705	0.0434	0.0396	0.0273	0.1808
2017	成都市	0.1121	0.0437	0.1453	0.0305	0.3316
2017	自贡市	0.0712	0.0387	0.0572	0.0332	0.2003
2017	攀枝花市	0.0954	0.0437	0.0468	0.0298	0.2157
2017	泸州市	0.0702	0.0462	0.0624	0.0369	0.2157
2017	德阳市	0.0760	0.0347	0.0631	0.0302	0.2039
2017	绵阳市	0.0814	0.0423	0.0586	0.0300	0.2122
2017	广元市	0.0599	0.0451	0.0322	0.0346	0.1719
2017	遂宁市	0.0559	0.0329	0.0471	0.0333	0.1693
2017	内江市	0.0549	0.0395	0.0496	0.0343	0.1783
2017	乐山市	0.0728	0.0372	0.0411	0.0316	0.1827
2017	南充市	0.0574	0.0426	0.0490	0.0307	0.1796
2017	眉山市	0.0605	0.0387	0.0370	0.0324	0.1685
2017	宜宾市	0.0767	0.0435	0.0465	0.0298	0.1965

续表

年份	城市名称	经济承载力	社会承载力	资源承载力	环境承载力	城镇承载力
2017	广安市	0.0608	0.0385	0.0353	0.0331	0.1677
2017	达州市	0.0554	0.0425	0.0280	0.0303	0.1563
2017	雅安市	0.0587	0.0349	0.0299	0.0298	0.1532
2017	巴中市	0.0446	0.0473	0.0393	0.0298	0.1611
2017	资阳市	0.0581	0.0368	0.0252	0.0287	0.1489
2017	贵阳市	0.0968	0.0460	0.1023	0.0265	0.2716
2017	六盘水市	0.0676	0.0389	0.0609	0.0279	0.1954
2017	遵义市	0.0709	0.0409	0.0367	0.0282	0.1766
2017	安顺市	0.0572	0.0473	0.0468	0.0298	0.1811
2017	昆明市	0.1116	0.0453	0.0745	0.0321	0.2634
2017	曲靖市	0.0708	0.0409	0.0396	0.0232	0.1745
2017	玉溪市	0.0798	0.0426	0.0321	0.0252	0.1796
2017	保山市	0.0499	0.0463	0.0134	0.0294	0.1390
2017	昭通市	0.0511	0.0477	0.0167	0.0220	0.1376
2017	丽江市	0.0785	0.0511	0.0495	0.0273	0.2064
2017	普洱市	0.0664	0.0433	0.0304	0.0213	0.1614
2017	临沧市	0.0570	0.0435	0.0195	0.0328	0.1528
2017	西安市	0.1133	0.0413	0.0901	0.0338	0.2785
2017	铜川市	0.0510	0.0456	0.0205	0.0333	0.1504
2017	宝鸡市	0.0833	0.0423	0.0364	0.0276	0.1896
2017	咸阳市	0.0957	0.0381	0.2782	0.0322	0.4442
2017	渭南市	0.0548	0.0406	0.0381	0.0338	0.1673
2017	延安市	0.0700	0.0449	0.0220	0.0251	0.1619
2017	汉中市	0.0638	0.0401	0.0234	0.0194	0.1467
2017	榆林市	0.0681	0.0401	0.1097	0.0201	0.2381
2017	安康市	0.0569	0.0430	0.0162	0.0295	0.1457
2017	商洛市	0.0501	0.0429	0.0118	0.0141	0.1190
2017	兰州市	0.1015	0.0456	0.0991	0.0337	0.2799
2017	金昌市	0.0712	0.0410	0.0552	0.0242	0.1916
2017	白银市	0.0701	0.0489	0.0589	0.0329	0.2107
2017	天水市	0.0572	0.0479	0.0171	0.0291	0.1514

续表

年份	城市名称	经济承载力	社会承载力	资源承载力	环境承载力	城镇承载力
2017	武威市	0.0407	0.0459	0.0115	0.0289	0.1270
2017	张掖市	0.0583	0.0382	0.0335	0.0333	0.1633
2017	平凉市	0.0575	0.0486	0.0314	0.0343	0.1718
2017	酒泉市	0.0613	0.0412	0.0370	0.0258	0.1654
2017	庆阳市	0.0672	0.0423	0.0229	0.0292	0.1616
2017	定西市	0.0464	0.0528	0.0097	0.0288	0.1377
2017	陇南市	0.0493	0.0399	0.0004	0.0119	0.1015
2017	西宁市	0.0976	0.0408	0.1388	0.0305	0.3077

资料来源：根据相关数据计算而得。

附表5　2020年西部各地级市四类子项承载力的预测值

城市名称	经济承载力	建设用地承载力	居住用地承载力	水资源承载力
重庆市	—	2194.89	1902.91	2188.28
成都市	—	1564.50	1476.43	2083.59
自贡市	145.55	201.27	191.38	117.27
攀枝花市	90.51	123.99	96.59	101.76
泸州市	149.54	287.02	172.38	164.91
德阳市	71.01	146.05	118.18	90.94
绵阳市	104.70	276.20	224.60	219.40
广元市	97.67	102.30	65.80	89.81
遂宁市	171.96	132.35	102.90	106.25
内江市	132.26	225.43	155.57	92.99
乐山市	156.50	120.62	110.85	119.65
南充市	251.35	235.58	242.15	158.39
眉山市	103.14	115.50	120.00	98.71
宜宾市	150.45	175.53	82.90	104.58
广安市	219.95	97.35	121.74	52.48
达州市	257.54	222.88	141.86	126.57
雅安市	66.22	75.73	40.37	39.57
巴中市	119.09	57.85	66.09	110.36
资阳市	99.57	76.12	43.97	39.16
贵阳市	576.98	658.53	533.95	574.82

续表

城市名称	经济承载力	建设用地承载力	居住用地承载力	水资源承载力
六盘水市	135.50	124.27	151.30	62.57
遵义市	235.42	251.08	153.48	163.10
安顺市	149.68	130.19	128.08	58.45
昆明市	409.38	716.80	722.92	438.81
曲靖市	310.53	164.11	193.41	96.04
玉溪市	68.99	72.56	38.72	49.96
保山市	104.48	68.67	59.80	33.07
昭通市	75.28	48.72	45.51	49.49
丽江市	35.40	36.78	20.91	23.08
普洱市	29.78	40.15	21.74	25.92
临沧市	35.58	53.04	31.76	13.75
西安市	827.78	1158.79	609.54	1336.90
铜川市	68.00	49.54	0.00	35.25
宝鸡市	153.10	139.55	13.36	110.12
咸阳市	48.40	100.86	74.12	114.55
渭南市	115.04	123.65	103.50	63.70
延安市	87.23	69.60	49.47	42.70
汉中市	101.33	103.49	44.70	76.43
榆林市	83.48	51.31	-2.72	62.52
安康市	115.40	76.09	29.42	43.55
商洛市	49.74	36.67	9.01	21.98
兰州市	440.43	405.63	263.95	320.71
金昌市	23.25	72.13	31.05	10.81
白银市	46.96	106.58	66.77	26.93
天水市	123.20	89.86	44.12	63.20
武威市	95.56	59.53	66.87	24.33
张掖市	46.12	50.18	42.96	47.92
平凉市	87.39	66.93	51.29	29.25
酒泉市	52.51	79.38	40.58	36.86
庆阳市	43.06	11.69	15.95	12.62
定西市	40.92	42.26	21.56	10.86

续表

城市名称	经济承载力	建设用地承载力	居住用地承载力	水资源承载力
陇南市	60.44	20.29	26.97	12.06
西宁市	142.89	206.46	91.12	234.53

注:"—"表示相应数据无法预测。

资料来源:根据相关数据计算而得。

附表6　2025年西部各地级市四类子项承载力的预测值

城市名称	经济承载力	建设用地承载力	居住用地承载力	水资源承载力
重庆市	—	2715.99	2315.96	2761.62
成都市	—	2134.17	1988.85	2718.93
自贡市	157.65	229.19	223.68	156.51
攀枝花市	107.79	135.84	104.82	110.13
泸州市	155.65	385.70	205.30	207.77
德阳市	68.16	175.28	142.41	112.72
绵阳市	87.39	357.74	295.41	280.04
广元市	104.08	122.52	74.49	117.34
遂宁市	194.96	149.49	102.90	148.75
内江市	135.28	330.05	197.19	119.88
乐山市	182.45	137.54	124.51	154.75
南充市	298.72	286.79	290.60	195.24
眉山市	95.31	153.52	159.13	139.96
宜宾市	170.00	209.60	65.51	122.89
广安市	343.65	116.91	165.22	71.07
达州市	332.83	331.24	185.96	153.92
雅安市	69.91	105.19	46.58	46.25
巴中市	120.83	63.23	74.78	165.84
资阳市	85.30	84.91	42.11	45.41
贵阳市	666.18	921.55	773.92	754.26
六盘水市	172.51	164.05	225.22	77.68
遵义市	317.85	351.08	155.65	210.63
安顺市	185.05	178.94	183.61	75.06
昆明市	304.49	788.44	604.28	496.40
曲靖市	387.52	217.95	277.89	127.60

续表

城市名称	经济承载力	建设用地承载力	居住用地承载力	水资源承载力
玉溪市	78.77	100.47	51.14	57.89
保山市	113.11	97.69	74.70	40.75
昭通市	103.13	41.03	54.20	68.28
丽江市	59.51	41.17	24.02	29.57
普洱市	28.06	43.44	21.74	28.04
临沧市	37.90	61.83	26.79	9.72
西安市	1074.20	1549.78	788.11	1737.90
铜川市	70.29	31.08	-53.57	44.79
宝鸡市	161.41	139.33	-23.37	116.86
咸阳市	13.59	68.78	68.50	115.72
渭南市	125.13	146.51	112.69	78.92
延安市	108.03	89.38	47.90	53.31
汉中市	145.50	146.13	64.59	105.98
榆林市	86.07	-14.18	-81.80	87.84
安康市	174.33	88.84	3.91	54.68
商洛市	70.36	47.22	6.46	26.06
兰州市	522.31	476.84	327.72	322.61
金昌市	23.20	80.48	35.14	-4.10
白银市	44.02	118.45	70.85	-50.15
天水市	124.31	104.81	52.79	67.85
武威市	89.08	68.98	75.03	14.78
张掖市	40.14	44.69	29.18	65.38
平凉市	116.09	77.48	55.37	37.25
酒泉市	61.91	85.54	44.66	46.39
庆阳市	56.20	-28.31	5.24	8.80
定西市	38.91	45.33	21.05	13.77
陇南市	64.80	19.19	28.50	15.96
西宁市	163.87	272.62	39.59	229.60

注:"—"表示相应数据无法预测。

资料来源:根据相关数据计算而得。